Gottes Rächer / Lucian O. Meysels

Lucian O. Meysels

Gottes Rächer

Religiöse Fundamentalisten im Vormarsch

EDITION VA BENE

Die Deutsche Bibliothek – CIP-Einheitsaufnahme

Meysels, Lucian O.:
Gottes Rächer : Religiöse Fundamentalisten im Vormarsch /
Lucian O. Meysels. –

Wien ; Klosterneuburg : EDITION VA BENE, 1998.
ISBN 3-85167-075-2

Umschlaggestaltung: Traute Molik-Riemer, Wien
Repro: Repro 14, Wien
Satz und Druckvorlage: Mag. Franz Stadler, Wien
Produktion: Die Druckdenker GmbH, Wien

Printed in Austria

ISBN 3-85167-075-2

Inhaltsverzeichnis

Krebsschaden jeder Gesellschaft

Vorwort von Dr. Hubert Feichtlbauer

Das Gespenst des Fundamentalismus, das in der modernen Welt umgeht, „ist alles andere als nur ein Spuk in den Hirnen derer, die Unverstandenes flink benennen, publizistische Widersacher und politische Gegner ins Abseits drängen oder die Abtrünnigen der offiziellen Gesellschaft mit dem modernen Bannstrahl treffen wollen. Obwohl es auch alles das sein kann." So lesen wir's schon in Thomas Meyers Fundamentalismus-Buch. Und dieses Gespenst „sucht die moderne Welt nach jeder Niederlage aufs neue heim, in neuer Gestalt, mit neuen Verwünschungen ..."

Junge und Alte, Bauern und Intellektuelle, Slumbewohner und betuchte Repräsentanten der kapitalistischen Welt fallen ihm zum Opfer, Gebildete und Ungebildete in Washington und Teheran, in Kairo, Delhi und St. Pölten. Denn der Fundamentalismus ist ein Aufstand gegen die Moderne, und deshalb erhebt er in allen Epochen sein Hydrahaupt und besonders heftig in Zeiten, in denen Wandel und Veränderung rasch vor sich gehen.

Fundamentalismus heißt: Ich werde mit dem Neuen, dem ich mich stellen muß, nicht fertig und suche daher Zuflucht beim Hergebrachten, Überlieferten, das ich mit Zähnen und Klauen nicht nur in seinem bewahrenswerten Kern, sondern auch in allen seinen historischen Neubildungen und Zuwächsen verteidige. Um eine nicht differenzierende Verteidigung des Status quo gegen den Ansturm der Moderne auch nur halbwegs glaubwürdig betreiben zu können, ist es aber notwendig, diesen Status quo mit der Aura des Heiligen, Unantastbaren zu versehen und die „Modernisten" als teuflische Zerstörer zu brandmarken. Der Fundamentalismus braucht daher immer ein diabolisches Feindbild, das fanatisch gepflegt wird.

Immer bestehen Fundamentalisten in ihrer Unfähigkeit, mit Komplexität zurechtzukommen, auf radikaler Einfachheit:

Schwarz oder weiß ist alle Wirklichkeit, Grautöne gibt es nicht, alle Welt ist in Gut und Böse einzuteilen, und die Grenze dazwischen verläuft immer zwischen mir und den anderen. Jean-Paul Sartre schon hat diese Geisteshaltung auf den Punkt gebracht: „L' envers c'est les autres", die Hölle sind einfach „die anderen".

Fundamentalismus gibt es daher naturgemäß in allen Bereichen des menschlichen Daseins, aber vor allem dort, wo Weltanschauung und Ideologie eine Rolle spielen, also in Religionen und Politik. Keine politische Richtung, auch nicht die liberale, ist vor diesem Exzeß gefeit („Was heute liberal ist, bestimme ich"). Religionen sind für Fundamentalismus besonders anfällig, und die monotheistischen Religionen Judentum, Christentum und Islam sind es nach der Formel „Ein Gott, eine Wahrheit, eine Moral" noch mehr als andere, hat der Schweizer Psychoanalytiker Martin Odermatt diagnostiziert.

Religiöser Fundamentalismus lehnt jede Art von Vielfalt ab, bekämpft Pluralismus und ökumenische Versöhnung, fordert „klare Fronten", verdächtigt jede Art der Toleranz als Indifferentismus und verunglimpft Differenzen im Urteil und Freiheit in der Entscheidung als „Willkür" und „Beliebigkeit". Der katholische Soziologe Stephan Pfürtner definiert Fundamentalismus als „Versuch, Menschen in ihrer Sehnsucht nach Sicherheit und Geborgenheit das Wagnis des Glaubens abzunehmen und ihnen dafür die Schein-Sicherheit eines festen, unveränderlichen oder autoritativ geschützten Lebensraumes anzubieten".

Sehnsucht nach Sicherheit ist menschlich verständlich, aber ihre Erfüllung im Diesseits weder eine Verheißung der jüdischen noch eine solche der christlichen Religion. Die Wirklichkeit ist nicht fundamentalistisch einfach, sondern komplex und verschlungen. Sie zu entwirren und im eigenen Hirn und Herzen zu ordnen, ist eine Lebensaufgabe, die uns Mühsal und Anstrengung abverlangt. Gut und Böse sind Kategorien, die nicht Menschengruppen und Organisationen oder gar Nationen zukommen, sondern Prinzipien, die in jedem Menschen in ständigem Widerstreit liegen. Deshalb ist jeglicher Fundamentalismus immer ein Krebsschaden jeder Gesellschaft.

Einleitung

Ein Phantom geht um in Europa. Es ist nicht mehr der Kommunismus, dessen Geist wurde gründlich exorziert, sondern der religiöse Fundamentalismus, wie Hubert Feichtlbauer in seinem Vorwort zu diesem Buch schreibt. An der Wende des Milleniums ist religiöser Fundamentalismus nicht nur „News", er ist auch „In". Just zu einem Zeitpunkt, da die Wissenschaft im Begriff ist, die letzten – oder vorletzten – Geheimnisse des Universums zu entschlüsseln, suchen Millionen ihr Heil in den Werten – oder Unwerten – einer obskuren Vergangenheit.

Als Autor verwende ich den Begriff „Fundamentalismus" – oder „Fundamentalisten" – nur mit größtem Vorbehalt, wenn es um den religiösen Bereich geht. Meiner Meinung nach handelt es sich nämlich um eine Worthülse, die mit der etymologischen Bedeutung des Wortes – Basis – wenig zu tun hat, wenn es um Fragen der Religion oder des Glaubens geht. Die Fundamente der großen Glaubensgemeinschaften sind nämlich, und das möchte ich schon eingangs betonen, solide und haben mit der eigenwilligen Deutung des Terminus im heutigen Sprachgebrauch nichts gemeinsam.

„Fundamentalismus", schreibt dazu Friedemann Büttner, Professor für Politische Wissenschaft an der Freien Universität Berlin, „ist ein schwammiger Modebegriff und zugleich ein klischeebeladener Kampfbegriff der Medien, der sich vom ursprünglichen Bedeutungszusammenhang abgelöst hat ... Es gibt jedoch gute Gründe für die Verwendung des Begriffes Fundamentalismus, weil mit ihm andere Bewegungen vergleichend einbezogen werden."

In einem Vortrag im Rahmen des Hans-Lilje-Forums in Hannover im Februar 1997 wandte sich Büttner gegen die weitverbreitete Tendenz, die Fundamentalisten pauschal als „irrational und als Kämpfer gegen jegliche Moderne" zu etikettieren.

Seiner Meinung nach beruhe der Fundamentalismus auf vier unaufgebbaren Glaubensgrundlagen. Es seien dies: der Glaube an die Jungfrauengeburt, an die leibliche Wiederauferstehung, an das stellvertretende Sühneopfer und an die physische Wiederkehr Christi. „Diese Fundamentals werden auch von anderen Christen gläubig akzeptiert und Sonntag für Sonntag im kirchlichen Glaubensbekenntnis bekräftigt, ohne daß die Gläubigen sich damit zugleich vom Gebrauch der Vernunft verabschieden."

Diese vier Grundsätze, meinte Büttner, hätten durch einen fünften Glaubensgrundsatz ihre besondere fundamentalistische Prägung erhalten, nämlich durch den „Literalismus", dem Glauben an die Unfehlbarkeit der Bibel als inspiriertes Wort Gottes.

Es ist dieser Literalismus – also die Überzeugung, die Bibel nicht nur als göttlich inspiriertes, aber von Menschen nach ihrem Verständnis niedergeschriebenes Wort zu begreifen, sondern als Gottes Wort im literalen Sinn zu verstehen –, welcher die Fundamentalisten von „gewöhnlichen" gläubigen Menschen unterscheidet. Was übrigens auch auf orthodoxe Juden und strenge Moslems in bezug auf Thora und Koran zutrifft und diese von liberaleren Bewegungen innerhalb ihrer Konfessionen unterscheidet.

Was den „Kampf gegen die Moderne" betrifft, so wendet sich Büttner gegen ein weiteres Vorurteil, daß es sich nämlich bei den christlichen Trägern der Bewegung um Hinterwäldler aus dem sogenannten „Bible Belt" im amerikanischen Mittelwesten handle. Vielmehr handle es sich, so zumindest Büttner, um „überdurchschnittlich Gebildete aus den städtischen Mittelschichten im Nordosten der USA". Ihr Fundamentalismus richtet sich keineswegs gegen die Moderne als ganze, vor allem nicht gegen Kapitalismus und Industrialisierung, sondern gegen den damit einhergehenden Wertewandel.

Somit scheint es unvermeidlich, diese Bezeichnung allemal zu verwenden, erstens weil sie dermaßen verbreitet ist, zweitens, weil sie von den als Fundamentalisten bezeichneten Gruppen selbst (bei den Moslems „Usuliin") und mit einem gewissen Stolz verwendet wird und drittens, weil alternative Bezeichnungen – etwa Fanatiker – ebenso irreführend sind. Weder muß jeder Fanatiker ein religiöser Fundamentalist sein, noch jeder Fundamentalist ein Fanatiker.

Und wenn sich andere quasi-fundamentalistische Gruppen gegen diese Etikette wehren – etwa weil sie mit Andersgläubigen nicht in einen Topf geworfen werden wollen –, auch sie können sich von der Bezeichnung nicht einseitig durch einfachen Widerspruch lösen. Und sei es, weil man dagegen nicht vor Gericht ziehen kann. Und je mehr eine Gruppe betont, nicht zu den Fundamentalisten zu gehören, desto fester bleibt die Bezeichnung an ihr hängen. Einfach, „Qui s'excuse, s'accuse".

Die Benützung des Begriffs „Fundamentalismus", also „zurück zur Basis", wird vollends zum Paradoxon, bedenkt man, daß der Ausdruck ein Schlagwort, wenn nicht eine Erfindung des 20. Jahrhunderts ist und kein Produkt einer Urreligion. Geht er doch auf eine zwischen 1910 und 1915 in den Vereinigten Staaten erschiene Schriftenreihe unter dem Titel „Fundamentals: A Testimony to the Truth" zurück, von dem im nächsten Kapitel noch eingehend die Rede sein wird. In diesem Elaborat versuchten Theologen verschiedener evangelischer Strömungen in einer gesellschaftlichen Umbruchstimmung, die sie als kulturelle Krise empfanden, den wesentlichen Kern ihres – nicht unumstrittenen – Wertesystems zu erhalten. Dabei ging es, wie Büttner bemerkt, um das Festhalten an jenen Grundlagen, also den „Fundamentals" ihres Glaubens, die sie für unangreifbar hielten.

Was auch für ähnliche Bestrebungen in anderen Glaubensrichtungen seit Jahrzehnten gilt.

Eine weitere probate Definition der zeitgenössischen Fundamentalisten liefert der aus einer Pfarrersfamilie stammende britische Autor David Barrett in seinem Buch: „Sects, Cults and alternative Religion": „Fundamentalisten sind jene mit absolutem Vertrauen in die Gültigkeit der grundlegenden Prinzipien ihres eigenen Glaubens, so sehr daß sie die Gültigkeit anderer Glaubensrichtungen nicht anerkennen." Und der Islamexperte Yussef Choueiri meint: „Fundamentalismus ist ein vager Ausdruck, der im heutigen Sprachgebrauch als Schlagwort verwendet wird, um eine militante Richtung – etwa im zeitgenössischen Israel – zu beschreiben."

Wobei Choueiri die Gültigkeit des Ausdrucks, sofern er Moslems betrifft, auf gewisse Strömungen einengt, die im vorigen Jahrhundert in verschiedenen Teilen der islamischen Welt entstanden sind.

Natürlich ist niemand vom Schicksal her oder durch seine Herkunft bestimmt, zum Fundamentalisten zu werden. Die Betroffenen sind vielmehr das Produkt einer Indoktrinierung, die mitunter schon in der Grund- oder Vorschule – etwa bei Juden und Moslems, aber auch anderen – begonnen hat. Die wildesten Vorkämpfer des religiösen Extremismus sind jedoch erst als Erwachsene – mitunter aus nicht- oder antireligiösen Familien zu diesen Gruppen gestoßen, in denen sie nun ihr Heil sehen. Nicht zu Unrecht nennen sie sich selbst „Wiedergeborene".

Was aber macht einen „modernen" Menschen in der westlichen Industriegesellschaft – in der dritten und vierten Welt herrschen andere Maßstäbe – zum Fundamentalisten?

Ausnahmen sind wohl nur die Kinder ultraorthodoxer jüdischer Familien, die praktisch vom zartesten Kinderalter an, durch Schulung – aber auch Aussehen und Kleidung – in eine fundamentalistische Strömung eingeführt werden. Wie kann es aber kommen, um die Fragestellung zu wiederholen, daß jüngere Menschen – in vielen Fällen jedoch auch Ältere – die in einem normalen, oder, besser gesagt, unauffälligen Umfeld lebten, mit einem Mal – oft geht der Wandlungsprozeß sehr rasch – zu religiösen Extremisten werden ?

Der Wiener Psychoanalytiker Dozent Harald Leupold-Löwenthal ortet in den meisten Fällen einen narzißtischen Faktor im Lebensbild. Die „Ausrede" der Betroffenen, sie hätten wegen der „Leere in den etablierten Religionen" ins fundamentalistische Lager übergewechselt, läßt der Wissenschaftler nur sehr bedingt gelten. „Es handelt sich um einen Versuch, eine Wandlung zur eigenen Befriedigung zu rationalisieren und das Eintreten für die ‚einzige Wahrheit', mag sie eine christliche oder jüdische sein, vor sich selbst zu rechtfertigen."

Leupold-Löwenthal hält den durchschnittlichen Fundamentalisten für einen Menschen, dem es an persönlichen Charisma mangelt und der sich aus diesem Grund einem charismatischen Führer mit Haut und Haaren verschreibt.

Bleiben wir bei der Wissenschaft: Der Psychologe Max Weber definierte den Ausdruck „Charisma“ als eine außerordentliche Fähigkeit eines einzelnen, dem es, dank seines Anspruches auf außerordentlichen, wenn nicht übernatürlichen Einfluß, gelingt, „Schüler“ um sich zu scharen. Wie etwa die religiösen Fundamentalisten unserer Tage. Für gute wie auch böse Ziele.

Weber berief sich in diesem Zusammenhang besonders auf die „Errettungs-Religionen“. Wobei die Zahl der Anhänger für ihn unwesentlich und nur für das Verhältnis zwischen Schüler und Meister wesentlich ist. Einem Charismatiker zu folgen bedeute für den „Schüler“ den Einstieg ins Abenteuer, nicht nur weil dieses die Möglichkeit eines Rückschlags ständig einkalkuliere, sondern auch unablässig neuen Schwung und Enthusiasmus erfordere. „Man muß den Menschen der Langeweile entreißen und dem Leben eine Inspiration geben“, schreibt dazu der Psychologe Irving Schiffer.

Webers Auffassung von Charisma, meint Schiffer weiter, beruhe auf seinem Studium der „Erlösungs-Religionen“, deren Glaube weitgehend auf charismatischer Prophezeiung beruhe. „Religionen neigen dazu, Charismatiker auf ein erhöhtes Podest zu stellen und sie dadurch zu Propheten zu erhöhen, die das Wort Gottes verbreiten.“

Nach Webers Ansicht bedeutet Charisma auch einen Bruch mit Kontinuität – eine Herausforderung der bestehenden Ordnung, manchmal konstruktiv, aber ebenso oft destruktiv. Dies ist eine Einstellung, die zweifellos auf die zumeist selbsternannten Prediger fundamentalistischer Bewegungen zutrifft.

Bei der Lektüre meines Buches dürfte dem Leser klar werden, daß die Sympathie des Autors für den religiösen Fundamentalismus eher begrenzt ist. Es sei jedoch gleichzeitig auf einen positiven Aspekt fundamentalistischer Gruppen hingewiesen: die Distanz zu rassistischer Intoleranz. Bei fundamentalistischen Missionaren, die sich so stark auf das Konvertieren und keine besondere Klasse konzentrieren, wird auf ethnische Herkunft der zu Bekehrenden weniger Rücksicht genommen als in politischen Bewegungen.

Doch zurück zur aktuellen Praxis fundamentalistischer Bewegungen. In der Boulevardpresse ist des öfteren von geheimen

Kontakten unter fundamentalistischen Sekten[1] die Rede. Dies mag für die Kooperation unter politischen Extremisten zutreffen, aber noch niemand konnte auf derartige direkte Querverbindungen unter den Fundamentalisten verschiedener Bekenntnisse hinweisen. Aus dem einfachen Grund, weil sich religiöse Fanatiker, wie bereits erwähnt, im alleinigen Besitz der göttlichen Wahrheit wähnen und dementsprechend jegliche Toleranz gegenüber „Fundis" anderer Couleurs ablehnen.

Unbestritten ist indessen, daß sich religiöse Fanatiker insgesamt auf dem Vormarsch befinden. 1968 wurden von westlichen Geheimdiensten 13 Terrorgruppen identifiziert, aber keine einzige auf religiöser Basis. Das hat sich geändert. Ende der neunziger Jahre weisen von 50 ernstzunehmenden gewalttätigen Gruppen nicht weniger als zehn unabhängig voneinander eine dominante religiöse Komponente auf. Unterschiedlich bleibt indessen der „Modus operandi" säkularer und religiöser Terrorgruppen, wie der Experte der amerikanischen Rand Corporation Bruce Hoffman festhält: Während politische Gewalttäter bei ihren Aktionen klar definierte politische Ziele verfolgen, gilt für die religiösen Fanatiker das Gesetz vom totalen Krieg. „Sie terrorisieren nicht für die Galerie, sondern nur für sich selbst."

Auch wenn diese Einengung stimmt, so ist dieser gewalttätige, man könnte fast sagen pervertierte religiöse Fundamentalismus in allen großen Religionsgemeinschaften zu finden. Von Kulten und Sekten ganz zu schweigen.

Dennoch muß hier eines noch einmal betont werden: Die überwältigende Mehrheit der (streng)gläubigen Menschen hat mit dieser Art von Fundamentalisten wenig gemeinsam.

Wo aber verläuft der Trennungsstrich zwischen konservativen und sicherlich nicht übermäßig toleranten Gläubigen einerseits und den Extremisten andrerseits? Eine allgemein anerkannte Grenze gibt es nicht. Als Autor dieses Buches glaube ich jedoch, daß als Fundamentalisten im negativen Sinn nur all jene zu be-

[1] Wir verstehen hier den Begriff „Sekte" nicht abwertend, sondern im ursprünglichen Sinn von „kleinerer Glaubensgemeinschaft", die sich von einer größeren abgespalten hat. In diesem Sinn war die christliche Kirche auch eine Sekte des Judentums.

zeichnen sind, die zur Durchsetzung ihrer Thesen bereit sind, Gewalt einzusetzen, gleichgültig ob es sich um physische oder psychische Gewalt handelt.

Vereinfacht dargestellt: Fundamentalisten sind jene „christlichen“ Ultras, die Ärzte, die in Abtreibungskliniken arbeiten, im Extremfall auch erschießen. Oder jüdische Fanatiker, die ihren Traum von „Groß Israel“ mit allen Mitteln verwirklichen wollen. Sowie jene Mullahs, die den Hinrichtungsbefehl gegen den – moslemischen – Autor Salman Rushdie ausgegeben haben. Ebenso wie Hindus, die historisch bedeutende Moscheen niederreißen. Wie auch die Angehörigen der Aum-Sekte in Japan, die mutmaßlich vor dem Einsatz von Giftgas nicht zurückschrecken.[1)]

Psychologen, Soziologen, Politiker und natürlich auch Journalisten haben versucht, das Geheimnis des Aufstieges der Fundamentalisten in den verschiedensten Ländern mit unterschiedlichen Gesellschaftsformen zu entschlüsseln – und sei es um Waffen gegen diese Ultras entwickeln zu können – ohne zu einheitlichen Schlußfolgerungen zu kommen. Tatsächlich ist jede fundamentalistische Bewegung ein „Casus sui generis“. Ob es sich nun um das Mullah-Regime im Iran handelt, die Moral Majority, beziehungsweise deren Nachfolgeorganisationen in den USA, oder den „Gusch Emunim“ in Israel.

Dazu meinen die Amerikaner Martin Marty und. Scott Appleby in ihrem Buch „Herausforderung des Fundamentalismus“, beruhend auf einer Studie im Auftrag der American Academy of Arts and Sciences: „Bei allem was sie sonst noch miteinander teilen mögen, haben Fundamentalisten rund um den Globus vor allem eine Gemeinsamkeit: Ihre bloße Existenz und ihre erstaunliche Anziehungskraft halten die moderne Welt in Atem. In den ersten zwei Jahrzehnten dieses Jahrhunderts hatte man

---

[1)] In diesem Buch ist auch von „Fundamentalisten“ die Rede, die niemals solche Gewalttaten befürworten würden (z. B. die meisten der US-amerikanischen TV-Prediger). In ihren Worten und Aufforderungen sind sie allerdings oftmals so radikal „bibeltreu“, daß die Bezeichnung „Fundamentalist“ auch auf sie angewandt werden kann, obwohl sie sich von Terroristen und militanten Radikalisten „fundamental“ unterscheiden! Gleiches gilt für Scientologen und andere „Bewegungen“ im Sektenumfeld.

mit der Herausbildung solcher Bewegungen nicht gerechnet. Man war nicht darauf vorbereitet, daß ihre Anhängerschaft gegen Ende dieses Jahrhunderts stetig im Anwachsen begriffen sein werde und in welchem Ausmaß diese sogar in ihrem Kampf gegen die Modernen die Moderne selbst nachahmen würden."

Die Umstände dieses „(un)aufhaltsamen Aufstieges" (man ist versucht an Bert Brechts „Aufstieg des Herrn Ui" zu denken) weisen also kaum gemeinsame Nenner auf, es sei denn die grassierende Unsicherheit breiter Bevölkerungsschichten, die bei ihnen zu einer geradezu verzweifelten Suche nach angeblichen Fixpunkten geführt hat.

Diese Recherche erhebt keinen Anspruch auf Vollständigkeit. Sie könnte es auch gar nicht, denn zu groß ist die Zahl der Gruppen und Grüppchen, die sich fundamentalistisch nennen, aber auch jene der Grenzfälle, die heftig protestieren, wenn man sie als fundamentalistisch bezeichnet. Als Maßstab für eine Erwähnung – oder Nicht-Erwähnung – muß daher die objektive Bedeutung der Sekte dienen. Wobei man auch über diese Kriterien streiten kann. Harmlose Grüppchen dagegen können somit als „ferner liefen" links liegen gelassen werden – so amüsant sie dem Beobachter auch scheinen mögen.

Auf der Basis dieser „Selektion" (ein schreckliches Wort, das zwangsläufig mit dem Holocaust assoziiert wird) ergibt sich, daß sich der größere Teil dieses Buches mit den Ablegern der drei alle anderen überragenden monotheistischen Konfessionen befassen wird, die gemeinsam als „abrahamitische Glaubensgemeinschaften" bezeichnet werden. Wobei aber, gerade gegen Ende des Milleniums, der hinduistische Fundamentalismus auf sich aufmerksam gemacht hat. Immerhin ist Indien eine Atommacht mit einer Milliarde Einwohner und in einem schweren Konflikt mit seinem ebenfalls atomaren Nachbarn verwickelt.

Ebenso wie jene Bewegung in Japan, die den kommenden Weltuntergang in den Vordergrund gestellt hat.

Der Autor ist kein Prophet. Deshalb möchte er nicht voraussagen, ob sich der Fundamentalismus als Fluch, wie viele vermuten, oder vielleicht doch als Segen im weiteren Sinne erweisen wird.

1. Kapitel

Christliche Fundamentalisten

Der Begriff „Christlicher Fundamentalismus“ ist eine eigenwillige Worthülse, geschaffen, wenn nicht erfunden von radikalen amerikanischen Protestanten im ersten Jahrzehnt des 20. Jahrhunderts, die keineswegs – oder nur in Ausnahmefällen – der etymologischen Bedeutung des Ausdrucks „zu den Wurzeln“ entspricht. Er kann daher unterschiedlich interpretiert werden, was in der Praxis auch geschieht. So oder so läuft aber alles in eine Richtung: Fundamentalisten anerkennen nur eine Wahrheit – die ihre: zum Ausschluß aller anderen.

Einst war sie ein Fels in der Brandung der Gezeiten: die Ecclesia, Gottes Kirche, historisch gespalten, aber dennoch fest in den Prinzipien des gemeinsamen Glaubens.

Heute ist die Zahl der Kirchen – und jener Gruppen, die sich Kirchen nennen – Legion. Nicht zu Unrecht unterscheidet zum Beispiel der österreichische Staat seit kurzem zwischen Religionen und religiösen Bekenntnisgemeinschaften.

Verschärft haben sich überdies die Spannungen innerhalb der etablierten Kirchen, wobei es längst nicht mehr um hochgeistige Theologie geht, sondern um die religiöse Praxis im täglichen Leben. Etwa zwischen – vereinfacht ausgedrückt – Konservativen und Reformern.

Noch größer sind aber die Spannungen unter den verschiedenen Kirchen. Nicht etwa zwischen den historischen Konfessionen, die sich im Rahmen der Ökumene in den letzten Jahrzehnten sogar näher gekommen sind, sondern zwischen den etablierten Gemeinschaften und neuen Gruppen, jenen besonders, die sich ihre eigene Theologie zugelegt haben und trotzdem – oder vielleicht gerade deswegen – in letzter Zeit weltweit aus dem Boden schießen wie Schwämme nach einem Dauerregen.

Bemerkenswert dabei ist, daß sich jene „neuen“ Bewegungen fast ausnahmslos auf eine Rückkehr zu einem mystischen Urchristentum berufen, von dem selbst die Theologen nicht genau wissen, in welcher Form es existiert hat. Etwa jenes, das sich noch aus jüdischen Anhängern des Jesus von Nazareth zusammengesetzt hat, oder das der „postpaulinischen“ Christen.

Wir wissen auch nicht ob die Urkirche wirklich fundamentalistisch war, so wie es ihre neuzeitlichen Nachfahren darstellen möchten.

In der breiten Öffentlichkeit wird der zeitgenössische christliche Fundamentalismus hauptsächlich mit protestantischen Kirchen in Verbindung gebracht. Was in dieser apodiktischen Form sicherlich nicht stimmt, wenngleich die meisten „bekennenden“ Fundamentalisten mehrheitlich aus dem evangelischen Lager kommen.

Andererseits machen sich auch in der katholischen Kirche fundamentalistische Strömungen bemerkbar, obwohl sie sich nur in den seltensten Fällen zu dieser Bezeichnung bekennen und sicherlich innerhalb der Katholischen Kirche nur eine Minderheit vertreten.

Schwierig ist die Beurteilung fundamentalistischer Strömungen in den orthodoxen Kirchen zu beurteilen – insbesondere wenn es um die russische Orthodoxie geht, die nicht gerade als „gläserne“ Glaubensgemeinschaft zu bezeichnen ist. Und weil die Entwicklung nach der Wende im russischen Großreich noch im Gange ist.

Neue Konflikte bahnen sich an, deren Ausgang noch ungewiß ist. Wie leicht hatten es doch die alten Kreuzfahrer, die nur ihr Schwert benötigten, um sich vor Gott zu beweisen!

2. Kapitel

Die vier Orden der Kreuzfahrer

In keinem Teil der „christlichen Welt" haben Fundamentalisten eine ähnliche Machtposition und entsprechenden Einfluß erlangt, wie im protestantischen oder, besser gesagt, evangelistischen Teil Nordamerikas. Dabei erscheint es unwesentlich, ob sich die verschiedenen Bewegungen formell zum Fundamentalismus bekennen oder diese Bezeichnung aufgrund ihrer eigenen Ideologie ablehnen. Gemeinsam sind ihre Feindbilder: der Modernismus, der Liberalismus und die Ökumene, die sie als Bedrohung von „Gottes eigenem Land" betrachten.

Wer ein richtiger Fundamentalist sein will, beruft sich auf geistige Wurzeln, die buchstäblich bis in die sieben Tage der Schöpfung zurückgehen. Das sind – bibeltreue Christen und Juden haben es im Buch Genesis nachgerechnet – im Jahr 1998 nach Christi Geburt genau 5758 Jahre. Für sie ist diese Art der Berechnung von epochaler Bedeutung. Sie sind bereit, gegen Zweifler, welche sich zur Darwinschen Evolutionslehre bekennen, notfalls vor ein ziviles Gericht zu gehen. Etwa im Jahr 1925 gegen den Schullehrer John Thomas Scopes, der in einer High School im Bundesstaat Tennessee diese „Häresie" seinen Schülern hatte vermitteln wollen.

Damals zogen die Fundamentalisten in einem der berühmtesten Prozesse der US-Justizgeschichte moralisch den kürzeren. Aber überzeugen ließen sie sich nicht. Genau das verstieße nämlich gegen die Grundsätze des Fundamentalismus: Sich von anderen überzeugen zu lassen ist „out".

Der eben zitierte Begriff „Fundamentalismus" ist – wie im Vorwort bereits erwähnt – jüngeren Datums und ebenso natürlich eine amerikanische Erfindung. Wobei zwischen Fundamentalisten und anderen bibeltreuen Christen – seien es nun Katholiken, Lutheraner, Anglikaner, Quäker und so weiter – unterschieden werden muß. Dies kann nicht oft genug wiederholt werden. Und diese Unterscheidung fällt nicht immer leicht, da die „bekennenden Fundamentalisten" verschiedenen religiösen Konfessionen angehören.

Eines haben alle Fundamentalisten jedoch gemeinsam. Sie berufen sich auf die wortgetreue Wahrheit der Heiligen Schrift. Aber sie haben eigene Interpretationen entwickelt, die Außenstehenden manchmal skurril anmuten und vom Glauben der „großen" christlichen Religionsgemeinschaft oft beträchtlich, wenn nicht total abweichen.

Eine weitere Gemeinsamkeit, die alle fundamentalistischen Bewegungen verbindet, ist die Angst vor einer galoppierenden Ausbreitung der Gottlosen in Amerika. Dazu meint der amerikanische Religionsexperte Thomas Merton: „Vielleicht ist die Furcht nicht ganz unbegründet, aber wie so vielen vagen Ängsten wird ihr das Mäntelchen einer monströsen Mythologie umgehängt: Überall wird gottloses Übel vermutet, zumeist an völlig falschen Plätzen. Tatsächlich wird Amerika weder von einer atheistischen Untergrundbewegung gefährdet noch von einem Netz kommunistischer Zellen."

Dabei würden die wahren Gefahren – Indifferenz und Selbstgerechtigkeit unter Gläubigen und Ungläubigen – ignoriert.

Was den Begriff „Fundamentalismus" betrifft, so geht er, wie bereits kurz erwähnt, auf eine Schriftenreihe zurück, die unmittelbar vor dem Ersten Weltkrieg bis ins erste Kriegsjahr hinein unter dem Titel „The Fundamentals – Of Testimony to the Truth" erschienen ist. In diesen Referaten versuchten Religionswissenschaftler verschiedener protestantischer Bekenntnisse in einer gesellschaftlichen Umbruchsituation, die sie als kulturelle Krise empfanden, den wesentlichen Kern ihres Wertsystems herauszuarbeiten. Dabei ging es, wie der deutsche Politologe Professor Friedemann Büttner in einer Textanalyse festhielt, um das Festhalten an jenen Grundlagen – also den Fundamenten – ihres Glaubens, die sie für unverzichtbar hielten.

Es handelte sich übrigens um ein wahrhaft umfangreiches Werk in zwölf Bänden mit nicht weniger als 90 Beiträgen, die alle eines gemeinsam hatten: die Ablehnung jeglichen Kompromisses mit dem Modernismus im gesellschaftlichen Leben. Wobei in den „Fundamentals" der unüberbrückbare Gegensatz zum Liberalismus und zu Reformen innerhalb der protestantischen Kirchen in den Vereinigten Staaten und Kanada hervorgehoben wurde.

Anlaß für die Bemühungen der Autoren – zumeist evangelische Theologen, die nicht unbedingt der Hauptströmung ihrer Konfessionen angehörten – war eine zeitgenössische Entwicklung, die sie als fortschreitende Auflösung „rechtgläubiger" Wert- und Ordnungsvorstellungen empfanden. Wobei sie die Wurzeln dieses religiösen Wandels bis zum amerikanischen Bürgerkrieg im 19. Jahrhundert zurückverfolgten.

Und das war erst der Anfang. Als Reaktion auf die Zuspitzung der religiösen Gegensätze während und nach dem Ersten Weltkrieg verwandelte sich der Fundamentalismus von einem innerreligiösen Debattenthema in eine soziale und gesellschaftliche Protestbewegung.

Der Religionsexperte Giles Kepel sieht in seinem Buch „Die Rache Gottes" die Genesis des Fundamentalismus allerdings etwas anders. Er vertritt auf Grund seiner Recherchen, die sich auch auf nichtchristliche Religionsgemeinschaften erstreckten, die Ansicht, der Begriff „Fundamentalismus" sei erst in den zwanziger Jahren, und nicht bereits vor dem Ersten Weltkrieg, als religiöser Begriff ins Bewußtsein der amerikanischen Öffentlichkeit eingedrungen.

Auch Kepel anerkennt in diesem Zusammenhang die prinzipielle Bedeutung der erwähnten Schriftenreihe. Er argumentiert jedoch, der Durchbruch sei erst durch die, von zwei zu Millionären avancierten Geschäftsmännern initiierte Massenveröffentlichung der Reihe (in einer Auflage von mehr als drei Millionen) erzielt worden. Die Proponenten verschickten sie kostenlos an potentielle Gläubige.

Für die eigentliche Massenverbreitung des „organisierten" Fundamentalismus war indessen seine Popularisierung durch das neue Medium des Rundfunks verantwortlich. Standen den Predigern zuvor nur Kirchen (z. T. obskurer Gemeinden) und Versammlungsräume, wie Kinos oder Sportarenen, zur Verfügung, in welche die Gläubigen erst gelockt werden mußten, so konnten sie nun ihre göttlich inspirierte Botschaft frei ins Haus liefern.

An die stetig wachsende Schar der Radio-Evangelisten schloß sich nahtlos jene der Tele-Evangelisten an.

Aber zurück – oder, besser gesagt, vorwärts – in die amerikanische Gegenwart. Zum leichteren Verständnis könnte man die größten fundamentalistischen Gruppierungen in vier Bewegungen einteilen. (Um uns mit den kleineren Grüppchen zu befassen, fehlt uns der Raum.) Die „großen Vier" sind übrigens jene, die weniger aufgrund ihres offiziellen Namens als jenem ihrer Spitzenprediger bekannt sind.

Die erste ist eine eher nach innen gekehrte Bewegung, welche der in ganz Nordamerika bekannte „Evangelist" Bob Jones III. nach außen hin vertritt. Jones möchte, wie es dem unbeeinflußten Beobachter erscheinen mag, am liebsten hohe Stadtmauern um seine gefährdeten Schäfchen bauen. Mauern, die seine Anhänger vor den Einflüssen jener Ungläubigen schützen sollen, die sich nicht als „im Sinne der Bibel wiedergeborene Christen" betrachten. Auf Grund dieser Einstellung bezeichnen die Chronisten Martin Marty und Scott Appleby den wortgewaltigen Bob Jones und seine Herde als „Separatisten" innerhalb der fundamentalistischen Bewegung.

Keineswegs nach innen gekehrt sind indessen jene „Fundis", deren prominentester Vertreter der Evangelist Jerry Falwell ist. Er grenzt seine Gruppe nicht ab, sondern begrüßt sogar konservative Zweifler und Andersgläubige (auch Nicht-Christen) als potentielle Sympathisanten in seinem Kreis, wenngleich er konzediert, daß möglicherweise nicht alle in diesem Kreis der Wiedergeborenen ihre geistige Heimat finden würden.

In schroffem ideologischen Gegensatz sowohl zu den Separatisten um Bob Jones als auch den weltoffenen Jüngern des Jerry Falwell stehen die weit radikaleren Anhänger des Predigers Randall Terry und seiner „Operation Rescue", die auch – wie manche behaupten[1] – vor Psychoterror, wenn nicht sogar offener Gewalt gegen die Feinde des Glaubens zurückschrecken. Wobei

[1] Autor und Verlag distanzieren sich aus rechtlichen Gründen von solchen Behauptungen.

sich das Wort „Rescue“ im Firmennamen auf die Rettung in erster Linie von ungeborenem Leben bezieht.

Die vierte Gruppe sind die jüngst auch in Österreich als Bekenntnisgemeinschaft anerkannten Pentecostalisten, zu Deutsch „Pfingstler“, die sich zuletzt auch auf Grund einer inneren Dissonanz „Neo-Pentecostalisten“ nennen. Sie leiten ihren Namen von dem in der Apostelgeschichte beschriebenen Pfingstwunder der Ausgießung des Heiligen Geistes und des „Sprechens in Zungen“ ab. Ein wichtiger Bestandteil ihrer Mission ist die „Heilung durch den Geist“, der von den anderen fundamentalistischen Gruppierungen nicht der gleiche hohe Stellenwert eingeräumt wird. Die Pfingstler lehnen die Bezeichnung „Fundamentalisten“ ab, werden aber dennoch von vielen Beobachtern in diese Strömung eingeordnet. Nur aus diesem Grund reihen auch wir sie hier ein, ohne sie jedoch explizit als „Fundamentalisten“ zu bezeichnen.

Für alle vier Gruppierungen – und sei es unbewußt – mag er berühmte Wahlspruch des deutschen Feldherren Hellmuth von Moltke gelten: „Getrennt marschieren, vereint schlagen.“ Ein Prinzip, das die Schlagkraft des Fundamentalismus insgesamt beträchtlich erhöhen mag.

Nun aber zu einer eingehenderen Analyse der „Vier Orden der fundamentalistischen Kreuzritter“.

Fangen wir mit den Separatisten an. Reverend Bob Jones III. repräsentiert bereits die dritte Predigergeneration in seiner Familie, was er selbst durch die Ziffer römisch drei nach seinem Namen zu betonen sucht. Sein Großvater hatte mit anderen „Bekennern“ die Hauptströmung der Protestanten verlassen, weil er die Meinung vertrat, diese seien von Ketzern und Liberalen unterwandert. Die erstrebte Rettung vom Sündenfall erhofften Jones' Auserwählte durch die „Wiedergeburt im Heiligen Geist“ zu erlangen. Jedenfalls waren sie entschlossen, ihr bisheriges sündiges Leben hinter sich zu lassen. Von nun an glaubten sie, nur noch in der sündenfreien menschlichen Natur Jesu Christi leben zu können, dessen baldige Wiederkehr sie mit jeder Faser ihres „neuen“ Wesens anstrebten. Überdies vertraten sie die These, daß man die Wiederkehr des Heilands durch verschiedene Aktivitäten beschleunigen könne.

Diese Einstellung seines Großvaters wurde von Bob Jones dem Dritten nahtlos übernommen und noch verfeinert – eine Richtung, die eine Wiederannäherung an andere evangelische Gruppen praktisch unmöglich machte. Von einer Verständigung mit den großen „Amtskirchen“ ganz zu schweigen.

Das nötige Rüstzeug für eine Wiedergeburt in Christus sollten die zeitgenössischen Gläubigen des Predigers Jones an einer eigenen Universität im amerikanischen Bundesstaat South Carolina erwerben, deren Lehre sich ausschließlich mit den Thesen des Gründers befaßte.

Wobei die Bezeichnung „Universität“, nach europäischen Maßstäben einer Hochschule gemessen, irreführend und unzulässig erscheint. Sie wird jedoch durch die eigentümliche Gesetzeslage in den Vereinigten Staaten beziehungsweise einzelnen Bundesstaaten ermöglicht, die es praktisch jedermann gestattet, eine Universität zu gründen und prächtig ausgestattete Diplome zu verleihen: in vielen Fällen gegen „Hard Cash“ für „Lebenserfahrung“ ohne jegliches Studium. In den letzte Jahrzehnten hat die Epidemie der amerikanischen Scheinuniversitäten auf die alte Welt übergegriffen und einige clevere Manager zu Millionären gemacht. Die Jones-Universität ist natürlich über jeden Verdacht der Käuflichkeit erhaben. Sie kann aber – unserer Meinung nach – bestenfalls als Sektenschule angesehen werden.

In dieses Refugium des Heiligen Geistes können sich nun schon seit Jahrzehnten die neuzeitlichen Fundamentalisten separatistischer Prägung zurückziehen und bis zum (baldigen) Jüngsten Tag ihre eigenen religiösen Ideen auf der Grundlage der Anweisungen des Meisters entwickeln.

So gesehen könnte man die Jones-Anhänger als „Seelenfischer“ bezeichnen. Sie sind jedoch, im Gegensatz zu anderen parallelen Strömungen, politisch nicht aktiv, weil ihrer Ansicht nach eine derartige Hinwendung ihre seelische Reinheit gefährden könnte.

Was wohl einer gewissen Logik nicht entbehrt.

Die anderen fundamentalistischen Gruppierungen lassen derartige Ängste völlig ungerührt. Sie kämpfen vielmehr mit offenem Visier um politischen Einfluß. Allerdings: Wann immer sie offiziell als religiöse Bewegung und nicht auf dem Umweg über Lobbies und Pressure Groups in die politische Arena einritten, mußten sie – je höher ihre politischen Ziele – mehr Niederlagen als Siege einheimsen.

Nur einmal bewarb sich ein bekennender Fundamentalist, der Pfingstler Pat Robertson, um die Nominierung für die republikanische Präsidentschaftskandidatur. Das war 1988, als die konservative Welle am Ende der Ära Ronald Reagan (der nach der Verfassung nicht mehr für eine dritte Amtsperiode kandidieren durfte) ihren Höhepunkt erreicht hatte. Indessen brachten schon die ersten republikanischen Vorwahlen (Primaries) für die Fundamentalisten eine herbe Enttäuschung. Nach ziemlich blamablen Niederlagen, just in Hoffnungsgebieten mit starken Pfingstler Gemeinden, warf Robertson das Handtuch.

Womit seine politische, nicht aber seine geistliche Tätigkeit beendet war. Von letzterer wird noch die Rede sein.

Natürlich rechnen in den USA die Republikaner bei praktisch jedem Wahlkampf mit der Unterstützung der Fundamentalisten, nicht zuletzt weil diese – sieht man vom Zwischenspiel Pat Robertson ab – keine andere Wahl haben, als für die „Grand Old Party" zu stimmen. Bei nationalen Konventen der Republikaner, die den Präsidentschaftskandidaten küren und die Grundlage der Wahlplattform bestimmen (die dann in vielen Fällen ad acta gelegt wird) vermeiden Amerikas Konservative tunlichst eine allzu enge Identifizierung mit fundamentalistischen Anliegen, wohl wissend, daß diese gesamtstaatlich nur eine Minderheit vertreten und die Wahl „in der Mitte" gewonnen wird.

Was die Fundamentalisten aber nicht daran hindert, sozusagen auf mittlerer Ebene, also auf jener der Bundesstaaten, ihre Forderungen einzubringen und vielfach auch durchzusetzen.

Dabei hängt viel davon ab, welche Persönlichkeit diese politisch-religiösen Anliegen vertritt. In dieser Hinsicht ist der Prediger Jerry Falwell, der eher zur gemäßigten und kompromißbereiten Strömung unter den christlichen Extremisten gezählt wird, der absolute Champion der direkten – oder indirekten – politischen Beeinflussung. Er zählt heute zu den bekanntesten und einflußreichsten Evangelisten Amerikas, wenngleich sein Ansehen nicht – oder noch nicht – an jenes des „Altmeisters" Billy

Graham heranreicht, den auch Vertreter der „Amtskirchen" verschiedener Konfessionen als „Kollegen" und somit als gleichwertigen Gesprächspartner betrachten.

Graham operiert unter dem Dach der Baptistenkirche, was natürlich nicht bedeutet, daß die Mehrheit der Baptisten fundamentalistisch eingestellt ist.

So weit wie Billy Graham ist Jerry Falwell jedenfalls noch lange nicht, aber er könnte zu einem ernstzunehmenden Konkurrenten (oder Partner) werden, solange ihm bei so viel Publicity um seine Person kein Ausrutscher passiert.

„Bruder Jerry" zählt übrigens zu jenen Fundamentalisten, die einmal im gemäßigten protestantischen Lager beheimatet waren. Erst eine Reihe von legistischen und administrativen Maßnahmen von Seiten der Regierung und des gesetzgebenden Kongresses, die seiner Meinung nach die christlichen Grundlagen den Vereinigten Staaten verletzten, veranlaßten ihn, einen radikaleren Kurs einzuschlagen.

Wobei gerne einige „verletzende" Entscheidungen der Höchstgerichte, wenn nicht auf direkte Inspirationen des Satans, so doch zumindest auf den Einfluß des säkularen Humanismus zurückgeführt wurden, andererseits „konservative" Entscheidungen der Gericht als folgerichtig „christlich" akzeptiert wurden.

Insbesondere erregte bereits 1963 die vom Obersten Gerichtshof der USA angeordnete Abschaffung der religiös neutralen Schulgebete in öffentlichen Anstalten die „Fundis" zur Weißglut. Was die „Ultras"[1)] aller Lager mit einer Kampagne „Bringt Gott zurück in die Schulen" beantworteten. Stolz wiesen sie auf den wachsenden Zustrom von Schülern an von Religionsgruppen gesponserte Privatschulen hin. Dies hängt aber weniger mit Religion als mit dem schlechten Ruf der staatlichen Schulen zusammen.

Die Debatte um das Schulgebet erwies sich alsbald als Sturm in Wasserglas, verglichen mit dem Orkan, den der Oberste Ge-

[1)] Wir verwenden das Wort hier in der gemäßigten Form als Synonym für „Fanatiker", nicht als „politischer Rechtsextremist"!

richtshof mit seinem Urteil im historischen Fall „Roe gegen Wade“ 1973 auslöste, in dem erstmals eine legale Schwangerschaftsunterbrechung genehmigt wurde – unter Bedingungen entsprechend etwa jenen der in vielen europäischen Ländern praktizierten Fristenlösung.

Als Vorstoß gegen dieses Überhandnehmen weltlicher Kräfte in den USA organisierte sich in den siebziger und achtziger Jahren unter Jerry Falwells Führung die sogenannte (und inzwischen von ihrem Führer wieder aufgelöste) „Moral Majority“ als Sprachrohr der „Neuen Christlichen Rechten“, einer Gruppierung, die in den Jahren der Präsidentschaft von Ronald Reagan und George Bush beträchtlichen politischen Einfluß erlangte.

Als flankierende Maßnahme zur Moral Majority gründete Falwell den sogenannten „Religious Round Table“, dem neben Fundamentalisten auch konservative Protestanten, Katholiken und „rechtgläubige“ Juden angehörten – Gruppierungen, mit denen extreme „Fundis“ zuvor jeden Kontakt vermieden hatten. Wie zu ökumenischen Bewegungen überhaupt.

Seit jener Zeit legen Falwell und seine Anhänger eine, für Außenstehende mitunter seltsam anmutende, Parteinahme für Israel im allgemeinen und dessen „fundamentalistische“ Regierung (bestehend aus dem konservativen Likud-Block von Premierminister Benjamin Netanyahu und ultraorthodoxen Parteien) im besonderen an den Tag.

Was sich wiederum in der politischen Schützenhilfe der republikanischen Mehrheit im US-Kongreß für Israel niederschlägt.

Netanyahu kann dieser Zustand nur recht sein, obwohl diese, in den Augen säkularer Israelis „unheilige Allianz“ das Verhältnis der Regierung in Jerusalem zu der eher liberalen Mehrheit der amerikanischen Juden belastet (siehe auch das Kapital über jüdischen Fundamentalismus). Immerhin ist der Rückhalt, den Netanyahu und seine Koalitionspartner bei den amerikanischen Konservativen genießen, so stark, daß er bisher jegliche Sanktionen von Seiten des Weißen Hauses gegen den jüdischen Staat verhindert hat.

Zweifellos ist Falwells Hinwendung zu Israel mehr von Glaubensfragen als von politischen Erwägungen beeinflußt. Im Rahmen der konfusen Theologie der amerikanischen Fundamentalisten kann die vom Propheten Jesajas vorausgesagte „Einbringung der Verbannten“ auch als Teil der christlichen Heilslehre angesehen werden.

Ebenso wie der Vormarsch der orthodoxen Juden in Israel mit einer analogen Entwicklung der Fundamentalisten in den Vereinigten Staaten durchaus vergleichbar ist.

Allerdings läßt sich das gute Verhältnis der Gruppe Falwell zu Israel ein keiner Weise auf die Beziehungen der Fundamentalisten zur Hauptströmung der amerikanischen Juden und deren Institutionen übertragen. So propagieren in jüngster Zeit verschiedene radikal-christliche Sekten in den USA (ein typisches Beispiel des bereits erwähnten „Getrennt marschieren, vereint schlagen“) eine Gesetzesinitiative, welche das Recht der zivilen Gerichte einschränken würde, in religiösen Fragen zu entscheiden. Etwa beim Anbringen religiöser Symbole in öffentlichen Anlagen.

Dieser Versuch fast aller fundamentalistischer Gruppen, die in der Verfassung festgeschriebene Trennung von Staat und Religion zu untergraben, wird nicht nur von jüdischen Organisationen, sondern auch von liberalen Gruppen in den USA heftig kritisiert. Dennoch ist es den Ultras bereits gelungen, ein rundes Drittel der republikanischen Kongreßabgeordneten für ihre Initiative zu gewinnen, die sich pikanterweise „Gesetz für religiöse Freiheit“ nennt.

Von der erforderlichen Zweidrittelmehrheit aller zur Abstimmung angetretenen Senatoren und Abgeordneten sind die Proponenten indessen noch weit entfernt.

Zur allgemeinen Überraschung – sogar seiner eigenen Anhänger – hatte Falwell 1990 die „Moral Majority“ aufgelöst, um sich auf ganz auf seine „Liberty University“ – ein Pendant zu Bob Jones' Universität in South Carolina – im Bundesstaat Virginia zu konzentrieren.

Marty und Appleby führen diesen Wandel auf verschiedene Faktoren zurück, die zu einen Wechsel bei den Prioritäten der Bewegung geführt haben könnten: möglicherweise den mangelnden Erfolg bei verschiedenen, von extremeren Aktivisten getragenen Bestrebungen oder aber den logischen Wunsch, nach dem Debakel des „Kollegen“ Pat Robertson bei den Vorwahlen von 1988 das Schwergewicht von der nationalen Bühne auf die sicher mehr Erfolg versprechende Ebene der Bundesstaaten und Gemeinden zu verlegen.

Mit anderen Worten: auf die Kunst des Möglichen.

Gerade zu dieser Konzession ist der dritte Kreuzritter, der Evangelist Randall Terry, nicht bereit. Für ihn ist schon die geringste Abweichung vom Weg des Herren – so wie er ihn sieht – ein Frevel.

Und noch ein anderer Aspekt unterscheidet Terry grundsätzlich vom weltoffenen Jerry Falwell. Er hält nichts von offenen Beziehungen zu anderen Konfessionen, sondern konzentriert sich auf ein einziges Anliegen: den Kampf gegen die Legalisierung der Abtreibung.

Jahrzehntelang war Abtreibung in den USA ein Tabuthema, von dem jeder wußte, aber niemand sprechen wollte. Abtreibungen, in Spitälern vorgenommen – es sei denn zur Rettung der Mutter –, waren schlicht und einfach undenkbar. Da wurden die Hunderttausenden von illegalen Abtreibungen von den ehrenwerten Bürgern lieber ignoriert. Dabei stieg die Dunkelziffer von Jahr zu Jahr: wie jene der Alkoholiker zur Zeit der gottgewollten Prohibition.

Unter diesen Umständen traf das bereits erwähnte Roe-gegen-Wade-Urteil die Abtreibungsgegner wie ein Blitz aus heiterem Himmel. Eine Überraschung schon deshalb, weil sich in den Amtszeiten der republikanischen Präsidenten Dwight Eisenhower und später Richard Nixon (welche die Kandidaten für den Obersten Gerichtshof nominieren) ein deutlicher Rechtsruck in der Zusammensetzung des Höchstgerichts vollzogen hatte. Wie auch später unter den Präsidenten Ronald Reagan und George Bush. Aber die Ultrakonservativen hatten das Ausmaß dieses Rechtsrucks offensichtlich überschätzt. Und die Unabhängigkeit der Richter von politischen Pressionen.

Für Randall Terry war Roe-gegen-Wade jedenfalls ein Grund, wie kein anderer Fundamentalist vor ihm, auf die Barrikaden zu steigen.

Was auch seinem Werdegang entsprach. Für viele Beobachter der fundamentalistischen Szene repräsentiert Terry die moderne Spezies jener unnachgiebigen Aktivisten, die ihre Tätigkeit auf lokaler Ebene beginnen und sich dann schrittweise in die hohe Politik einschalten.

Marty und Appleby: „Während Falwell und seine Generation von Aktivisten im Rahmen der Gesetze des Landes operieren, ignorieren Terry und die Mitglieder der ‚Operation Rescue' die Gesetze ... die sie für antichristlich und daher ungerecht halten."

Auch bei seinen Reden nimmt sich Terry kein Blatt vor den Mund. Die Gerichte, erklärte er anläßlich eines Vortrages im kalifornischen Fresno, seien die „Schoßhunde der Todesindustrie".[1] Und in einem Artikel in seinem Hausblatt „Christianity Today" schrieb er: „Blackmun und Stevens [zwei liberale Mitglieder des Obersten Gerichtshofes; Anm. d. Autors] sind Feinde Christi. Wenn die Geschichte über sie in 50 oder 100 Jahren ihr Urteil fällen wird, wird man sich an sie zusammen mit Adolf Hitler und Josef Stalin erinnern."[1]

Fragt sich nur, wie das Urteil der Geschichte über Randall Terry ausfallen wird.

Die unmittelbaren Ziele der Aktivisten von Operation Rescue waren – und sind – die Abtreibungskliniken, die sich nach dem Urteil des Obersten Gerichtshofs durchaus legal in verschiedenen Städten der USA etablieren konnten. Soferne die Opposition vor Ort nicht allzu verbreitet war.

Ob von einer Mehrheit unterstützt oder nur von einer radikalen Minderheit, die Taktik der Jünger Terrys, „daß der Kampf um die Seelen nötigenfalls auch auf der Straße ausgefochten wird", war überall die gleiche. Zuerst wird über Presse und elektronische Medien zu Protestdemonstrationen gegen geplante Kliniken aufgerufen. Im zweiten Stadium werden bestehende Ambulanzen von Fundamentalisten regelrecht belagert. „Verdächtige" Frauen, die sich an die Lokalitäten heranwagen, werden verbal bestürmt, von ihrem sündigen Vorhaben abzulassen, danach beschimpft und in extremen Fällen physisch angegriffen.

Verständlicherweise sind die betroffenen Frauen zumeist so eingeschüchtert, daß sie entweder davonlaufen oder in weniger bekannten Kliniken den Eingriff vornehmen lassen.

---

[1] Autor und Verlag distanzieren sich von solchen Vergleichen.

Derartige Aktionen von „Operation Rescue“ rufen vielfach Frauenbewegungen auf den Plan, die ihrerseits zu Gegendemonstrationen aufrufen! Worauf in den meisten Fällen die Polizei eingreifen muß, um Zusammenstöße zwischen den beiden Gruppen zu verhindern.

Was Terry – aber auch seinen Gegnern – nur recht sein kann. Publicity, auch negative, ist die treibende Kraft jeder Kampagne.

Vielfach sind die Kliniken selbst das Ziel von kriminellen Übergriffen: Nächtliche Sabotageakte häufen sich, sodaß die Betreiber gezwungen sind, private Sicherheitsdienste zu engagieren, da eine ständige Überwachung durch die – auch ideologisch – überforderte Polizei nicht immer möglich ist.

In einem, bisher glücklicherweise einzigartigen Fall wurde ein Arzt, der an einer Abtreibungsklinik tätig war, von einen fundamentalistischen Fanatiker erschossen.

Natürlich distanzieren sich die organisierten Ultras von derartigen Gewalttaten, doch sie verhehlen den Tätern nicht ihre Sympathie. Und sorgen dafür, daß die Täter vor Gericht die besten und teuersten Verteidiger erhalten.

Dabei scheint der Kampf gegen die legalisierte Abtreibung für die Zampanos der „Operation Rescue“ nur ein Nahziel – wenn auch das momentan wichtigste – auf dem Weg zu einem „christlichen Amerika“, gestaltet nach ihren eigenen Vorstellungen.

Was natürlich im direkten Widerspruch zur amerikanischen Verfassung steht, die keiner Religion ein Monopol einräumt.

Doch den Primat der Verfassung haben Terry und seine Anhänger nie als oberste Rechtsnorm in Staat anerkannt. Sie betrachten sich vielmehr als „Verwalter“ Amerikas für die Zwischenzeit bis zum Zweiten Kommen des Heilands.

Mit diesem Endziel könnten sich auch Bob Jones' Separatisten und Jerry Falwells Massen durchaus anfreunden. Der Unterschied liegt jedoch in den Methoden. Stark vereinfacht könnte man die Situation in der amerikanischen Sektenszene mit einem Schlagwort klassifizieren: Einer muß für das Grobe einstehen.

Fairerweise wäre hier zu sagen, daß sich in letzter Zeit auch bei Operation Rescue ein gemäßigterer Ton breitmacht. Wohl als Reaktion auf die Gewalttaten, denen wohl die Mehrheit der Gläubigen nichts Positives abgewinnen kann. So konstatierten die Analysten der liberalen Organisation „People for the American Way", daß der neue Organisationsleiter von Terrys Gnaden, Flip Benham, zumindest in seiner Wortwahl moderater agiere, als sein Vorgänger Keith Tucci.

Die wahre Macht innerhalb der Gruppe liegt indessen weiter in den Händen des Sektengründers, der seine inspirierte Botschaft fünfmal wöchentlich jeweils eine Stunde lang im Rahmen einer Frage-und-Antwort-Sendung ausstrahlt, die von vielen Stationen übernommen wird.

Es kann niemanden überraschen, daß Operation Rescue in diesen Sendungen die gegenwärtige Kampagne rund um die Sexaffären von US-Präsidenten Bill Clinton schürt. Ist Clinton doch bereits seit etlichen Jahren der Buhmann Nr. 1 der radikalen Fundamentalisten. Schon 1992, als sich der ehemalige Gouverneur von Arkansas zur Präsidentenwahl stellte, hatte Terry verkündet: „Eine Stimme für Clinton ist eine Sünde gegen Gott."

Und an dieser Einstellung hat sich sicher nichts geändert.

Wenn Operation Rescue trotz der Dauerkampagne gegen Bill Clinton ihren Ton gemäßigt hat, so mag dies auch auf finanzielle Faktoren zurückgehen. Das letzte veröffentlichte Budget der Terry-Organisation (1992) wurde mit mageren 400.000 Dollar angegeben. Die zu jener Zeit von verschiedenen Gerichten ausgesprochenen, aber noch nicht eingezahlten Geldstrafen beliefen sich angeblich auf rund zwei Millionen.

Sicherlich stehen die „erklärten" Fundamentalisten nicht allein auf der weiten Flur der selbsternannten Gotteskämpfer. Schwieriger als bei den drei Gruppen der Tele-Evangelisten, die ihre Botschaft tagtäglich ausstrahlen, ist es, einen einheitlichen Kurs bei der vierten Gruppe, nämlich den Pfingstlern oder Neo-Pfingstlern zu ermitteln. Nicht zuletzt, weil jede ihrer Untergruppen ihre eigenen Richtlinien festlegt, die bestenfalls auf höchster Ebene einigermaßen koordiniert werden.

Von den klassischen Ultras unterscheiden sich die Pfingstler bereits in ihrer Grundeinstellung zu Heiligen Schrift. Wohl betrachten sie, genauso wie die anderen, die Bibel als unverrückbares Wort Gottes und Quelle der Wahrheit. Bei der Interpretation der Heiligen Schrift gehen sie jedoch wesentlich weiter als ihre „Kollegen" oder Konkurrenten.

So etwa bei der Bedeutung der Prophetie – dem „In Zungen reden" – von der die anderen nicht viel halten. Und, ganz besonders, bei der Einstellung zu Wunderheilungen und dem bevorstehenden Ende der Welt. Als religiöse Bewegung entstanden die Pfingstler in den USA zu Anfang dieses Jahrhunderts als durchaus konservative und wenig charismatische Gruppierung, die sich auf die Heilslehren des großen englischen Predigers John Wesley (1703–1791) berief, des Gründers der weltweit respektierten und hochangesehenen Methodistischen Kirche. In den folgenden Jahren setzte jedoch unter den Pfingstlern eine theologische Weiterentwicklung ein. Mehrmals wechselte die Bewegung ihre religiöse Richtung, wobei auch neue Pfingstler-Gruppen entstanden.

Immerhin wies die Theologie der Bewegung eine gewisse Anziehungskraft auf andere Konfessionen auf. So die Idee der „Taufe durch den Heiligen Geist", ursprünglich ein Quasi-Monopol der charismatischen Kirche, basierend auf dem 1. Korintherbrief des Hl. Paulus. Diese fand auch Anklang bei Basisgruppen etablierter Kirchen, wie den Baptisten, die danach als „Bapticostalisten" angesprochen wurden.

Naturgemäß ging der Aufstieg der Pfingstler-Kirche (oder Kirchen), die heute zwischen 12 und 15 Millionen Mitglieder zählen, nicht ohne Rückschläge vor sich. Die erfolglose Präsidentschaftskandidatur Pat Robertsons zeigte die Grenzen ihres politischen Potentials auf. Und das Image der Prediger insgesamt litt schwer unter der Sex-Affäre des „Evangelisten" Jimmy Swaggart und den Fehlleistungen seines „Kollegen" Jim Bakker.

Was aber gleichzeitig die wahren Gläubigen zu immer größeren Einsatz anspornte.

In den Jahren des Kalten Krieges – und jahrelang danach – neigten die Pfingstler dazu, Schauermärchen über eine weltpolitische Verschwörung gegen den christlichen Einfluß in den USA für bare Münze zu nehmen. Worauf die „Rechtgläubigen" mit einer stürmischen Gegenoffensive reagierten. Pentecostalisten-Prediger tauchen regelmäßig im „alten Europa" auf, um die Bürger aufzurütteln. Wobei sich ihre Erfolge in engen Grenzen hielten. Letztlich blieb es den Pfingstlern vorbehalten, ihren größten Erfolg bei der Verbreitung von Gottes Wort im Herzen der atheistischen Sowjetunion zu erzielen. Was den Kreml veranlaßte, ausländische Prediger auszuweisen und einheimische Pfingstler genauso brutal zu verfolgen wie russische Dissidenten (siehe Kapitel über den russischen Fundamentalismus).

Zur Auswanderung gezwungene russische Pfingstler wurden in den USA als verfolgte Zeugen für ihren Glauben freundlich aufgenommen, was das Ansehen ihrer Kirche vor Ort natürlich erhöhte.

Mit dem Zusammenbruch des Kommunismus waren die Pfingstler gleichsam gezwungen, sich nach einem neuen Feindbild umzusehen. Und es fiel den Predigern nicht schwer, dies in der Philosophie der Liberalen von der „Einen Welt“ („One World“) zu ermitteln, mit der die nationale Souveränität von „God's Own Country“ untergraben werden sollte. So wie es die bösen Kommunisten zuvor versucht hatten.

Je mehr der Vormarsch des christlichen Fundamentalismus in Nordamerika an seine äußeren Grenzen stößt – immerhin konnte die „Christliche Allianz“ den zweiten Wahlsieg Clintons nicht verhindern – desto mehr sucht er nach neuen Hoffnungsgebieten. In Westeuropa mit seiner Wohlstandsbevölkerung ist dieses Ziel schwer zu finden, in Rußland hat das neue Religionsgesetz den Predigern einen Riegel vorgeschoben und in Afrika tritt den Missionaren ein militanter Islamismus entgegen. Daher bietet sich nur Lateinamerika als neues Ziel mehr oder weniger fundamentalistischer Sekten an. Wobei deren Einstellung nicht zuletzt vom finanziellen Potential der amerikanischen Paten abhängt.

Noch ist Lateinamerika weitestgehend ein „katholischer Kontinent“, doch die „Evangelisten“ stoßen immer weiter in Gebiete vor, die von der Katholischen Kirche nur ungenügend betreut werden können. Wobei es die Sektierer verstehen, auch die Gegensätze innerhalb der römischen Kirche Lateinamerika – hier Konservative, dort Befreiungstheologen – für ihre eigenen Zwecke zu nutzen.

In den vergangenen Jahrhunderten hatte es die Katholische Kirche in Lateinamerika verstanden, animistische Strömungen weitgehend zu integrieren, ob sie nun afrikanischen oder indianischen Ursprungs waren. Dieser Trend wird nun von den Missionaren kleinerer „unabhängiger" Kirchen in steigendem Maß verfolgt. Was diesen umso leichter fällt, da sie nicht an theologische Instruktionen ihrer Oberen gebunden sind.

Ob die Fundamentalisten südlich von Mexiko früher oder später zu einer echten Herausforderung der etablierten Kirchen (nicht nur der Katholischen) werden, hängt nicht zuletzt von der politischen und gesellschaftlichen Entwicklung in den einzelnen lateinamerikanischen Republiken ab. Was die Demokratisierung betrifft, so wurden in diesen Staaten in den letzten Jahren bedeutende Fortschritte erzielt. Die Ära der starken Männer in glitzernden Phantasieuniformen ist mehr oder weniger vorbei. Die soziale Entwicklung konnte aber mit der politischen nicht Schritt halten. Die Kluft zwischen arm und reich wurde womöglich noch tiefer. Und dies ist der Nährboden für charismatische Sekten, besonders wenn ihre Gönner über gewaltige finanzielle Mittel verfügen.

Die Zukunft wird zeigen, ob durch sozialen Fortschritt den Seelenfängern – einer Minderheit rund um die „ehrlichen Missionare" –, denen es nur um die Zahl der Bekehrungen geht, Einhalt geboten werden kann.

3. Kapitel

Scientologen

Von allen „Bekenntnisgemeinschaften", die den Status einer „Kirche" anstreben, ist keine so umstritten, wie die aus Amerika stammende „Church of Scientology". Während sie in den Vereinigten Staaten als religiöse Bewegung – mit entsprechenden Steuerprivilegien – anerkannt ist, wird sie in vielen europäischen Ländern von angesehenen Politikern frontal angegriffen, die ihr jeglichen religiösen Charakter absprechen und sogar staatliche Gegenmaßnahmen fordern, um ihren Einfluß in der Gesellschaft einzudämmen.

Amerikas „klassische" Fundamentalisten, welcher Schattierung sie angehören mögen, stehen nicht allein auf der weiten Sektenflur. In den letzten Jahrzehnten sind noch andere Bekenntnisgemeinschaften zu einem Teil des „American Way of Life" geworden, obwohl ihre fundamentalistische Einstellung auf keiner historischen Ideologie beruht. Trotzdem bezeichnen sie sich selbst nur mit großen Abstrichen als „Fundamentalisten".

Und das nicht nur in Nordamerika. Gerade die „Randreligionen" sind es, die ihre eifrigsten Missionare nach Europa und in andere Kontinente entsenden. Kontroversiell sind sie alle, aber keine selbsternannte, beziehungsweise von ihrem Gründer inspirierte Religionsgemeinschaft hat in ähnlichem Maß für Konfliktstoff gesorgt, wie die sogenannte „Church of Scientology", welche David Barrett in seinem Register von Sekten, Kulten und alternativen Religionen zu den „Persönlichen Entwicklungs-"(Personal Development)Konfessionen zählt. In Nordamerika wurde sie nach langen Verhandlungen offiziell als Religionsgemeinschaft anerkannt, weil dort es jedem im Rahmen der liberalen Verfassung zusteht, eine derartige Verbindung zu gründen, wobei es nicht nur um Glaubensfreiheit geht, sondern um konkrete Vorteile auf dem Steuersektor. Wie heißt es doch in Amerika: „If you want to make a million, found a religion." („Wenn du eine Million verdienen willst, gründe eine Religion.").

Obwohl die Scientologen auf die Bezeichnung „Kirche" nicht verzichten wollen, versicherte einer ihrer Vertreter in einer TV-Sendung am 30. August 1998, seine Gruppe akzeptiere keinen „anthropomorphischen Gott" (sprich: Jesus Christus), sondern nur ein „höheres Wesen".

Kein Wunder, daß anderswo die Gegner von Scientology – und sie sind viele – nach einer gesetzlichen Regelung rufen, um das Vordringen der Bewegung aufzuhalten, ja möglicherweise sogar gegen die „Kirche" selbst vorzugehen. Der Kampf wurde bereits eröffnet.

Auf beiden Seiten wird mit schwerem Geschütz aufgefahren. So kommen Sympathiebezeugungen für Scientology aus höchsten Kreisen im amerikanischen Kongreß. Wobei das Vorgehen einiger europäischer Regierungen gegen Scientology – etwa der bayerischen CSU – mit dem Vorgehen Hitlers gegen „freie Kirchen", wenn nicht gegen die Juden, verglichen wird.

„Ein wahrhaft obszöner Vergleich", kontern Scientology-Gegner (und auch jüdische Organisationen), „und eine Beleidigung der Nazi-Opfer."

Vergleiche mit den Nazis sind tatsächlich am Rande des Obszönen. Aber auch die Forderung einiger deutscher – besonders bayerischer – Politiker nach einer Art von Berufsverbot in „heiklen Bereichen" für Scientology-Mitglieder, lassen sich schwer mit rechtsstaatlichen Prinzipien in Einklang bringen.

Jedenfalls wird auch von den Gegnern manchmal über das Tor geschossen.

Dabei ist Kritik von staatlichen Stellen an der „Kirche" keineswegs auf Deutschland oder Österreich (wo sich Umweltminister Martin Bartenstein gegen Scientology stark macht) oder Europa überhaupt beschränkt. Auch in den USA kämpfte das Finanzamt – bisher vergeblich – gegen die Steuerprivilegien für die Sektierer. „Alles eine Verschwörung der Steuereintreiber, des Finanzministers und anderer Staatsorgane", tönt es aus dem

Hauptquartier von Scientology zurück. Und weiter: „Alles in Zusammenarbeit mit der Berufsgruppe der Psychiater."

In Australien stellte eine Untersuchung bereits 1965 fest: „Scientology ist übel. Ihre Technik ist übel, und ihre Praxis stellt eine ernste Bedrohung der Bevölkerung dar."[1)]

In Großbritannien verhängte die Regierung ein Praxisverbot für ausländische Scientologen, die als „Studenten" ins Land gekommen waren. Somit konnten Führer der Bewegung ihr englisches Hauptquartier in East Grinstead nicht mehr besuchen. Diese Beschränkung wurde 1980 unter dem Druck von Scientology-Verteidigern aufgehoben, aber noch 1984 bezeichnete ein britisches Gericht die Gruppe als „unmoralisch, korrupt und gefährlich".[1)]

1984 beschränkten sowohl Frankreich – wo Sektengründer L. Ron Hubbard, von den noch ausführlich die Rede sein wird, in Abwesenheit verurteilt worden war – als auch Dänemark die Steuerprivilegien der Bewegung.

Was aber versteckt sich wirklich hinter der selbstgewählten Worthülse „Church of Scientology"? Ist sie, in weitestem Sinn, eine fundamentalistische Sekte, welche nur die eigene Wahrheit anerkennt, ein „Geschäft" für ihre Funktionäre? Oder eine zugegebenermaßen obskure Religion ?

Dutzende Bücher wurden in der Vergangenheit über Scientology geschrieben – aus den Gesichtspunkten dieser oder jener ideologischen Ecke. Hier soll ein Versuch einer objektiven Darstellung auf Grund von Fakten unternommen werden, wiewohl der Autor konzedieren muß, daß sich seine Sympathie sozusagen in engen Grenzen hält. Jedenfalls auf der Grundlage, daß auch die Beschuldigten das Recht haben, sich nach bestem Wissen und Gewissen zu verteidigen.

Im Gegensatz zu den Gründern und „Propheten" anderer Religionen – oder Pseudoreligionen –, die sich ausnahmslos auf göttliche Inspiration berufen, ist Scientology zugegebenermaßen das „Brain Child", also die Erfindung ihres „Gurus" L. Ron

---

[1)] Autor und Verlag distanzieren sich aus rechtlichen Gründen von diesen Aussagen.

Hubbard, der seine ursprüngliche Kreation, ein psychotherapeutisches System, das er „Dianetik“ nannte, in die „Church of Scientology“ verwandelt hatte: nicht zuletzt um der materiellen Anreize in der Form von Steuerprivilegien Willen, wie David Barrett in seinem bereits erwähnten Buch über Sekten, Kulte und alternative Religionen vermutet. Laut Barrett ist Scientology nicht nur die bedeutendste, sondern auch die reichste aller Organisationen die sich der „persönlichen Entwicklung“ gewidmet haben.

Dabei ließen die Anfangserfolge lange auf sich warten. Zunächst ist es notwendig, sich näher mit den Schriften Hubbards zu befassen, da sie die Grundlagen des Kultes bilden.

Laut „Dianetik“, der „Scientology-Bibel“, werden „Engrams“ – eine Worterfindung der Sekte, die soviel wie „außerirdische Impulse“ bedeutet – dem Embryo bereits im Mutterleib eingegeben: mit vorwiegend negativer Wirkung. Diese Wirkung kann, laut Hubbard, durch „Auditionen“ bei Erwachsenen gebannt und die ursprüngliche Persönlichkeit wiederhergestellt werden.

Von Ex-Scientologen, welche die Bewegung verlassen haben, aber die Wirkung von Dianetik noch bis zu einem gewissen Grad anerkennen, erinnert der Prozeß des Auditing an eine Art Gruppentherapie, in der sich die Teilnehmer, möglicherweise in Trance oder einer Form der Hypnose, Schuldgefühle vom Leib (und Seele) reden. Und sich danach entsprechend besser fühlen.

„Wäre dies alles“, schließt Barrett, „dann gäbe es keinen Grund für irgend jemanden, außer vielleicht Psychiatern und Psychoanalytikern, sich über Dianetik und Scientology Sorgen zu machen. Aber der Abbau von ‚Engrams‘ ist kein Endpunkt. Es genügt nicht zu sagen: ‚Ich bin geheilt, dankeschön, ihr habt mir sehr geholfen und auf Wiedersehen.‘“

So leicht, meint der Experte, kommt man von Scientology nicht los. Wer „Clear“ ist, bestimmt nicht der „Patient“ sondern der „Arzt“.

Überdies kommt „Clear“ nicht sofort. Hubbard spricht von einer Vorstufe, genannt „Release“, also Entlassung. Bis es zum „All Clear“ kommt, wie es bei der Entwarnung nach Luftangriffen heißt, sind noch viele – kostspielige – Auditions notwendig. Oftmals etliche hundert „Lehrstunden“ (Barrett).

Aber auch die Scientologen sind nicht zimperlich. Sie laufen sofort zum Kadi, wenn es um das „Eingemachte", sprich das Finanzielle, geht. Als über eine anonyme Internetstelle in Finnland Scientology-Skripten gratis verbreitet wurden, die sonst für gutes Geld an gutgläubige Studenten verhökert werden, glaubten die Hubbard-Jünger eines Verletzung ihres Copyrights zu erkennen und liefen zum Kadi.

Es ginge zu weit, in diesem Zusammenhang weiter in den „Innereien" der Sekte herumzurühren. Vereinfacht dargestellt gibt es jenseits von „Clear" noch verschiedene Aufstiegsmöglichkeiten. Ein Mitglied des innersten Kreises wird „Thetan", genannt, wobei es bei diesem „Erleuchteten" verschiedene Stufen gibt, von Thetan 1 bis 15.

Die Lehre von den Thetans enthält verschiedene apokalyptische Elemente, was die Klassifizierung der Bewegung als fundamentalistisch (wenngleich nicht im Sinn einer anerkannten Religion) rechtfertigt.

Laut „Operating Thetan III" wurde, kurz gefaßt, die Erde vor 76 Millionen Jahren von einem bösen Diktator mit Namen Xenu regiert. Besorgt wegen der Überbevölkerung des Systems überredete er Milliarden von Einwohnern der 75 Planeten seiner Galaxie auf die Erde (dem Planeten Teegeeack) zu übersiedeln, wo er sie in einem Vulkan auf der Insel Hawaii landen und danach durch Nuklearbomben eliminieren ließ, quasi als erste ethnische Säuberung, lange vor der Sintflut.

Die körperlosen Thetans der Eliminierten spuken nun in der Welt herum, auf der Suche nach neuen Körpern – was zur Bildung von Engrams geführt hat.

All dies erinnert stark an Science-fiction – und das ist keineswegs ein Zufall. Lafayette Ronald Hubbard startete nämlich seine Karriere in den vierziger Jahren als Autor von Science-fiction-Romanen. Vor seiner „Erleuchtung" diente er beim Militär, verließ seine erste Frau samt zwei Kindern und heiratete (ob vor oder nach der Scheidung bleibt umstritten) seine Freundin Sara.

In der offiziellen Biographie liest es sich natürlich romantischer. In seiner Jugend hätte er die ganze Welt erkundet, Kernphysik studiert und zwei Doktorate erworben (laut Kritikern wie Barrett angeblich von einer Diplomfabrik). Im Krieg sei er ein wahrer Held gewesen und hätte dafür nicht weniger als 21 Auszeichnungen erhalten.

In den Archiven des Flottenministeriums ist allerdings nur von vier Medaillen die Rede, die praktisch jeder, allein für das Dabeisein, erhält. Er sei wegen eines Magengeschwürs ausgemustert worden.

Seinem ideologischen Erstling jenseits von Science-fiction, dem bereits erwähnten Buch „Dianetik – Die moderne Wissenschaft der geistigen Gesundheit“ war übrigens lange Zeit kein finanzieller Erfolg beschieden. Die Stiftung, welche die Veröffentlichung gesponsert hatte, mußte 1952 Konkurs anmelden. Worauf der ehemalige Groschenromanautor die „Hubbard Association of Scientist International“ gründete, die er 1955 in die Church of Scientology umwandelte.

Danach war der Aufstieg von Scientology gleichsam unaufhaltsam. Auch der Tod des Gurus – 1986 im Alter von 75 Jahren – konnte die Bewegung nicht bremsen. Sie verehrt ihren Gründer weiterhin uneingeschränkt: In allen Jahrhunderten oder Jahrtausenden, verkünden sie, erscheine ein Genie, das den Weg zu einem besseren Leben weise. So ein Mann sei L. Ron Hubbard, der Gründer von Scientology, gewesen.

Der in Los Angeles tätige Richter Paul G. Breckenridge sieht es allerdings anders: „Die Organisation ist schizophren und paranoid, und darin spiegelt sich ihr Gründer wider. Alles weist daraufhin, daß es sich bei ihm um einen geradezu pathologischen Lügner handelte, wenn es um seine Geschichte, Background und Errungenschaften handelt.“[1)]

Und Chronist Barrett resümiert: „Was auch immer die Wahrheit ist: Hubbard gründete eine neue Religion und wurde dabei ein reicher Mann.“

---

1) Autor und Verlag distanzieren sich aus rechtlichen Gründen vom Inhalt dieses Zitats.

4. Kapitel

Juden für Jesus

Seit der Zerstörung des jüdischen Tempels in Jerusalem durch die Römer und der Zerstreuung des jüdischen Volkes im ersten nachchristlichen Jahrhundert galten die ursprünglichen „Judenchristen", also die ersten Gefolgsleute des Juden Jesus von Nazareth, als ausgestorben: nicht zuletzt als Ergebnis der Heidenmission des spätberufenen Apostels Paulus. Nun aber treten sie wieder an die Öffentlichkeit. Mit fundamentalistischem Eifer bekennen sie sich zu Jesus, dem Messias, wollen aber gleichzeitig als Juden und nicht als Christen angesehen werden, womit sie dem Staat Israel, wo sie ihre Ansprüche anmelden, einiges Kopfzerbrechen bereiten.

Für den Beamten im Meldeamt des israelischen Innenministeriums in Jerusalem – seit Jahrzehnten Domäne der national-religiösen Partei – (siehe Kapitel 20) war alles klar: Die Antragsteller Simon und Sarah Cohen (Namen geändert), Neueinwanderer aus den USA, waren keine Juden und kamen daher für automatische Einbürgerung im Rahmen des israelischen „Gesetzes der Rückkehr" nicht in Frage.

Wären die Cohens Angehörige der konservativen oder reformistischen Judengemeinde gewesen, dann hätte der Beamte wohl ein Auge zugedrückt, um weitere Diskussionen zu vermeiden.

Simon und Sarah waren jedoch bekennende Mitglieder der neuesten Bewegung „Juden für Jesus". Und deshalb schrieb der Beamte unter der Rubrik „Gemeinde" („Community") – der Ausdruck „Religion" ist auf israelischen Dokumenten verpönt – „Christen".

Genau als solche wollten sich die Antragsteller nicht klassifizieren lassen. Wohl betrachteten sie „mit jeder Faser ihres Herzens" Jesus von Nazareth als ihren Heiland, doch sie sahen sich selbst noch immer als vollwertige Juden und weder als Angehörige eine juden-christlichen Sekte noch als zum Christentum Konvertierte. Deshalb hatten sie auch auf die Taufe verzichtet.

Der Status der „Juden für Jesus“ ist in Israel zu einem Problem geworden, das man im Heiligen Land seit dem Verschwinden der ursprünglichen Judenchristen im ersten nachchristlichen Jahrhundert – unter dem Einfluß des „paulinischen Outings“ gegenüber den Heiden nicht mehr gekannt hatte. Somit gab es auch keine Präzedenzfälle, auf die sich das Gericht in Jerusalem hätte stützen können, an das sich die Cohens zwecks Anerkennung als Juden gewandt hatten.

So stellen die jesusgläubigen Cohens, wie auch ihre Glaubensbrüder in Israel (aber auch in England und den USA) ein Paradoxon dar. Noch vor sechs Jahrzehnten hätten Tausende konvertierter Juden auf dem europäischen Kontinent viel dafür gegeben, als echte Christen angesehen zu werden, um Diskriminierung wenn nicht Verfolgung zu entgehen.

Doch heute sind Paradoxa vielfach zur Regel geworden. Geistige Vorläufer der Aktion „Juden für Jesus“ waren unfreiwillig jene, zum Teil hochangesehenen jüdischen Schriftsteller und Amateurtheologen des beginnenden 20. Jahrhunderts, die in ihren Werken versuchten, Jesus für das Judentum zurückzugewinnen: mit gebotener Vorsicht, um nicht in den Verdacht zu geraten, missionieren zu wollen – so etwa Scholem Asch, Franz Werfel und andere. Dabei waren die Chronisten zumindest unterschwellig bemüht, die christliche Welt von der „Jüdischkeit“ Jesu zu überzeugen, während gleichzeitig ihre Schriften von der jüdischen Orthodoxie auf den Index gesetzt wurden.

Die Idee vom „Juden Jesus“ war damals keineswegs etwas selbstverständliches. Vor dem Zweiten Weltkrieg hätte es kaum ein christlicher Religionslehrer oder Katechet gewagt, den Heiland eindeutig als Angehörigen des jüdischen Volkes darzustellen. Ich selbst erinnere mich an den Vortrag eines altkatholischen Geistlichen – und späteren Bischofs –, der die Haltung des Judas Ischariot mit dem Hinweis zu erklären suchte, daß dieser als einziger unter den Aposteln aus der „rein jüdischen Provinz Judäa“ stammte. Als ob nicht auch ganz Galiläa zu jener Zeit jüdisch gewesen wäre.

Und „Der Stürmer“ versuchte sogar aus Maria – und damit Christus – eine Germanin zu machen: weil ihr Heimatdorf Sepphoris eine Zeitlang von germanischen Söldnern in römischen Diensten besetzt gewesen war.

Die „Judenmission“ bildete buchstäblich über Jahrtausende hinweg ein Kernstück der christlichen Heilslehre, die solange nicht in Erfüllung gehen konnte, als jüdische Glaubensgemeinschaften weiterexistierten. In friedlichen Zeiten führte dies zu den berühmten Disputationen zwischen Geistlichen und Rabbinern, in weniger friedlichen zu Zwangstaufen und Pogromen.

Martin Luther glaubte eine Lösung gefunden zu haben: man müßte die Kirchen nur vom Bilderschmuck befreien, und die traditionell bilderfeindlichen Juden würden mit einem Mal den Weg zum Heil sehen.

Allein, die Juden hielten sich nicht an Luthers kosmetische Reformen und dieser wurde daraufhin zu einem der schärfsten Antisemiten seiner Zeit („Von den Juden und ihren Lügen“).

Die nächste Missionarstruppe versuchte es mit einem freundlicheren Kurs. Die im 19. Jahrhundert von der anglikanischen Kirche gegründete „Church Mission to the Jews“ war bestrebt, den Juden goldene Brücken zu bauen: durch Hochachtungsbeteuerung für die mosaische Religion. In deren Folge sollte nur noch ein kleiner letzter Schritt zur vollständigen Missionierung notwendig sein.

Hauptziel der „Church Mission“ waren Rabbiner, und es gelang ihr, in ihrem wesentlichsten Tätigkeitsfeld in Jerusalem einige Übertrittswillige zu finden. John Alexander, erster anglikanischer Bischof von Jerusalem, war ein konvertierter Jude. Der gegenwärtige Bischof ist übrigens ein Araber.

Auch viele Kinder – vorwiegend Mädchen – wohlhabender jüdischer aber nicht unbedingt orthodoxer Familien in Jerusalem wurden zur nächsten Zielgruppe. Als „Missionare“ fungierten des öfteren die christlichen Hausgehilfinnen, welche die ihnen anvertrauten Kinder in die nächstgelegene Kirche – deren es in Jerusalem zahlreiche gibt – führten und dort, gegen ein Entgelt, taufen ließen. Die bekannte Schriftstellerin Miryam Hary schrieb in ihrem Buch „Ein kleines Mädchen in Jerusalem“, daß auf diese Weise gleich fünfmal getauft worden sei.

Nach der Eroberung Palästinas durch die Briten erstreckte sich die christliche Missionstätigkeit auch auf Moslems, was alsbald zu schweren Ausschreitungen, besonders in Gaza, führte.

Auch orthodoxe Rabbiner wetterten gegen die Missionare. So etwa klagten beim letzten Besuch von Scholem Asch (den man für einen „verdeckten Missionar" hielt) in Jerusalem die Prediger in den Synagogen: „Lest nicht die Bücher des Renegaten Asch, sondern die rechtgläubigen Schriften des Rabbiners B."

Die Redakteure der jiddischen Abteilung des israelischen Rundfunks weigerten sich, Asch zu interviewen, worauf der Vizedirekter der Station als Interviewer einspringen mußte.

Erst als Organisation traten „Juden für Jesus" aus dem Schatten evangelistischer und fundamentalistischer Sekten, die sie bis dahin unter ihre Fittiche genommen hatten: Pfingstler und Neo-Pfingstler, die sich mit ihren Thesen von der Mission des Heilens und des „Sprechens in Zungen" von den christlichen Hauptströmungen entfernt hatten (siehe Kapitel 2).

Erster Führer der „Juden für Jesus" war ein gewisser Mosche Rosen, der nach einiger Zeit durch einen ebenso wenig bekannten Prediger namens David Brickner ersetzt wurde.

Keiner der geistigen Führer hatte eine auch nur allgemein anerkannte rabbinische Ausbildung genossen. „Gründervater" Mosche Rosen war ein ordinierter Pfarrer. Er stand eine Zeitlang auf der Gehaltsliste des American Board of Missions to the Jews. Pastor Louis Caplin, Gründer der Zeitschrift „Jewish Voice", ist ein Prediger der Pentecostalistischen Kirche. Und die gesamte Bewegung steht unter der Kontrolle des „Evangelical Board of Financial Accountability" – nachzulesen in einem von jüdischen Gruppen im Internet verbreiteten Papier.

In der Eigendefinition der „Juden für Jesus" liest es sich anders:

„Juden für Jesus begann als ein Schlagwort, wurde zu einer Bewegung und ist nun eine internationale Organisation, die den Zweck (verfolgt), die Botschaft Jesus als Messias von Israel und Retter der Welt zu verbreiten … Wir existieren, damit die Juden in aller Welt an Jesus, dem Messias, nicht mehr vorbei kommen."

Die Bewegung verfügt über einen Mitarbeiterstab von 145 Personen. Die Zahl der Anhänger wird – vom Haus – mit 25.000 bis 50.000 angegeben. Die wichtigsten Gemeinden befinden sich in den USA, England, Rußland, Frankreich und Israel. Genaue Statistiken, heißt es, seien nicht vorhanden, da die Gruppe keine Mitgliederregister führe. Organisationszentren gebe es in 16 Städten. Darüberhinaus gebe es 75 Gebetsstätten.

Gottesdienste finden in von den Gemeinden zur Verfügung gestellten Kirchen, aus denen die Betreiber kurzfristig allzu christliche Symbole entfernt haben. Die Finanzierung erfolgt durch freiwillige Spenden, die in den USA steuerfrei sind.

Die Missionstätigkeit der „Juden für Jesus" erfolgt nach einem denkbar einfachen Schema – hauptsächlich an Universitäten, deren Studenten weit weg von ihren Familien leben. Studiosi, von denen die Missionare annehmen, daß es sich um nicht-orthodoxe Juden handelt, werden zu kameradschaftlichen Treffen eingeladen, wo – welch ein Zufall – unvermittelt über Jesus gesprochen wird. Auch kleinere jüdische Feiern werden bei diesen Zusammenkünften abgehalten, in einer gelösten Atmosphäre, welche bei den „Novizen" viel besser ankommt, als das strenge Zeremoniell, das sie vielleicht aus ihrem Elternhaus kennen. Auch Bar Mitzwot (Mehrzahl von Bar Mitzwa, dem jüdischen Äquivalent der Firmung) können in diesem Rahmen abgehalten werden – wobei man über deren Gültigkeit streiten kann.

Die Botschaft ist jedoch immer dieselbe: Das Christentum ist eine jüdische Religion, das ganze Konzept des Messias wurzelt im Judentum. Als Gründungsjahr wird offiziell 32 nach Christus angeben, also das Todesjahr des Messias.

Ist der Novize erst einmal fest in der Bewegung verankert, so mußt er alsbald erkennen – wie etwa der gescheiterte Kovertit Larry Levey in seinem Enthüllungsbuch festhält –, daß der naive Glaube an Jesus, den Messias, für eine Vollmitgliedschaft nicht genügt. Der Anhänger wird vielmehr aufgefordert, nach dem Muster der christlichen Fundamentalisten jedes Wort des Alten, besonders aber des Neuen Testaments als unverrückbaren Glaubenssatz anzuerkennen. Darunter auch jene Passage, in denen die Juden als Irrgläubige und Gottesmörder in alle Ewigkeit verdammt werden – eine Darstellung die nicht einmal von der etablierten Kirche heute noch akzeptiert wird.

„Das alles kam mir richtig antisemitisch vor", erkannte Levey. Und weiter: „Die Juden für Jesus schienen mir nicht mehr jüdisch." Nicht zuletzt deshalb, weil die Gruppe von ihren Anhängern fordert, sich von ihren noch immer jüdischen Familien zu distanzieren.

Dieser Widerspruch war inzwischen auch anderen aufgefallen. Neben den „Juden für Jesus" etablierte sich eine weitere Gruppe, die sich „Messianische Juden" nennt. Bei ihnen war alles jüdischer: Gebetsstätten wurden Synagogen genannt, auch wenn sie nicht ständig in Betrieb waren; die Gläubigen trugen Gebetsschals und Käppchen; den zentralen Teil der Andacht bildete eine Lesung aus der Thora (dem Pentateuch); der „Rabbi" beendete den Gottesdienst mit einem Gebet für die Errettung des jüdischen Volkes und des Staates Israel.

Dennoch blieben auch bei den Messianischen Juden gewisse Schranken stehen. Jesus blieb das Zentrum der Anbetung: nur er könne die Menschheit vor der ewigen Verdammnis retten.

Der Gegenangriff des jüdischen Establishments ließ natürlich nicht lange auf sich warten, wobei die Attacken der orthodoxen Rabbiner naturgemäß weit heftiger ausfielen, als jene aus dem reformistischen oder konservativen Lager. Letztere vertraten die Meinung, die „Dissidenten" wollten nur auf sich aufmerksam machen.

Wesentlich schwerer als das Trommelfeuer der Orthodoxie wiegt die Kritik des Friedensnobelpreisträgers Elie Wiesel: „Die Missionare sind Seelenjäger und sie sind erfolgreicher als wir denken. Die Juden sind ihr bevorzugtes Ziel. ‚Komm zu uns', sagen sie. ‚Sei einer von uns. Schließlich sind wir Juden wie du.' Und nicht nur das: ‚Nur als Judenchristen könnt ihr wahre Juden sein.'"

Und weiter: „Zu sagen, daß mich diese Taktiken beleidigen, ist nicht stark genug. Juden haben sich immer gegen Missionare gestellt, die von sich behaupten, sie allein hätten den Schlüssel zur Rettung. Dennoch verachte ich die christlichen Missionare weniger als ihre jüdischen Komplizen." Wiesel weiter: „Die Missionare sind wenigstens ehrlich. Sie wollen so viele Juden wie möglich in ihre Kirchen einbinden. Ihre Kollegen unter den ‚Juden für Jesus' sind etwas anderes. Sie sind echte Heuchler. Sie wagen es nicht einmal, offen zuzugeben, daß sie ihre Vergangenheit und Zugehörigkeit begraben wollen."

5. Kapitel

Katholische Splitter

In der katholischen Kirche findet die Konfrontation zwischen Konservativen und Progressiven mit einer nicht immer schweigenden Mehrheit der Mitte statt. Bewegungen, die man im weitesten Sinne als fundamentalistisch bezeichnen könnte, sind bislang eher Randerscheinungen geblieben. Nur einmal mußte der Vatikan in letzter Zeit zur ultimativen Waffe der Exkommunikation gegen die Gruppe um den traditionalistischen Bischof Lefebvre greifen. Andere Gruppierungen wandeln gerade noch diesseits der Grenze zwischen Ultrakonservativen und Fundamentalisten oder haben sich den Mahnungen des Heiligen Stuhls gebeugt.

In Gegensatz zu den protestantischen Religionsgemeinschaften sind fundamentalistische Strömungen in der Katholischen Kirche eher Randerscheinungen geblieben – selbst wenn es sich um Gruppen handelt, die man mit Fug und Recht als Massenorganisationen bezeichnen kann.

Was nicht wundern darf. Spielen sich doch die Konflikte innerhalb der römischen Kirche – vereinfacht dargestellt: zwischen Konservativen und Liberalen – auf einer anderen Ebene ab.

Wobei sich die Grenzen verwischen. Konservative Prälaten neigen eher dazu, mit fundamentalistischen Gruppen zu sympathisieren, als liberale Kleriker. Was nur dem normalen politischen Leben in einem katholischen Land entspricht. Dazwischen aber liegt eine Mehrheit von Kirchenmännern, die keineswegs als eine schweigende bezeichnet werden kann, die fallweise mit der einen aber auch der anderen ideologischen Seite zusammengehen.

Es ist daher irreführend, pauschal von einer „Revolution von unten" zu sprechen, wenn es um Reformbewegungen geht. Jedenfalls kommen die Spannungen zwischen den liberalen und beharrenden Kräften in verschiedenen Ländern in sehr unterschiedlichen Formen zum Ausdruck. Zumindest in den Augen der breiten Öffentlichkeit – sprich der Medien – traten die Spannungen zuerst innerhalb der katholischen Kirche der Niederlande zutage – also in einem mehrheitlich protestantisch-kalvinistischen Land, während in anderen Staaten einsichtige, wenn auch nicht unbedingt radikal-reformistische Bischöfe die Einheit ihrer Gemeinden zumindest nach außen hin wahren konnten.

Auf die Gefahr hin zu vereinfachen: Als typisches Beispiel für eine konfliktfreie Gemeinde galt jahrzehntelang die Katholische Kirche in Österreich unter dem Primat des Wiener Erzbischofs Kardinal Franz König, in dem viele seiner Bewunderer bereits einen möglichen Papstnachfolger sahen.

Erst als der Heilige Stuhl nach dem altersbedingten Rücktritt von Kardinal König Hans Hermann Groer zu dessen Nachfolger erkor – aus Gründen, die mit dem Thema dieses Buches nicht zusammenhängen –, brach der Glaubensstreit in der „Insel der Seligen" (O-Ton Papst Paul VI.) mit einer Heftigkeit aus, die man seit 1945 nicht gekannt hatte.

Dabei hat es der österreichischen Kirche sicher nicht geholfen, daß sich ein umstrittener populistischer Politiker, FPÖ-Chef Jörg Haider, zum Verteidiger der wahren Kirche gegen „gewisse linkskatholische Klüngel" aufgeschwungen hat.

Der Streit zwischen den beiden Grundströmungen in der Katholischen Kirche hängt nicht direkt mit dem eigentlichen Thema dieses Kapitels, dem katholischen Fundamentalismus, zusammen. Es mußte jedoch, nach Ansicht des Autors, auf ihn eingegangen werden, um die Hintergründe der fundamentalistischen Bewegungen innerhalb und an Rande der Kirche besser zu verstehen.

Die bekannteste dieser Bewegungen ist – oder war – die Gruppe um den traditionalistischen Missionsbischof Marcel Lefebvre (mit Zentrum im Schweizer Econe), die nach jahrelangen Ermahnungen aus dem Schoß der römischen Kirche ausgestoßen wurde und somit nicht mehr als katholisch bezeichnet werden kann. Dennoch wird von ihr noch die Rede sein.

Ein seltsamer Einzelfall ist jener der Katholischen Kirche auf dem chinesischen Festland, deren Amtsträger die Autorität des

Papstes bestreiten, nicht etwa aus „hohen“ theologischen Erwägungen, sondern ganz einfach weil der Heilige Stuhl Taiwan und dessen Katholische Kirche anerkennt.

Die Reaktion des Heiligen Stuhls auf diese „dissidente“ Kirche blieb – im Gegensatz zur Exkommunikation Lefebvres – eher gemäßigt, nicht zuletzt, weil der Vatikan zu einem späteren Zeitpunkt auf eine politische Lösung hofft. Jedenfalls will der Papst die chinesischen Katholiken nicht durch Sanktionen in Schwierigkeiten bringen. Wobei auch die Tatsache eine Rolle spielen mag, daß die amtierenden chinesischen Prälaten – wie jene in Taiwan – durchaus im konservativen Fahrwasser segeln. Fundamentalisten im eigentlichen Sinn sind sie natürlich nicht, weil die chinesischen Machthaber derartige Trends nicht zulassen würden, gleichgültig wie der Vatikan dazu stünde.

Im allgemeinen steht der Heilige Stuhl jedoch Gemeinschaften und Institutionen mit einem ausgeprägten Hang zum Fundamentalismus recht positiv gegenüber. Die bekannteste von diesen ist die „Comunione e Liberazione“ in Italien, die sozusagen unmittelbar vor der Haustüre des Heiligen Vaters mit beträchtlichem Erfolg operiert.

Unter den fundamentalistisch angehauchten Organisationen zählt „CL“, wie sie sich im Kürzel nennt, sicherlich zu den gemäßigten. Man kann ihr schlimmstenfalls die Indoktrinierung ihrer Mitglieder vorwerfen, nicht aber Gewaltanwendung in irgend einer Form. Dennoch ist sie, auch in der Eigendefinition, eine durchaus kämpferische Truppe.

CL begann ihre Aktivitäten in den fünfziger Jahren, doch der Durchbruch gelang ihr erst knapp zwei Jahrzehnte später als Reaktion auf die europaweite 68er-Bewegung.

Treibende Kraft war der Mailänder Priester Don Luigi Giussani, der seine seelsorgerische Tätigkeit 1954 als Schulpfarrer am Berchet-Gymnasium in der lombardischen Hauptstadt begonnen hatte. Der noch heute (1998) aktive Priester ist ein kleiner Mann mit einem runzligen Gesicht und einer rauhen Stimme. Über ihn schreibt der englische Sektenexperte Gordon Urquart, der selbst jahrelang einer fundamentalistischen Gruppe angehört hatte: „Der unscheinbare Don Giussani entspricht … nicht gerade dem Idealbild eines attraktiven charismatischen

Führers. Dennoch hat er mit seiner spitzfindigen Philosophie zwei Generationen italienischer Jugendlicher inspiriert."

Giussanis erste Organisation „Studentische Jugend" wandte sich hauptsächlich gegen den Laizismus, aber auch gegen die Tätigkeit der „liberalen" Katholischen Aktion und deren allzu laschen Umgang mit ihren Anhängern.

Das Vaticanum II, besonders in der von Papst Johannes XXIII. vorgegeben ursprünglichen Linie, löste in den Kreisen von CL eine gewisse Verwirrung aus, da sich die Konservativen mit den neuen Vorgaben – etwa dem sogenannten „Aggiornamento", der Annäherung an liberale Kräfte (parallel zu der damals favorisierten „Apertura a sinistra" in der italienischen Politik) sowie den verschiedenen Modernisierungsbestrebungen – nicht anfreunden konnten.

Etwa ab 1970 hatte sich CL von der Periode der Verwirrung erholt und mit neuem Elan ihre Tätigkeit wiederaufgenommen. Bemerkenswert dabei war die Hinwendung zum Antikapitalismus, was der Gruppe naturgemäß bei ihrer Mission in den Armenvierteln zugute kam. Dabei verwandelte sich die reine Sozialarbeit alsbald in politischen Aktivismus. Die Anerkennung der Gruppe als religiöse Laienbewegung (1982) ermöglichte die Gründung von Untergruppen, wie der „Gesellschaft der Werke" („Compagnia delle Opere" – 1986) sowie von einem sozialen Netzwerk zur Betreuung von Jugendlichen und Arbeitslosen.

Problematisch gestaltete sich in diesem Zusammenhang die Erschließung neuer Finanzierungsquellen für größere Vorhaben. Wobei CL geradezu zwangsläufig im traditionellen Jagdrevier der international tätigen Caritas wildern mußte.

Schließlich bedeutete die Gründung des „Movimento Popolare", einer nominell unabhängigen Gruppierung innerhalb der traditionellen Regierungspartei, der „Democrazia Cristiana", den direkten Einsteig in die Politik.

Natürlich hatte die DC, seit den ersten Nachkriegsjahren pausenlos an der Macht, die Bedeutung der aktivistischen Laienbewegung (während sie mit der Katholischen Aktion sehr oft Sorgen hatte) längst erkannt und wußte dies zu honorieren. Eine bedeutende CL-Persönlichkeit, Roberto Formigoni, amtierte jahrelang als Vizepräsident des Europäischen Parlaments.

Problemlos sollte der Einstieg in die italienische Innenpolitik nicht bleiben. In seinem Buch „Der Laie“ stieß Giussani etliche einflußreiche Kirchenpersönlichkeiten vor den Kopf und ein Skandal um CL-Förderer Giulio Angret sorgte für negative Schlagzeilen. Und da ein Problem selten allein kommt, kam es gleichzeitig zu Beschuldigungen im Zusammenhang mit einer von der Organisation finanzierten Mensa.

Was sogar zu einem kritischen Artikel im „Osservatore Romano“, dem offiziellen Presseorgan des Vatikans, führte.

Es ginge zu weit, von einer Krise in der CL zu sprechen. Doch Don Giussanis Männer treten leiser, seitdem die Gruppe mit dem totalen Niedergang der Democrazia Cristiana, in welchem auch das Movimento Popolare hineingezogen wurde, ihr mächtiges politisches Standbein verloren hat. Und auch der Vatikan geht mitunter auf Distanz zu Comunione e Liberazione.

Noch wesentlich umstrittener als die CL – weil viel einflußreicher – ist eine weitere katholische Laienbewegung, das Opus Dei. Von seinen vielen Kritikern wird dem „Werk Gottes“ alles Mögliche – und vieles Unmögliche – vorgeworfen. Es sei ein Geheimbund, dessen Führer in allen Machtzentren der Welt, zumindest der katholischen, prominent vertreten seien. Sein Machtstreben sei unbegrenzt – eine Darstellung die manchmal an die von konservativen Katholiken geschürte Hysterie gegen die Freimaurer erinnert.

Bei vielen dieser Salven wird weit über das Ziel geschossen, doch die Struktur des Opus Dei ermuntert viele spekulative Theorien.

Demgegenüber argumentieren Verteidiger des 1933 vom spanischen Priester Josemaria Escriva de Balaguer y Albas gegründeten Werkes, die Laienbewegung sei ein „offenes Buch“ und nur den guten Taten des katholischen Glaubens verbunden. Daher genieße es auch die Gunst des Heiligen Stuhles.

Die vielfach als Hierarchie kritisierte Rangordnung der Mitglieder des Opus Dei entspreche nichts anderem als einer administrativen Notwendigkeit, angesichts der vielen Bereiche, mit denen das Werk konfrontiert sei. Die weltweite Ausbreitung der Bewegung habe mit Machtstreben nichts zu tun und entspreche lediglich dem Auftrag, dem sich der Laienorden mit allerhöchster Billigung gegeben habe.

Ist nun das Opus Dei eine fundamentalistische Gruppierung? Und sind ihre Mitglieder religiöse Fundamentalisten?

„Selbstverständlich!" lautet das Urteil der inner- und außerkirchlichen Gegner. „Keineswegs!" antworten die Verteidiger und versuchen die gegnerischen Argumente mit Fakten zu widerlegen.

Kommt die Verteidigung auf den Punkt, so mutet allerdings die Beurteilung des Werkes durch CL-Gründer Luigi Giussani etwas seltsam an. So erklärte Giussani – „Don Gius", wie er von seinen Freunden gerne genannt wird – anläßlich eines Besuches in Rom dem Nachfolger Escrivas: „Wissen Sie, wir von der CL sind die Guerillas, die Freischärler, die Steine werfen. Wir leisten unseren Beitrag, indem wir mitunter Radau veranstalten. Aber Sie, die Leute vom Opus Dei, sie haben die Panzer, sie gehen mit den Panzern voran, auch wenn sie die Raupenketten mit Gummireifen verkleidet haben. Sie machen keinen Lärm, aber sie sind da. Und wie! Und das werden wir immer besser merken. Sie werden sehen." (Zitiert aus Vittorio Messori: „Der ‚Fall' Opus Dei")

Mag sein, daß Don Gius Bemerkungen nicht ganz wörtlich gemeint waren. Der Vergleich mit einer Panzereinheit – durch den Chef einer fundamentalistischen Bewegung wie CL – läßt jedoch den Verdacht aufkeimen, daß es sich bei der Besatzung der Panzer sehr wohl um Fundamentalisten handeln könnte.

Die Parabel Giussanis von den Panzern kam dem Opus Dei Chronisten Messori offensichtlich nicht gelegen. Deshalb wiegelt er in seinem Buch ab: „Eine gute Brigade, mit ordentlich gekleideten und glänzend ausgerüsteten Leuten, einwandfrei ausgebildet und den Generälen treu ergeben – aber stets eine Brigade unter vielen anderen. Dies heißt also, das Opus Dei ist eine der vielen Möglichkeiten und Versuche, heute den Forderungen des Evangeliums gemäß zu leben. Für manche anziehend, für andere, auch innerhalb der Kirche, abstoßend."

Es bleibt daher dem Leser überlassen, sich ein Urteil zu bilden, ob das Opus Dei wirklich zu den Fundamentalisten zu zählen ist.

Comunione e Liberazione und (mit Vorbehalt) Opus Dei sind zweifellos die wichtigsten konservativ-fundamentalistischen Organisationen innerhalb der Katholischen Kirche. Daneben operieren noch zwei weitere katholische fundamentalistische Massenorganisationen mit mehreren Millionen Sympathisanten, wenn nicht Mitgliedern weltweit mit dem Segen des Vatikans: die Neokatechumenate und das etwas gemäßigtere Focolare Movimento.

Neokatechumenate wurde 1964 vom spanischen Kunstmaler Kiko Arguello im Elendsviertel Palomares Altos vor den Toren von Madrid gegründet. Um die, für Nichttheologen schwer verständliche Bezeichnung „Neokatechumenate" gleich eingangs zu erklären: In der Urkirche wurden Neuzugänge nicht sofort getauft, sondern mußten eine Vorbereitung von Initiationsriten und -lehren – genannt Katechumenate – drei Jahre lang hinter sich bringen.

Auch Arguello hält die heutigen Katholiken allein auf Grund ihrer Taufe nicht für vollwertige Christen, sondern eher für zeitgenössische Heiden. Und er setzt noch strengere Aufnahmekriterien als die Urkirche. Die Vorbereitung, also das Katechumenat in seiner Bewegung soll sich über ganze 20 Jahre erstrekken, bevor die Konvertiten über drei Stufen die höchste Weihe erhalten.

Der in theologischen Belangen ursprünglich ziemlich unbeleckte Arguello erhielt das nötige geistige Rüstzeug von der Nonne Carmen Hernandez, die als eine der ersten zu seiner Bewegung stieß und seitdem unzertrennlich an der Seite des „Apostels", wie ihn seine Anhänger nennen, agiert. Ohne allerdings Arguellos Primat jemals in Frage zu stellen.

Arguello und Schwester Carmen arbeiteten vorerst fast ausschließlich unter den Zigeunern und Aussteigern von Palomares Altos – sicher ein gottgefälliges Unterfangen unter Menschen, die des Zuspruchs dringen bedurften. Der Erfolg dieser Mission ermutigte die beiden, ihre Tätigkeit auf „normale" katholische Gemeinden auszudehnen.

Sehr rasch stellten sich die erwünschten Ergebnisse ein. Worauf die Neokatechumenaten 1969 beschlossen, das Zentrum ihrer Bewegung nach Rom, der Hauptstadt der katholischen Welt, zu verlegen. Dort erzielten sie ihren ersten Durchbruch – nicht nur innerhalb der römischen Diözese, sondern alsbald auch weltweit.

Nach den letzten vorliegenden Statistiken, die wohl von der Entwicklung bereits überholt sind, ist die Bewegung in 600 Diözesen verankert, registriert rund 10.000 Gemeinden in 3000 Pfarren. Die Zahl der Mitglieder dürfte um eine Million liegen.

Arguello und Schwester Carmen verstanden es vorzüglich, gute Beziehungen zu hohen und höchsten Kirchenkreisen aufzubauen, deren Gunst sie vor theologischer Kritik an den doch eher ungewöhnlichen Riten der Bewegung schützt.

Erklärtes Ziel der Neokatechumenaten ist der „Wiederaufbau der Kirche von innen". Wobei, wie Gordon Urquart in seiner Studie registriert, Kirche als Synonym für Bewegung dient.

In den achtziger Jahren konnten Arguello und seine Anhänger ihren bisher größten Erfolg verzeichnen. In der Kirche der Kanadischen Märtyrer am Stadtrand von Rom absolvierte die erste Gemeinschaft den vom Gründer vorgegebenen 20jährigen Initiationszyklus.

Mit der Zahl der geistlichen Protektoren wuchs auch die Zahl der berufenen Kritiker. So warf der Generalvikar der englischen Diözese Clifton (bei Bristol), Joseph Buckley, laut Gordon Urquart den Neokatechumenaten „Techniken der Gehirnwäsche" vor.

Doch England ist weit weg vom Schuß.

Im Gegensatz zu den Neokatechumenaten wird „Movimento Focolare" („Herdfeuer-Bewegung") in kirchlichen Kreisen als „relativ gemäßigt" angesehen. Die Bewegung wurde bereits 1943 im norditalienischen Trient von der damals 25jährigen Volksschullehrerin Chiara Lubich gegründet, die ursprünglich Sylvia Lubich hieß und den Vornamen Chiara (Klare) bei ihrem Eintritt in den Dritten Orden der Franziskanerinnen annahm.

Der erste Erfolg der Bewegung stellte sich nach Kriegsende ein, als der Kalte Krieg über Europa fegte und im Westen Antikommunisten gefragt waren. Die Focolarini bekannten sich von Anfang an zur religiösen Rechten.

Für ihre Bewegung hatte Chiara Lubich, intern auch „Signorina" oder „Mamma" genannt, eine eigene Kultsprache kreiert, in der verschiedene Ausdrücke ihre eigene Bedeutung annahmen. Höchstes Prinzip ist die „Einheit", das alles überschattende Lebenselixir. Kritiker meinen indessen, „Einheit" sei für die Focolarini ein Synonym für unbedingten Gehorsam.

In den fünfziger Jahren entwickelte die „Signorina" überdies ihr eigenes Farbenspektrum, wobei die verschiedenen Farben ihre eigene Bedeutung erhielten.

Die Lehren der Lubich-Jünger beruhen weitgehend auf den veröffentlichten Meditationen der Signorina, den „leuchtenden Worten", aber auch auf ihren Visionen, etwa von der „großen und der kleinen Maria", wobei sie anscheinend in der „Kleinen" sich selbst sieht.

Ebenso wie Arguello und Schwester Carmen genießt auch Chiara Lubich die Gunst des Heiligen Stuhls, wobei Papst Johannes Paul II. der Gründerin persönlich sein Wohlwollen ausdrückte, was sich naturgemäß auf das Wachstum der Gemeinschaft positiv auswirkte. Zahlenmäßig sind die Focolarini sogar stärker als die Neokatechumenaten, mit mehreren Millionen Anhängern, davon 80.000 feste Mitglieder in 1500 Diözesen in 180 Ländern.

Sektenexperte Urquart meint allerdings: „Der Aufruf zu universeller Liebe und Einigkeit aller Menschen steht in krassem Gegensatz zu einer Hierarchie und einem pompösen Personenkult, der um die Gründerin betrieben wird."

Vor einigen Jahren zog sich die Signorina aus der Öffentlichkeit weitgehend zurück und übersiedelte in ein Refugium in der Schweiz. Die 1998 Achtzigjährige soll an einer geheimnisvollen Krankheit leiden. Was die Treue ihrer Anhänger noch verstärkt.

In seinem 1983 erschienenen Buch „The Elementary Forms of New Religious Life" teilt der Sektenexperte Roy Wallis die fundamentalistischen Bewegungen in zwei Gruppen: jene, welche die Welt bejahen, und solche, die sie ablehnen. Die katholischen Fundamentalisten reiht er in die Gruppe der Verneiner ein: entweder, weil sie glauben, daß das Tausendjährige Reich Christi ohnehin naht, oder weil sie meinen, mit ihren eigenen Bewegungen die Welt erobern zu können.

Obwohl der vor einigen Jahren verstorbene ehemalige Missionsbischof Marcel Lefebvre folgerichtig nicht mehr als katholischer Fundamentalist in den letzten Jahren seiner legitimen Amtszeit bezeichnet werden kann – nachdem der Vatikan über ihn und seine Anhänger den Stab gebrochen hatte – sind Spuren seines Wirkens noch immer innerhalb der römischen Kirche bemerkbar.

Logischerweise ist es daher notwendig, sich kurz mit seinem Werdegang zu befassen. Der 1905 im französischen Tourcoing geborene Kleriker hatte noch als Generaloberer der konservativen „Väter vom Heiligen Kreuz" am Zweiten Vaticanum teilgenommen. Enttäuscht über dessen Verlauf, insbesondere über den vom Konzil betriebenen Ökumenismus, dem sich die Ultrakonservativen nicht anschließen konnten oder wollten, hatte er das „Coetus Internationalis Patrum" gleichsam als Gegenströmung ins Leben gerufen. 1970 ging er noch einen Schritt weiter und etablierte die „Priesterbruderschaft des Heiligen Pius X., benannt nach jenem konservativen Papst, der das Konkordat mit der französischen Republik (in dem die Trennung zwischen Staat und Kirche festgeschrieben worden war) aufgekündigt hatte. Pius X. wurde 1954 heiliggesprochen.

Die neugegründete Bruderschaft rief auch Seminare, Noviziate und Schulen ins Leben, in denen unter anderem für die vorkonziliare Liturgie eingetreten wurde..

Lange Zeit hatte der Heilige Stuhl gegenüber Lefebvres Treiben Toleranz geübt, beziehungsweise versucht, ihn zu ignorieren. Erst als er 1976, gegen ein ausdrückliches Verbot des Vatikans, Priester und Diakone zu weihen begann, wurde er von Rom vorläufig suspendiert.

Dennoch blieb der Papst – man könnte in diesem Fall zu Recht von Engelsgeduld sprechen –, um ein Schisma zu vermeiden, tolerant. Im Laufe des Jahres 1987, als sich die Spannung zwischen Rom und Lefebvres Hochburg im schweizerischen Econe weiter verschärfte, kam es zu einem ersten Schlichtungstreffen zwischen dem aufmüpfigen Fundamentalisten und dem Chef der römischen Glaubenskongregation, Kardinal Josef Ratzinger, der die Entsendung einer päpstlichen Visitation für die Priesterbruderschaft St. Pius X. vorschlug, ähnlich wie 1998 im Fall des österreichischen Benediktinerstiftes Göttweig. Lefebvre akzeptierte diesen Vorschlag, worauf der Visitator Kardinal Gagnon Econe und andere Niederlassungen der Bruderschaft besuchte.

Weniger als drei Monate danach – im Februar 1988 – entschloß sich der Kirchenrebell zur Flucht nach vorne. In einem Interview mit der führenden Pariser (konservativen) Tageszeitung „Le Figaro" warf er dem Heiligen Vater den Fehdehandschuh symbolisch vor die Füße: mit der Ankündigung, er werde am folgenden 30. Juni wenigstens drei Priester seiner Bewegung zu Bischöfen weihen.

Später wandte Lefebvre ein, dies sei kein Ultimatum gewesen, sondern die Interpretation des interviewenden Journalisten. In der Substanz wich er aber um keinen Grad von seiner Ankündigung ab.

Noch einmal versuchte der Papst, einen totalen Bruch zu vermeiden. Er erwies sogar Verständnis für die Motive des Rebellen und zeigte sich bereit, die geplanten Bischofsweihen unter gewissen Umständen zu tolerieren. Andererseits weigerte sich der Pontifex, jegliche „Übertreibung" gegenüber dem Konzil durchgehen zu lassen.

Damit gab sich Lefebvre nicht zufrieden und auch ein letzter Appell Johannes Pauls beim Angelus-Gebet auf dem Petersplatz am 29. Juni blieb wirkungslos.

Tags darauf weihte Lefebvre in Econe vier Priester seiner Bruderschaft zu Bischöfen.

Worauf er am 1. Juli formell exkommuniziert wurde.

Der demonstrative Schritt Lefebvres rief auch innerhalb seines unmittelbaren Anhangs eine Spaltung hervor. Am 2. Juli kündigten sechs Priester und zwei Seminaristen der Bruderschaft ihrem Chef den Gehorsam auf.

Trotz des Bruches zwischen Rom und Econe, der nicht eindeutiger hätte ausfallen können, leben die Ideen des Schismatikers in „tolerierten Grenzen" innerhalb der Kirche weiter. Schon am 18. Juli 1988 verkündete der Vatikan die Gründung der „Priesterbruderschaft St. Petrus", welche der Theologe Wolfgang Beinert in seinem Buch „Katholischer Fundamentalismus" als „eine Art unierter Lefebvrianer" bezeichnet.

So stellt Beinert in Frage, ob sich die Mitglieder der neuen Bruderschaft verpflichtet fühlen, jene Beschlüsse des Vaticanums II mitzutragen, die ihr früherer Oberer abgelehnt hatte – sowohl im Zusammenhang mit traditionalistischer Spiritualität als auch der Liturgie. Was letztere betreffe, sei die Verwendung der lateinischen Sprache nicht entscheidend, soferne sie ihre Proponenten nicht als „einzige Liturgiesprache“ ansahen.

Beinert ist auch nicht sicher, ob die Bruderschaft des Heiligen Petrus einen Ausweg aus dem Dilemma oder eine Sackgasse darstellt. So meint er (verkürzt zitiert): „Wenn hier katholischen Gläubigen die kirchliche Gemeinschaft erleichtert wird, ist die Bruderschaft ein möglicher Ausweg. Wenn allerdings hier eine traditionalistische Sonderkirche entsteht mit eigener Liturgie ... und wenn sich hinter ihrer Liturgie eine Lehre verbirgt, die sich mit der Lehre der Kirche...nicht vereinbaren läßt, dann ist der Weg dieser Bruderschaft eine Sackgasse, die auch durch Duldung ... von höchsten kirchlichen Stellen nicht zu einem Weg in die Zukunft wird.“

Zu Ostern hielt Kardinal Ratzinger ein Hochamt in der deutschen Niederlassung der Petrus-Bruderschaft in Wigratzbad, bei welchem der Salzburger Erzbischof Georg Eder der Gruppe das Rektorat von Sankt Sebastian in Salzburg übergab.

Schließlich weihte der deutsche Kardinal Augustinus Mayer Mitglieder der Petrus-Bruderschaft in der deutschen Nationalkirche Sta. Maria dell'Anima in Rom zu Priestern. (Dazu ein Kuriosum: Der eigentlich für Wigratzbad zuständige Bischof hatte der Weihe seine Zustimmung versagt.) Und im November 1990 konsekrierte der österreichische Kurienkardinal Alfons Stickler in St. Sebastian drei Subdiakone zu Diakonen.

Vom Standpunkt der Kirche, meinen unabhängige Beobachter, wären also alle Vorgänge um die Bruderschaft theologisch in Ordnung. Was die Rivalität zwischen der Lefebvre-Bruderschaft und ihrem offiziellen Pendent betrifft, so wird die Zukunft ihr Urteil fällen.

Damit ist die Liste fundamentalistischer Gruppen innerhalb – oder in der Nähe – der Katholischen Kirche noch lange nicht zu Ende. Neben den ernstzunehmenden Bewegungen agieren noch etliche Vereinigungen, die eher das Attribut „skurril" verdienen. Zumindest eine von ihnen hat im deutschsprachigen Raum in den Medien für Schlagzeilen gesorgt. Oder, besser gesagt, in jenem Teil des Medienboulevards, der sich des Zuspruchs des legendären Lieschen Müllers erfreut.

Die Rede ist vom „Engelwerk", lateinisch „Opus Angelorum", das sich immerhin den Tadel von hohen Würdenträgern der Katholischen Kirche eingehandelt hat, für weiterreichende Sanktionen aber offensichtlich nicht würdig befunden wurde.

Sein „Credo", soferne man davon bei einer Glaubensregel ohne Approbation des Vatikans sprechen kann, beruht auf der Rolle der Engel im Zusammenhang mit dem religiösen Leben des Gläubigen. Dies ist ein sehr diffiziles Thema, das seit der Zeit der frühen Kirchenväter zahlreichen Theologen Kopfzerbrechen bereitet hat.

Wer sind sie, diese Wesen zwischen Gott und den Sterblichen?

In der Bibel – dem Alten wie dem Neuen Testament – werden sie sehr selten erwähnt. Etwa in der Prophezeiung des Jesajas, der bei der Darstellung seiner Himmelsoffenbarung von „Cheruben und Seraphen" rund um die Glorie Gottes spricht. Oder, im Neuen Testament bei der Schilderung der Verkündigung Christi durch den Erzengel Gabriel.

Umso häufiger werden Engel in den Apokrypha – den späteren, nicht-kanonischen Büchern – genannt. Da lesen wir von den vier Erzengeln: Michael, der den Satan besiegt, Gabriel, dem Verkünder, Raphael und Uriel, zu denen in späteren, eher als Legenden zu qualifizierenden Werken, noch der „gefallene Engel" Luzifer kommt, der mit dem Satan identifiziert wird.

Alles in Allem sind das eher umstrittene Quellen. Und auf diesen soll nun ein christliches, notabene katholisches, „Werk" aufgebaut werden?

Als „Baumeisterin" dieses Werkes trat – unmittelbar nach Ende des Zweiten Weltkriegs – die „Seherin" Gabriele Bitterlich auf den Plan. Die 1896 in Wien Geborene, Mutter von drei Kindern (Tochter Roswitha war in der Zwischenkriegszeit eine bekannte Malerin, ihr älterer Sohn Hansjörg, Priester und Gralshüter ihrer Lehre, starb 1998) war in den zwanziger Jahren nach Innsbruck übersiedelt und lebte dort unter sehr beschränkten

Umständen, die sie durch volle Hingebung zum katholischen Glauben meistern konnte.

Etwa ab 1947 hatte die „Seherin“ die ersten Visionen, die sie auf Weisung ihres Beichtvaters niederschrieb. Diese Visionen handelten in erster Linie von Engeln, die indessen mit ihren biblischen und apokryphen Vorbildern wenig gemeinsam hatten, außer, daß sie eben Engel waren. Das Gegenstück zu ihnen bildeten die Dämonen, von denen „Mutter Gabriele“ nicht weniger als 250 namentlich anführte.

Der 24. April 1949 gilt als Gründungstag des Engelwerkes, nachdem in der vorhergegangenen Nacht der „Große Engel“, der sich „Auge Gottes“ nannte, der Schlafenden befahl: schreibe! In 20 Tagen entstanden drei Schriftenreihen „Das Reich der Engel“, „Das Reich der Dämonen“ und „Die Wirksamkeit der beiden Reiche“.

Für die Spiritualität des Engelwerks sind, wie der Münchner Weihbischof Heinrich Graf von Soden-Fraunhofen kritisch festhält, die sogenannten „Engelweihen“ entscheidend, die vom einfachen Schutzengelversprechen über die Engel- und Sühneweihen bis zur „Heiligen Unio“ reichen, der Verbindung der Mitglieder mit den Engeln durch die heilige Kommunion.

Nach dem Tod ihres Gatten Heinrich Bitterlich – eines Spätberufenen, was seinen Eintritt ins Engelwerk betraf – zog sich die Witwe weitgehend aus der Öffentlichkeit zurück und übersiedelte in eine Burg auf dem St. Petersberg über dem Inntal bei Silz, die ihre Anhänger 1965 erworben und restauriert hatten. Dort wurde sie von Angehörigen ihres engsten Kreises – sei es mit oder ohne ihrem Wissen – weitgehend von der Öffentlichkeit abgeschirmt. Als sie im April 1978 starb, wurde sie von den Geweihten bereits als „Zweite Jungfrau Maria“ (so Bischof Soden-Fraunhofen) angesehen.

Seine Verbreitung über Österreichs Grenzen hinaus verdankt das Engelwerk nicht zuletzt der Gunst, die ihm der damalige Bischof von Innsbruck, Paulus Rusch, angedeihen ließ. Rusch war erzkonservativ und weigerte sich, gegen den Kult rund um den „Seligen Anderl von Rinn“ einzuschreiten, dem angeblichen Opfer eines im Mittelalter von Juden verübten Ritualmordes. Dieser Kult, der besonders in der NS-Zeit viel Anklang fand, wurde von Ruschs Nachfolger Reinhold Stecher untersagt, wird aber von Extremisten weiter „kultiviert".

Rusch approbierte bereits 1951 die Riten des Engelwerks und gründete zehn Jahre später die Schutzengelbruderschaft als „fromme Vereinigung" (pia unio), wobei er allerdings feststellen ließ: „Die Mitgliedschaft beim Werk der Hl. Engel löst nicht automatisch Mitgliedschaft zur (Schutzengel-)Bruderschaft aus."

Etwas Distanz zwischen den beiden sollte also gewahrt bleiben 1965 versuchte die Bruderschaft erstmals, sich über die Grenzen Österreichs hinaus zu verbreiten. Eine entsprechende Initiative in München schlug jedoch vorerst fehl.

Dazu meint Bischof Soden-Fraunhofen in seiner Abhandlung über das Engelwerk, die Anhänger der Gruppe hätten nach dem Fehlschlagen ihrer Bemühungen in Bayern erkannt, daß sie die Protektion eines Vorkämpfer mit guten Beziehungen „nach oben" benötigten. Diese Person fanden sie im Pfarrer Dr. Georg Blasko, einem Mitglied des Institutum Ecclesiasticum Hungaricum in Rom, zu dessen Gönnern Bischof Petrus Canisius van Lierde, Generalvikar für die Stadt Rom, und Kardinal Joseph Wright, der spätere Präfekt der Kleruskongregation, zählten. Dank ihrer Fürsprache erhielt das Engelwerk die Approbation von Papst Paul VI. (1968), wobei Kritiker meinen der Pontifex hätte sich einfach auf das Wort seiner Berater verlassen.

Danach konnte endlich 1969 in der bekannten deutschen Wallfahrtskirche Maria Vesperbild in der Diözese Augsburg die „Priestergemeinschaft vom Heiligen Kreuz im Werk der Engel" gegründet werden.

Damit stand der Errichtung weiterer Priestergemeinschaften in vielen europäischen und außereuropäischen Staaten nichts mehr im Wege. Die Werke in Portugal und Brasilien erlebten dank der Unterstützung durch hohe Kleriker dieser Länder eine besondere Dynamik, wobei die Protektoren sogar die Wiederbelebung des ausgestorbenen Ordens der Regularkanoniker vom Heiligen Kreuz anstrebten: was dem Engelwerk einen ganz besonderen Status verliehen hätte.

In der Ewigen Stadt selbst engagierte sich Kardinal dell'Aqua so stark für das Werk, sodaß die Anhänger behaupten konnten: „In Rom sind wir jetzt anerkannt".

Zu jenem Zeitpunkt tauchten die ersten Zweifel auf. Sogar der ehemalige Befürworter Rusch änderte seine Meinung und hob die Priestergemeinschaft in seiner Diözese wieder auf. Zu einer Zurückziehung der Approbation der Bruderschaft und der Engelweihen konnte er sich allerdings nicht entschließen.

Inzwischen hatte die vatikanischen Glaubenskongregation ihre Prüfung des Engelwerkes endlich abgeschlossen und war – nach anfänglichen positiven Stellungnahmen – 1983 zu einem negativen Urteil gekommen:

„In der Förderung der Andacht zu den heiligen Engeln muß das Werk sich der Lehre der Hl. Väter und der Kirchengelehrten unterwerfen."

Mit anderen Worten: Die Gabriele Bitterlich zugeschriebenen Offenbarungen wurden vom Lehramt der Kirche nicht anerkannt.

Daraufhin nahmen prominente katholische Kleriker, offen gegen das Engelwerk Stellung. Der bereits erwähnte Weihbischof Soden-Fraunhofen „zerlegte" Gabriele Bitterlichs Bekenntnis auch als Theologe: „Mit der Darstellung einer reich gegliederten Engelshierarchie um den Thron eines in unnahbarer Ferne bleibenden Gottes (eine Anspielung auf die Prophezeiung des Jesajas) gehen die Visionen der Schriften des Engelwerkes weit über die kirchliche Lehre hinaus. Die Ursprünge solcher, zunächst dualistischer Lehren kamen aus dem Persischen, gingen über die jüdische Sekte der Essener in die spätmittelalterliche Mystik, die Kabbalistik, ein und von dort in die Anschauungen der Rosenkreuzer und Freimaurer." Der Bischof weiter: „Die guten und die gefallenen Engel stehen sich in spiegelgleichen Gruppen und Aufgaben gegenüber und treten in dieser apokalyptischen Endzeit zur letzten Schlacht um die Herrschaft Gottes an. Die Menschheit wird in diesen Streit miteinbezogen, indem sich jeder einzelne an einen guten oder bösen Geist bindet …" Und dann: „Von unserem himmlischen Vater und seinem Sohn, unserem Bruder Jesus Christus, ist nicht die Rede. Die Theologie des Engelwerkes stellt einen ‚error per expressum' (also eine Irrlehre) dar."

Die Anhänger des Engelwerkes zeigten sich von dieser Kritik unbeeindruckt. Im österreichischen Fernsehen wies der umstrittene Ethikprofessor Robert Prantner die Argumente des Münchner Bischofs scharf zurück.

Worauf der Vatikan mit noch schwererem Geschütz auffuhr. Im Juni 1992 nahm keine geringere Institution als die römische Glaubenskongregation in einer von deren Vorstand Kardinal Josef Ratzinger unterzeichneten Erklärung zum Engelwerk Stellung:

„Erstens: Die aus den angeblichen Offenbarungen Gabriele Bitterlichs stammenden Theorien über die Welt der Engel, deren persönliche Namen, Einteilungen und Funktionen dürfen in der Organisation und im Baugerüst des Engelwerkes, sowie im Kult, in den Gebeten, in der geistlichen Bildung, in der öffentlichen und privaten Spiritualität, im Seelsorgedienst oder im Apostolat weder gelehrt noch in irgend einer Form explizit oder implizit verwendet werden. Diese Anordnung gilt auch für jedes andere Institut oder jede Vereinigung, die kirchlich anerkannt ist. Der Gebrauch und die Verbreitung von Büchern oder anderen Schriften, die die obgenannten Theorien enthalten, sind außerhalb wie innerhalb der Vereinigung verboten.

Zweitens: Die verschiedenen Formen der ‚Engelweihe', die im Engelwerk geübt werden, sind verboten.

Drittens: Außerdem sind sowohl die sogenannte ‚Fernspendung' der Sakramente und auch die Einfügung von Texten, Gebeten und Riten, die sich direkt oder indirekt auf die genannten Theorien beziehen, in die eucharistische Liturgie oder das Stundengebet verboten.

Viertens: Exorzismen dürfen ausschließlich nach den Normen un der Disziplin der Kirche zu dieser Frage und unter Gebrauch der kirchlich approbierten Formen durchgeführt werden."

Bei einer Zusammenkunft mit Kardinal Ratzinger genehmigte der Papst das Dokument und ordnete dessen Veröffentlichung an.

Zuletzt erklärte sich das Engelwerk bereit, alle Richtlinien des Vatikans zu akzeptieren, wie der päpstliche Nuntius in Wien, Donato Squichiarini, dem Autor versicherte. Wie lange dieses Versprechen eingehalten wird, muß sich erst zeigen.

Als „katholische Fundamentalisten", wenngleich auf einer unvergleichlich niedrigeren Ebene, sehen sich auch der selbsternannte Pornojäger Martin Humer und sein getreuer Kreis. Seit Jahren führen sie einen erbitterten Kampf gegen Pornographie, oder das, was sie dafür halten. Sie bombardieren die Behörden mit Strafanzeigen, die aber wegen des Abnutzungseffekts immer weniger Wirkung zeigen.

Wobei Humer und Konsorten, wie gesagt, den Begriff „Pornographie" auf generell anerkannte erotische Kunst ausdehnen. Als billige Zielscheibe haben sie den vor einiger Zeit aus der Haft entlassenen „Aktionisten" Otto Mühl und dessen umstrittene künstlerische Auftritte erkoren. Wobei es mitunter zu seltsamen Allianzen zwischen Humer und seriösen konservativen Kreisen kommt.

Über die Jagdgesellschaft der Pornojäger könnte noch etliches gesagt werden. Da die Betroffenen jedoch jede Art von Publicity – auch negative – geradezu krampfhaft herbeisehnen, sei diesmal davon abgesehen.

Zum Schluß dieses Kapitels noch einige Sätze über das katholische Pendant von Randall Terrys Operation Rescue. Es handelt sich um die Organisation „Human Life International", die im April 1998 im texanischen Houston, einer Hochburg von Fundamentalisten jeglichen Couleurs, ihren 17. Weltkongreß abhielt, an der 1600 Anhänger teilnahmen. Präsident von Human Life International ist der Redemptorist Frater Richard Welch, der sich, was die Radikalität seiner Predigten betrifft, durchaus mit seinen evangelischen „Kollegen" messen kann. HLI ist auch weltweit höchst aktiv, mit „Ablegern" in zahlreichen Ländern, darunter auch Österreich, wo vor einiger Zeit eine lose Gruppierung, die sich „ProLife" nennt, durch Belästigung von Patientinnen einer Abtreibungsklinik in Wien so unliebsam auf sich aufmerksam machte, daß sich die große „Aktion Leben" zu einer deutlichen Distanzierung genötigt sah.

6. Kapitel

„Das kann nicht der Geist der Kirche sein“

Eine der prominentesten Persönlichkeiten der Katholischen Kirche Österreichs, Prof. DDr. Joachim Angerer, Abt des Prämonstratenserstiftes Geras im Waldviertel, nimmt zur Krise innerhalb der „Ecclesia“ zwischen Konservativen und Progressiven Stellung. Der Abt – als Kirchenmann, Theologe, Erzieher und Geisteswissenschafter geschätzt – zieht den Trennstrich zwischen Traditionalisten und Fundamentalisten, wiewohl er zugibt, daß sich die Grenzen manchmal verwischen. Seine Hoffnung für die Zukunft: „Es wir plötzlich ein Papst kommen, unter dem sich alles verändert.“

Interview mit Univ.-Prof. DDr. Joachim Angerer, Abt des Prämonstratenserstiftes Geras im nördlichen Niederösterreich. Die Fragen wurden vom Autor gestellt (F=Frage, A=Antwort).

F: Was verstehen Sie unter katholischem Fundamentalismus?
A: Das läßt sich nicht so leicht in kürze sagen. Es ist eine Tendenz, sich auf die strukturelle, juristische Seite des Kirche-Seins zurückzubesinnen. Also Strukturen und Gesetze. Die gehören natürlich auch zur Kirche. Wenn aber jemand nur die Ordnung sieht, ohne aus dem Geist zu schöpfen, dann ist er ein Fundamentalist.
F: Wie wird man zum Fundamentalisten?
A: Wahrscheinlich ist man zum Fundamentalisten geboren. Der Fundamentalist ist so selbstsicher, daß er alles, was er tut, mit einer solchen Überzeugung tut, daß es darüber gar keine Diskussion gibt. Er hat gar nicht die Sensibilität, zu spüren, daß der andere es nicht so meint. Er geht auf den anderen gar nicht ein, das ist seine Persönlichkeitsstruktur. Er hat seine Grundsätze, und das ist nicht schlecht. Aber es ist einseitig, und wenn das

jemand zum System ausarbeitet und deklariert, dann scheint es ihm unwiderstehlich. Es stellt sich die Frage, ob der Fundamentalist, der seinem geschlossenen System vertraut, nicht zuwenig Glauben an den Heiligen Geist beweist.
F: Für wie stark halten Sie die fundamentalistische Strömung in der katholischen Kirche?
A: Ich glaube, es gibt immer gewisse Tendenzen zum Fundamentalismus. Die sehe ich gar nicht so gefährlich stark, wie sie sich in Österreich derzeit, bedingt durch einzelne Persönlichkeiten, darstellen.
F: Sehen Sie die Fundamentalisten dennoch im Vormarsch?
A: Die sind im Vormarsch, denn die hat es früher nicht gegeben. Vielleicht sollte man dazu sagen, daß der Fundamentalismus möglicherweise in der einen oder anderen Persönlichkeit strukturbedingt ist. Er findet neue Nahrung durch eine viel zu weiche Form der Demokratie und ein Freiheitsbewußtsein, das auch nicht in Ordnung ist. Zur Demokratie gehören reife Persönlichkeiten, die in der Lage sind, Menschen zu motivieren, Mehrheiten zu schaffen und diese zu respektieren. Wenn es aber nur um eine populistische Mehrheit geht und um populistische Mittel, dann ist er [der Fundamentalismus] eine Gegenströmung. In der Kirche ist durch das Vaticanum ein so weiter Sprung nach vorne gelungen, eine Öffnung, die nicht mehr zurückzunehmen ist. Eine Öffnung, die viele, vom Inhalt und der Lehre her, nicht mitvollzogen haben, sondern nur in der äußeren Form. Die haben nur den Hochaltar hinausgeworfen und einen Waschtisch dorthin gestellt. Und haben den Menschen nicht den Bezug gegeben, weil sie ihn selbst nicht hatten. Und darauf ist dies eine Reaktion. Manches, was sich heute fundamentalistisch anhört, klingt oder darstellt, ist eine Reaktion auf diese Form des Progressismus, der kein geistiger ist.
F: Wird man nicht auch durch Lehre oder Beeinflussung zum Fundamentalisten?
A: Auch das natürlich. Oder wenn man Karriere machen will. Heute ist das opportun. Also die Fahne nach dem Wind zu drehen. Und damit kommt man nach oben.
F: Wo sehen sie den Trennungsstrich zwischen Konservativen und Fundamentalisten?

A: Das ist ein sehr wichtiger Unterschied. Ein Konservativer ist einer, der, wie ich glaube, in der Zeit steht, der offen ist, aber auch aus der Tradition schöpft. Wir alle haben eine große Tradition, und die ist immer aktuell. Die bietet immer die Möglichkeit, auch ins Morgen zu gehen, aber auf der Basis eines Gewachsenen. Der Konservative hat Wurzeln. Der Fundamentalist muß keine Wurzeln haben. Der Fundamentalist sagt: „Wir haben ein Gesetz, und auf diesem muß ich stehen." Ende der Durchsage. Das ist ein Ausdruck des Fundamentalismus. Der Konservative dagegen ist immer dialogbereit. Er ist offen und weiß sich in der Geschichte seines Hauses, seiner Familie und seiner Gemeinschaft sicher. Er bewahrt, aber er konserviert nicht. In der Konserve steht der Fundamentalist, der Konservative steht in einer Tradition, mit der er verbunden ist. Was er tut, macht er auf der Grundlage seines ganzen Seins. Unter diesem Gesichtspunkt ist jeder anders. Der Fundamentalist dagegen trägt Scheuklappen.
F: Werden die Grenzen zwischen Konservativen und Fundamentalisten manchmal verwischt?
A: Sie verwischen sich, es gibt Mischformen.
F: Kommen die meisten Fundamentalisten aus dem konservativen Lager?
A: Sie kommen aus allen Lagern. Menschen entdecken gewisse Tendenzen in sich und bauen sie zum System aus. Zum Fundamentalismus gehört, daß man ein System hat. Der Fundamentalist ist ein in sich geschlossener Mensch. Er ist nicht bereit, auf andere Meinungen einzugehen. Seine Meinung wird verteidigt, und damit hat er Schlagkraft: nach der Devise „Law and Order".
F: Woher kommt diese Überzeugungskraft, welche gerade die Fundamentalisten auszeichnet?
A: Das ist eine Kraft, die in ihnen steckt, die Kraft der Überzeugung, die Sendungskraft. Wenn er ein ehrlicher Fundamentalist ist, dann hat er ein Sendungsbewußtsein, doch ich habe den Verdacht, daß dieses eher selbstbezogen ist. Der Konservative will seine Meinung anderen nicht aufoktroyieren. Er will sie überzeugen, vielleicht für sich gewinnen durch Dialog. Ein Fundamentalist kann gar nicht im Dialog stehen.
F: Er übt sich also in Schwarz-Weiß-Malerei?

A: Genauso ist es. So erleben wir jetzt, wie die Phalanx aufgestellt wird für den Österreich-Dialog von Seiten der Diözese St. Pölten. Aus dem Dekanat Geras wurde nur eine Dame dazu auserwählt, aus der Legio Mariae. Das ist alles. So kann man natürlich Parteien schaffen.
F: Wie weit dient die Ablehnung der ökumenischen Bewegung als Grundpfeiler des Fundamentalismus?
A: Der Fundamentalist kann ja nicht einmal einem anderen [Katholiken], der nicht so geartet ist wie er, entgegenkommen. Er kann freundlich sein, aber letztlich bleibt er Fundamentalist. Wir haben mit Bischof Krenn stundenlang gesprochen. Er geht von seiner Meinung nicht ab. Er kann es vermutlich gar nicht.
F: Sehen Sie in ihm einen Fundamentalisten?
A: Er lebt in einem geschlossenen System.
F: Ich hätte geglaubt, daß man gegenüber nichtkatholischen Christen aufgeschlossener sein könnte …
A: Im Prinzipiellen sicher nicht.
F: Widerspricht das nicht allem, was die Päpste seit Johannes XXIII. angestrebt haben?
A: Ich kenne keinen Papst in unserer Zeit, der in diesem Sinn ein Fundamentalist gewesen wäre. Jeder Papst muß ja immer weiterführen. Schon von ihrem Weltbild her können sie nicht zum Fundamentalismus neigen.
F: Ist es nicht unehrlich, wenn fundamentalistische Gruppen dann zum „Marsch durch die katholischen Institutionen“ antreten?
A: Noch einmal: Ich glaube, die haben die Standfestigkeit, auch wenn sie nach außen eine freundschaftliche Haltung einnehmen.
F: Ist es dann nicht blauäugig, sie aufgrund dieser Haltung zu akzeptieren?
A: Sind sie akzeptiert innerhalb der Kirche? Das wäre meine Gegenfrage. Sie passen in dieses System überhaupt nicht. Viele von ihnen glauben, dreinhauen genügt. Sie haben das alte Kirchenbild vor sich und sagen, daß wir durch das Vaticanum Aushöhlung und Kirchenaustritte fördern. Sie sehen nie die Schuld bei sich.
F: Proteste gegen die Liturgieform sind also nur ein Vorwand?
A: Sie werden immer Vorwände finden. Man findet Vorwände, um dem „System“ die Schuld zu geben.

F: Sind die – zumindest in den Medien hochgespielten – Probleme wie Zölibat und Zulassung von Frauen zum Diakonat nur ein Vorwand?

A: Das gehört zum Konzept. Es wird alles bekämpft, das ein Schritt nach vorne ist. Dabei war die frühe Kirche viel pluralistischer, viel offener. Am Anfang stand die Person, nicht die Institution. Erst danach hat man institutionalisiert. Nur Strafen anzudrohen, das kann nicht der Geist der Kirche sein.

F: Mit anderen Worten: Die Fundamentalisten sind genau das Gegenteil von dem, was in ihrem Namen enthalten ist?

A: Sie ziehen Details heraus, die ihnen genehm sind, und schaffen sich damit sozusagen ein Postament.

F: Ist dann der schismatische Bischof Lefebvre nicht ehrlicher, der sich offen gegen den Vatikan gestellt hat?

A: Sicher. Der hat nicht aus seiner Haut herauskönnen. Natürlich ist er ein Fundamentalist, was seine Sprache und seine Handlungen betrifft.

F: Aber die Gefahr eines Schismas durch Lefebvre sehen Sie nicht?

A: Nein, Lefebvre ist eine Nebensache.

F: Und die anderen?

A: Sicher auch. Das sind extreme Gruppierungen. Die gibt es überall auf der Welt. Wir sollten uns darüber nicht aufregen. Was uns mangelt, sind große Persönlichkeiten. Die großen Heiligen, sie waren alle Weltbürger. Ich finde leider wir leben in einer Zeit, in der die großen Persönlichkeiten fehlen. Dafür gibt es Duckmäuser, die sich nach oben schwindeln. Mit welcher Methode auch immer. Das ist die Gefahr, die ich sehe. Ich wünsche der Kirche große Persönlichkeiten. Es ist leichter, wenn man alles niederbügelt. Dann läßt es sich leichter regieren, aber der Mensch ist – jeder von uns – einmalig und unwiederholbar, und aus dieser Unwiederholbarkeit kommt die Schöpfung Gottes am besten zum Ausdruck. Und da bin ich Optimist. Es wird plötzlich ein Papst kommen, unter dem sich alles verändert, und es wird plötzlich wieder Größenordnungen geben. Und Persönlichkeiten, welche die Welt begeistern können.

F: Herzlichsten Dank für dieses Gespräch.

7. Kapitel

Russisches Comeback

Der russische Fundamentalismus ist ein Phänomen, das immer wieder zutage tritt, wenn soziale und politische Zustände von der Norm abweichen. Nach dem Zusammenbruch der „gottlosen" Sowjetunion befindet sich die russisch-orthodoxe Kirche in einem Stadium des Wiederaufbaus, in dem sie ihren definitiven Kurs noch nicht gefunden hat, aber bestrebt ist, ihren Primat gegenüber anderen Bekenntnissen, aber auch fundamentalistischen Sekten rechtlich zu verankern.

Wo könnte der religiöse Fundamentalismus besser Fuß fassen als im Schoß von Mütterchen Rußland? Nirgendwo in Europa – nicht einmal in streng katholischen Ländern – hat das Zusammenspiel von Staat und Religion in ähnlichem Maß die historische Entwicklung beeinflußt.

Und die historische Entwicklung Staat und Religion.

1453 hatten die Osmanen mit der Erstürmung von Konstantinopel nicht nur dem oströmischen Staatsgedanken, sondern auch der byzantinischen Kirche einen tödlichen Streich versetzt, wenngleich die Türken, toleranter als so manch ein christliches Volk, durchaus bereits waren, die lokalen Kirchenfürsten in ihren Ämtern zu belassen.

Andere Herrscher über griechisch- beziehungsweise slawisch-orthodoxe Völker ließen sich die Chance nicht entgehen, in dieses Vakuum, das Ostrom hinterlassen hatte, vorzustoßen, um mit der staatlichen Macht auch die De-facto-Oberhoheit über die bislang von Byzanz dominierten Kirchen zu gewinnen.

So etwa der russische Großfürst Iwan III., der Zoe, die Tochter des letzten byzantinischen Kaisers, geheiratet hatte und sich nunmehr nicht nur als Schutzherr der orthodoxen Christen, sondern auch als Erbe des zweiten Roms betrachtete. Als Symbol dieser Machtfülle übernahm er den byzantinischen Doppeladler, der heute wieder das russische Staatswappen trägt.

Trotz russischer Prunkentfaltung, welche der byzantinischen nicht nachstand, konnte sich ein echtes geistiges Kirchenleben unter der Ägide der Moskauer Autokraten nicht entfalten, ein Zustand, mit dem sich aber Zar und Patriarch durchaus zufrieden zeigten.

Erst Peter der Große (1672–1725), der erste „moderne“ Herrscher Rußlands, fand, daß man Priester und Mönche nützlicher einsetzen könne, als beim Schwingen von Weihrauchkesseln und bei klösterlicher Askese. Selbstherrlich beschloß er, die russische Kirche zu reformieren, und setzte dabei die bereits von seinem Vater mit Hilfe des Patriarchen Niko geplanten Neuerungen in die Tat um. Die Liturgie wurde vereinfacht und die Leitung der Kirche der „Großen Synode“ unterstellt, die naturgemäß vom Zaren kontrolliert wurde. Peter nannte sich nunmehr nach kaiserlichen Vorbild „Imperator“, wiewohl sich der Titel Zar bis heute im Sprachgebrauch erhalten hat.

Zur religiösen Reform kam auch eine Annäherung der russischen Kirche an die anderen Ostkirchen, was natürlich Peters außenpolitischen Plänen entsprach.

Mit seiner autoritären Kirchenpolitik stieß der „Herr aller Reussen“ erstmals – unerwartet – auf Widerstand. Eine Gruppe von „Altgläubigen“, russisch: „Raskolniki“, weigerte sich beharrlich, die alten Traditionen aufzugeben. Es war zwar kein offener Widerstand gegen die Staatsmacht, sondern eher ein Gang in die innere Emigration, aber so gesehen waren die Raskolniki die ersten Fundamentalisten in der russischen Kirche.

In den letzten zwei Jahrhunderten verstärkte sich der Trend zur Staatskirche, was Angehörige vieler fundamentalistischer und zum Teil skurriler Sekten zur Emigration in die Neue Welt bewog, wo sie hie und da durch ihr seltsames Benehmen – etwa Umzüge im Adamskostüm – Schlagzeilen machten.

Daneben existierte in Rußland selbst eine Art Fundamentalismus weiter – in Klöstern und Einsiedeleien, in denen Mönche und Eremiten ihre eigene Botschaft predigten.

Den größten und vorerst totalen Bruch in der russischen Kirchengeschichte bildete die bolschewistische Revolution. Tausende Kirchen fielen der Zerstörungswut der neuen Machthaber zum Opfer, die auch die Institutionen der Kirche (wenn auch nicht die Kirche selbst) für illegal erklärten, was innerhalb weniger Jahre zur Gründung einer russisch-orthodoxen Exilkirche, zuerst in Jugoslawien und später in den USA, führte. Letztere hielten sich streng an das von Peter dem Großen verkündete Schema.

Erst am Höhepunkt des Zweiten Weltkriegs, als die Deutschen knapp vor Moskau standen, lenkte Diktator Josef Stalin ein. Mit einem Mal war das kirchliche Leben wieder legal, es gab sogar Patriarchen und Metropoliten, die allerdings noch enger an den Staat gebunden waren, als ihre Vorgänger in der zaristischen Ära. Immerhin hatten sich diese freiwillig in den Dienst des autokratischen Regimes gestellt.

Von einer echten Wiederbelebung des religiösen Lebens in der Sowjetunion konnte jedenfalls nicht die Rede sein.

Das Ende des Krieges brachte keine Entspannung, sondern eher eine Verschärfung der Lage der Gläubigen. Nun, als Sieger und Herrscher über eine Supermacht, war Josef Stalin nicht mehr auf eine gute Presse im Westen angewiesen. Vorsichtige Versuche des Vatikans, zu einem Modus vivendi mit dem Kreml zu gelangen, stießen auf schroffe Ablehnung.

Der bald danach einsetzende Kalte Krieg und Stalins wachsender Verfolgungswahn schufen neue Feindbilder im sowjetischen Machtbereich. Und wer eignete sich für die Hauptrollen besser als der Papst und die Juden, auf die sich nun der sowjetische Apparat aus allen Rohren einschoß.

Das religiöse Leben in der Sowjetunion wurde noch weiter eingeschränkt. In den Satellitenstaaten mit ihrer christlichen Tradition konnte Moskau indessen die Kirchen nicht einfach abschaffen. So schuf man innerhalb kurzer Zeit eine neue Klasse kollaborationsbereiter „Friedenspriester“, welche die wenigen noch aktiven Pfarren übernahmen, während die legitimen Amtsträger gezwungen wurden, auf zivile – meist niedrige – Berufe umzusatteln, soferne sie nicht gleich in entlegene Gebiete verbannt oder ins Gefängnis gesteckt wurden.

Erst Nikita Chruschtschow erkannte den Stellenwert verbesserter Beziehungen zu westlichen Kirchen. Er ließ höhere Funktionäre der russischen Kirchen, die bisher sozusagen auf der Ersatzbank gesessen hatten – zumeist würdige alte Männer mit langen weißen Bärten – in den Westen ausschwärmen, um bei internationalen Konferenzen für „friedliche Koexistenz" – so hieß das neue Schlagwort – zu plädieren.

Chruschtschows Nachfolger Breschnjew mußte allerdings bald erkennen, daß es sich bei dieser Öffnung nicht, wie gewünscht, um eine Einbahnstraße handeln würde. Nolens volens wurden westliche Kirchenmänner, zumeist Protestanten wie der Evangelist Billy Graham, in den Osten eingeladen. Aber auch weniger bekannte Kleriker forderten die gleiche Behandlung. Und dabei ließ es sich nicht verhindern, daß auch fundamentalistische Missionare durch den Eisernen Vorhang schlüpften.

Am erfolgreichsten erwiesen sich seltsamerweise die Sendboten der Pfingstler, die sich auf die angeblich umfangreiche Tätigkeit ihrer Kirche im Zarenreich beriefen (tatsächlich waren die meisten ausländischen Missionare in jener Zeit Baptisten). Bevor den Sowjets bewußt wurde, was um sie geschah, hatten sich etliche Dutzend Pfingstler-Gemeinden in der Grauzone zwischen Untergrund und tolerierter Existenz etabliert.

Das entsprach gar nicht den Intentionen der sowjetischen Machthaber. Kirchenleute als Gäste zu empfangen war eine Sache, illegale Sekten waren jedoch etwas ganz anderes. Zuerst versuchte man, das Problem zu ignorieren, in der Hoffnung, daß sich die Gemeinden, mangels an Nachschub, von selbst wieder auflösen würden. Als dies nicht geschah, waren die Behörden zum Eingreifen gezwungen. Aber wie löst man ein Problem, das offiziell gar nicht existiert – frei nach der Devise „weil nicht sein kann, was nicht sein darf"?

Politische Dissidenten konnte man ausweisen, doch hier handelte es sich immerhin um einige hundert Personen. Überdies mußte man einen Grund für die Ausweisung angeben. Doch das widersprach den bestehenden Ausreisegesetzen, von denen nach langen Verhandlungen nur nichtintegrierbare russische Juden ausgenommen waren, die nach Israel im Rahmen einer „Familienzusammenführung" emigrieren wollten.

Genau da hakten die Sowjets ein: Die Pfingstler wurden offiziell zu Juden erklärt und vor die Wahl gestellt: Israel oder Sibirien. Wie nicht anders zu erwarten, entschieden sich die Meisten für Israel (von dem sie nur wußten, daß es besser sein würde als Sibirien) und erhielten sogar vom KGB gefälschte Papiere, um sie im Umgang mit der holländischen Botschaft (die seit dem Abbruch der direkten diplomatischen Beziehungen zwischen Moskau und Jerusalem die israelischen Interessen in der UdSSR vertrat) als Juden auszuweisen.

Die Vertreter der „Jewish Agency", welche in Wien die jüdischen Emigranten in Empfang nehmen sollten, waren nicht wenig erstaunt, als sie plötzlich mit jungen Männern mit langen blonden Bärten konfrontiert wurde, die wie russische Bauern aussahen – und es auch waren, wie sich alsbald herausstellen sollte.

Die israelischen Funktionäre wollten die Affäre nicht aufbauschen, um die gesamte jüdische Emigration aus der Sowjetunion nicht zu gefährden. So wurden die „falschen Juden" umgehend Vertretern der aus den USA angereisten Pfingstler übergeben, welche die Weiterreise nach Amerika arrangierten. Damit war allen gedient und die Emigration der Pfingstler bald abgeschlossen – soferne sie in der Heimat nicht in den Untergrund gegangen waren.

Nach der Wende hätten die Emigranten natürlich nach Rußland zurückkehren können, aber nur die wenigsten machten von diesem Recht gebrauch. Zu gut hatten sie sich in den USA integriert, während in ihrer Heimat die Sekten weiterhin im juristischen Niemandsland herumirrten.

Somit war es die nominell wiedervereinte russische Kirche, welche die Gelegenheit ergriff, sich als stärkste Stütze eines schwachen Regimes zu etablieren. Im Gegenzug waren Boris Jelzin und seine „Reformer" gerne bereit, den Preis einer Rechristianisierung Rußlands zu zahlen. In Moskau wurde die in der Stalin-Ära zerstörte größte Kirche der Metropole in Rekordzeit wiederaufgebaut und das „Museum des Atheismus" wurde wieder zur Kirche der Muttergottes von Kasan.

Bald hatte fast jede größere Ortschaft neuerlich eine Kirche. Nur die Gläubigen stellten sich noch spärlich ein.

Andererseits brachte das Comeback eine Reihe von Problemen für die Kirche. Mehr als ein Dreivierteljahrhundert lang hatte sich niemand – nicht einmal innerhalb der Exilkirche in den USA – um eine möglichst zeitgemäße theologische Linie gekümmert. Im Schnellverfahren ausgebildete Priester wurden nicht überall akzeptiert – besonders nicht von der älteren Generation mit ihrem Hang zum neuerdings wieder erlaubten Traditionalismus.

Alsbald traten auch Spannungen mit der Kirchenführung im Westen auf. Ihre Kleriker hielten sich für die einzigen befugten Vertreter des wahren Glaubens, da sie nie Konzessionen gemacht hatten. Doch diese Rolle wollten ihnen die einheimischen Platzhalter nicht zugestehen.

Das Ergebnis war eine Rechtsunsicherheit, die wiederum das Aufkommen zahlreicher – man könnte fast sagen zahlloser – Sekten und Gruppierungen förderte, wie sie das alte Rußland nie gekannt hatte.

Überdies versuchten obskure politische Gruppen, sich ihre eigenen Nischen innerhalb des kirchlichen Lebens zu sichern. So etwa die Pamjat-Bewegung, die sich eine Zeitlang weltweiter Publicity erfreute. Schon vor der Wende hatte diese Organisation – damals ohne jeglichen religiösen Hintergrund – durch die schärfste antisemitische Polemik seit der Stalin-Ära auf sich aufmerksam gemacht. Wobei dies womöglich eingeplant war, um die Juden zum Verlassen des Landes zu bewegen.

Nach dem Zusammenbruch der Sowjetunion und dem Sturz Mikhail Gorbatschows war mit antisemitischen Parolen allein kein Staat mehr zu machen. So entdeckte Pamjat plötzlich seine „Christliche Mission" und knüpfte Kontakte zum neuerdings wieder aktiven rechten fundamentalistischen Flügel der orthodoxen Kirche, der schon in der Zarenzeit – über die sogenannten „Schwarzen Hundert" – durch antisemitische Exzesse aufgefallen war.

Doch diesmal blieb der Erfolg offensichtlich aus. Als politische Gruppe wurde Pamjat durch die „Liberaldemokraten" des Populisten Wladimir Schirinowsky (ein enger Freund des deutschen Rechtsextremisten Gerhard Frey) weitgehend verdrängt. Und die Kirchenführung beschloß, die eigenen Fundamentalisten an die Kandare zu nehmen, um selbst nicht ins Zwielicht zu geraten.

Wesentlich schwerer hatte es die Kirchenführung mit Fundamentalisten außerhalb der Orthodoxie, die, wie bereits erwähnt, nach der Wende üppig aus dem Boden geschossen waren.

Schließlich reagierten die Kirchenoberen genau so, wie es die Großvätergeneration getan hatte: Die Heilige Synode forderte von der Regierung ein Gesetz zum Schutz des De-facto-Primats der allein seligmachenden Prawoslawischen Kirche.

Boris Jelzin ließ sich nicht lange bitten. In Rekordzeit wurde ein neues Religionsgesetz, das erste der neuen Ära, ausgearbeitet und an die Duma weitergeleitet, wo es allerdings zur Zeit der Drucklegung dieses Buches noch nicht behandelt wurde. Darin sollen fünf quasi bodenständige Religionen anerkannt werden: Die Russisch-Orthodoxe Kirche als „Primas inter pares", die Römisch-Katholische Kirche, das Judentum, der Islam und der Buddhismus.

Damit sollte allen Sekten der Status von Religionsgemeinschaften abgesprochen werden. Und nicht nur das: Ausländischen Missionaren sollte jegliche Tätigkeit in Rußland untersagt werden. Was den protestantisch-fundamentalistischen Gruppen die Freiheit zu legaler Missionstätigkeit wesentlich erschwert, wenn nicht unmöglich gemacht hätte.

Dieser Gesetzesentwurf führte zu heftigen Protesten von Seiten der „freien Kirchen" in den USA, die auch im US-Kongreß geäußert wurden.

Nicht ganz glücklich zeigte sich überdies die jüdische Gemeinde. Ihre Aktivisten sind zumeist Angehörige der Gruppe der „Lubavitscher Chassidim" (siehe das Kapitel über jüdischen Fundamentalismus) deren Rabbis zumeist aus den USA kommen – nicht zuletzt mit Hilfe der Stiftung des ehemaligen US-Botschafters in Wien Ronald Lauder. Schließlich deutete sich ein Kompromiß an: Da Rabbiner keine Geistlichen, sondern nur Lehrer sind, wären ausländische Rabbis von den Bestimmungen des Gesetzes nicht unmittelbar betroffen.

Beschwerden äußerten auch die Katholiken, sei es am Primat der Orthodoxie oder am Fehlen einer eigenen Regelung für die lokalen, mit Rom verbundenen unierten Kirchen.

Der letzte Stand: Die russischen Behörden zeigen sich gesprächsbereit. Was dabei herauskommt, wird sich erst zeigen.

8. Kapitel

Islamische Fundamentalisten

Der islamische Fundamentalismus ist – nicht zuletzt dank seiner enormen Medienpräsenz – zum Angstgespenst des auslaufenden 20. Jahrhunderts geworden, wobei sich die Grenzen zwischen Dichtung und Wahrheit oftmals verwischen. Klar ist nur, daß die Welle des Fundamentalismus auch über die Jahrtausendwende hinweg eine Herausforderung für praktisch alle islamischen Länder darstellen wird.

Ginge es nach den Schlagzeilen oder dem Ausmaß der Medienpräsenz, dann könnte der oberflächliche Beobachter glauben, der religiöse Fundamentalismus sei in erster Linie ein islamisches Phänomen.

Was in dieser apodiktischen Form natürlich nicht stimmt. Der Islam blickt auf eine große Tradition des Humanismus zurück, ohne daß dieser die Basis des Glaubens erschüttert hätte. Moslemische Gelehrte halfen einer weitgehend noch barbarischen christlichen Welt sich der Schätze der antiken Welt zu versichern. Sultan Saladin, der gefürchtete Widersacher der Kreuzfahrer, war in Wirklichkeit seinen christlichen Gegnern jederzeit moralisch und geistig überlegen.

Um das zu erkennen, bedarf es keines Gotthold Ephraim Lessings, aber dessen „Nathan der Weise" trug sicherlich dazu bei, das Bild des Islams in der deutschsprachigen Welt zu verbessern.

Andererseits war der Fundamentalismus schon immer in der Welt des Islams fest verankert. Bedeutet das Wort „Islam" doch „Unterwerfung". Vor Gott natürlich, aber auch vor jenen, die sich als Sprecher Gottes ausgeben. Und der islamische Fundamentalismus weist noch eine weitere Besonderheit auf: Ziel seiner Anhänger ist es, den Staat Gottes zu errichten. Sie streben also nicht nur die religiöse, sondern auch die weltliche Macht an.

Lange Zeit schien es, als sei der Islam eine Religion mit einer großen Vergangenheit, aber keiner Zukunft: waren doch zu Anfang dieses Jahrhunderts fast alle moslemischen Staaten – sieht man von den „kranken Männern", der Türkei und Persien, ab, von der Landkarte verschwunden.

Doch just im Atomzeitalter stieg der politische Islam wie ein Phönix aus der Asche.

Dabei hatten zur Renaissance des politischen Islams in der zweiten Hälfte des 20. Jahrhunderts sowohl Siege als auch – so paradox dies klingen mag – Niederlagen ihren Beitrag geleistet. Und wenn es eine Konstante in dieser Entwicklung gab, so war es der islamische Fundamentalismus.

Die Niederlage der arabischen Staaten im Sechs-Tage-Krieg gegen Israel demaskierte den Panarabismus – oder den „arabischen Sozialismus" eines Gamal Abdel Nasser – als Papiertiger. Sie räumte damit den einzigen ernstzunehmenden Rivalen des Fundamentalismus innerhalb der islamischen, oder korrekter, arabischen Welt aus dem Weg. Und nach dem Sturz des Schah hatten die Fundamentalisten erstmals die Kontrolle über einen Staates – und noch dazu eines Ölstaates – in ihren Händen.

Der Sieg der iranischen Mullahs war so etwas wie eine Initialzündung für den Fundamentalismus, deren Funke alsbald auf andere islamische Staaten – gleichgültig ob die Mehrheit der Bewohner Sunniten oder Schiiten waren – übersprang.

Dennoch ist es den islamischen Staaten bisher nicht gelungen, die Fundamentalisten zu integrieren, sieht man vom Iran ab. Diese Einbindung hätte es ihnen ermöglicht, ihr gewaltiges Potential sinnvoll auszuschöpfen. Aber die Regierenden waren zu sehr damit beschäftigt, Feindbilder aufzubauen, die nur den Zweck hatten von den eigenen – meist sozialen – Problemen abzulenken. Die Lösung dieser Probleme hätte den Fundamentalisten – zumindest den radikalen – die Verankerung in den Völkern entzogen.

Sollen die Fundamentalisten also auch in Zukunft als Speerspitzen nur gegen äußere Feinde des Glaubens dienen? Die Praxis der letzten Jahrzehnte hat indes gezeigt, daß sich diese Speere immer öfter nach Innen richten.

9. Kapitel

„Fundamentalismus ist Opportunismus"

Professor Jelloul Jribi ist Dekan der Fakultät für Islamische Studien an der Ez Zeitouna-Universität in Tunis, der, neben der Kairoer El Azhar-Universität, weltweit angesehensten islamisch-theologischen Hochschule. Professor Jribi ist Autor zahlreicher Bücher und Referate, die sich insbesondere mit dem Phänomen des islamischen Fundamentalismus befassen.

Interview mit dem islamischen Theologen Jelloul Jribi. Das Gespräch fand in Tunis statt. Die Fragen wurden vom Autor gestellt (F=Frage, A=Antwort).

F: Was verstehen Sie unter dem Ausdruck „islamischer Fundamentalismus"?
A: Zuerst einmal: Ich widerspreche entschieden dem gängigen Ausdruck „Fundamentalismus" (Usuliin), weil er den Eindruck vermittelt, daß es um die Fundamente des Glaubens geht. Diese Art des sogenannten Fundamentalismus wird von extremistischen Gruppen propagiert, und ich ziehe es vor, von Opportunismus und nicht von Fundamentalismus zu sprechen.
F: Und wie würden Sie diese Art des religiösen Extremismus definieren?
A: Ich würde diesen Fundamentalismus, wie er seit der Frühzeit des Islam existiert, folgendermaßen interpretieren: Das entscheidende Kriterium dieser Gruppen ist es, daß sie die Ansichten anderer Gruppen nicht akzeptieren. Sie zeigen keinerlei Verständnis für Gegenwart und Zukunft, sondern leben ausschließlich in der Vergangenheit. Sie glauben auch nicht an Rationalität und verwerfen deshalb jede Interpretation des Koran oder religiöser Texte, außer der eigenen. Ein weiteres Kriterium dieser

Gruppe ist, daß sie das Töten jener rechtfertigen, die ihre Thesen ablehnen. Das ist übrigens nichts Neues, sondern wurde bereits von Extremisten in der Vergangenheit praktiziert. Vereinfacht dargestellt: Diese Gruppen lehnen jede Mäßigung ab und bekennen sich ausschließlich zu radikalen Lösungen. Eigentlich haben sie nichts mit dem Prinzipien der Religion zu tun, sondern verfolgen mit ihren Aktivitäten politische Ziele. Sie meinen, daß nur sie ein Monopol auf die Wahrheit besitzen. Sie maßen sich daher ein Recht an, Urteile über die Ansichten anderer zu fällen. Wobei diese Urteile nicht auf Recht oder Unrecht, sondern lediglich auf ihren eigenen Auffassungen beruhen.

F: Sie sehen also keine Gemeinsamkeiten zwischen den sogenannten Fundamentalisten und normalen konservativen Moslems?

A: Natürlich keine. Es gibt keine Verbindung zwischen Fundamentalisten und Konservativen. Ein Konservativer ist für mich eine Person, die über eine fundierte Kenntnis der heiligen Schriften verfügt. Logischerweise fördert dieses Wissen Toleranz, Akzeptanz anderer Meinungen, Rationalität und die Verurteilung von Verbrechen. Je weiter man sich von diesen Texten entfernt, desto öfter findet man Entschuldigungen für bestimmte Verbrechen.

F: Glauben Sie, daß Außenstehende die Trennungslinien zwischen Konservativen und Fundamentalisten so einfach erkennen können?

A: Leider herrscht in der breiten Öffentlichkeit ein hohes Maß an Verwirrung. Viele können den Unterschied nicht erkennen zwischen jenen, für die Religion eine Glaubensfrage ist, und anderen, für die sie ein politisches Kampfmittel darstellt. Wir vertrauen auf den Wert von Erziehung und Bildung und hoffen, daß Bildungseinrichtungen und Medien in diesem Zusammenhang ihren Beitrag leisten werden, um den Unterschied zwischen Religion und Fundamentalismus deutlich herauszuarbeiten.

F: Sind die Fundamentalisten wirklich auf dem Vormarsch oder wird dieses Phänomen in den Medien künstlich hochgespielt?

A: Der Fundamentalismus trat bereits in der Frühzeit des Islam auf, aber er ist keineswegs ein rein islamisches Phänomen. Er tritt auch innerhalb der christlichen und jüdischen Konfessionen auf. Fundamentalismus wirkt wie ein Feuer in einem Heuhaufen, das rasch um sich greift. Aber es ist ein Strohfeuer, das wieder ausgeht – mangels festem Brennstoff.

F: Besteht eine Chance auf Mäßigung unter den Fundamentalisten?

A: Es ist sehr schwer, eine derartige Gruppe zu verlassen, wenn man einmal dazugehört. Oder sich zu mäßigen. Die vorrangige Zielgruppe der Fundamentalisten sind ungebildete Jugendliche. Darüber hinaus vertreten die Fundamentalisten das Prinzip, daß der Zweck ihre Mittel heiligt. Mit diesem Ziel vor Augen setzen sie neben Geld auch Sex, Drogen oder Mystifikation ein, um neue Anhänger zu gewinnen.

F: Wieso Sex?

A: Sie sagen den Jugendlichen, daß es möglich ist, zu heiraten, einfach indem man nur eine gewisse Sure aus dem Koran verliest. Und daß man sich auf die gleiche einfache Art scheiden lassen kann. Das macht das Ganze für Jugendliche, besonders für ungebildete, attraktiv.

F: Also widerspricht die Praxis des Fundamentalismus, Ihrer Ansicht nach, den Grundprinzipien des Islam, der sich über die Jahrhunderte oftmals als toleranter erwiesen hat als andere Konfessionen?

A: So ist es.

F: Stellen die Fundamentalisten eine Gefahr für die etablierten Regierungen islamischer Staaten dar?

A: Man sollte hier nicht verallgemeinern. Jeder Fall ist „sui generis“. Viel hängt von den sozialen, wirtschaftlichen und kulturellen Konditionen ab. Wenn Sie auf die Lage in Algerien anspielen, so muß ich betonen, daß diese sich von jener in Tunesien grundlegend unterscheidet. Algerien hatte eine sehr schwierige Vergangenheit, was politische Entwicklung, Demographie und Institutionen betrifft. Tunesien hat, im Gegensatz zu seinem Nachbarn, eine relativ einheitliche Bevölkerung, in der es keine Gegensätze zwischen Arabern und Berbern gibt. Algerien ist ein Vielvölkerstaat. Wir waren nur etliche Jahrzehnte lang ein französisches Protektorat, Algerien wurde mehr als ein Jahrhundert lang direkt von Paris regiert. Auch nach Erlangung der Unabhängigkeit wählten wir unterschiedliche Wege. Etwa im Erziehungsbereich. Wir bildeten unsere eigenen Lehrer aus, Algerien holte die meisten aus Ägypten.

F: Also Mitglieder der Moslemischen Bruderschaft?

A: Viele von ihnen. Überdies wirkte sich der Mangel eines eigenen Nationalgefühls auf Seiten der Lehrer negativ aus. Daneben gab es noch Unterschiede in der politischen Entwicklung bei den Parteien, welche die Unabhängigkeit erkämpft hatten. Und die beiden Länder wählten unterschiedliche Wege bei der Behandlung des Problems des Fundamentalismus.

F: Mit anderen Worten: Es gibt keine rein religiös orientierten Parteien in Tunesien?

A: Das ist nur einer von vielen Aspekten. Auch bei uns hat sich bei der Behandlung der Fundamentalisten viel geändert, seitdem Präsident Ben Ali im November 1987 die Staatsführung übernommen hat. Er vertritt die Auffassung, daß die Bekämpfung des Fundamentalismus nicht Sache des Staates, sondern der Gesellschaft sei. Die Aktivitäten in diesem Bereich müssen auf verschiedenen Ebenen stattfinden. Zuerst auf jener der Wirtschaft, dann im Sozialen und Erzieherischen. Und natürlich auf der politischen Bühne durch die demokratisch legitimierten Parteien. Das ist unsere Antwort auf den Fundamentalismus.

F: Ägypten, das politisch bedeutendste Land der Region, konnte bisher dieses Problem nicht zufriedenstellend lösen …

A: Noch vor wenigen Jahren stand Ägypten dem algerischen System näher als dem tunesischen. Inzwischen hat sich in Kairo viel verändert. Das Problem wird nicht mehr ausschließlich auf politischer, sondern auch auf gesellschaftlicher Ebene behandelt.

F: Und wie ist es um die Rolle der Frau in der fundamentalistischen Gesellschaft bestellt? Sind die Frauen als schwächstes Glied das erste Opfer?

A: Die Gesellschaft in ihrer Gesamtheit ist das Ziel und das Opfer des Fundamentalismus. Die Frauen, die Intellektuellen, die Andersdenkenden und die Armen, sie alle sind Opfer des Versuchs, das Rad der Geschichte zurückzudrehen.

F: Der Iran und das Taliban-Regime in Afghanistan gelten schlechthin als fundamentalistisch. Dennoch sind sie erbitterte Feinde. Hängt das mit dem Gegensatz Schiiten–Sunniten zusammen?

A: Überhaupt nicht. Die Gegensätze sind rein politisch.
F: Gibt es übernationale Verflechtungen unter den Fundamentalisten?
A: Offenkundig sind Fundamentalisten Teil eines weltweiten Netzes. Es gibt Parallelen zu anderen Bewegungen.
F: Und was ist die wirksamste Waffe gegen den Fundamentalismus?
A: Der Fundamentalismus ist ein universelles Problem. Für alle Konfessionen. Die Antwort liegt in der internationalen Solidarität zum Schutz gemeinsamer Werte.

10. Kapitel

Khomeinys Erben

Der überwältigende Sieg des verstorbenen Ayatollah Khomeiny hat das Gesicht der islamischen Welt grundlegend verändert und den Fundamentalismus zu einem Machtfaktor aufgewertet, der die Regenten der Region erschauern läßt. Erstmals in diesem Jahrhundert wurde ein Regime auf ausschließlich religiöser Grundlage geschaffen. Ein knappes Jahrzehnt nach dem Tod des „Vaters der islamischen Revolution" zeigen sich im Gottesstaat erstmals Risse, doch die Zukunft bleibt ungewiß.

Wie leicht – und in welchem Ausmaß – können sich doch weltweit anerkannte Autoritäten irren. Ein Beispiel: 1990 schrieb der angesehene ägyptische Islamexperte Professor Hamdy Azzam: „Der iranische Weg kann kein Modell für eine Reislamisierung oder für eine (grenzüberschreitende) islamische Revolution im Mittleren Osten werden. Er ist vielmehr durch die spezifisch iranischen Umstände und Entwicklungen gekennzeichnet und wesentlich geprägt von der Persönlichkeit und subjektiven Meinung – beziehungsweise Weltanschauung – des Scheichs Khomeiny. Die Prognose liegt daher nahe, daß sich die iranische Revolution auf lange Sicht entweder mäßigt und stabilisiert und so zu einem Mittelweg islamischer Prägung führt. Oder aber sich endgültig von der islamischen Welt isoliert. Eine weitere Radikalisierung und ein innerer Zerfall würden im Iran das Terrain für linke Kräfte begünstigen."

Fast drei Jahrzehnte später hat die iranische Revolution weder zu einem Mittelweg geführt noch diese isoliert. Und die linken Kräfte in der islamischen Welt gehören ebenso zur Vergangenheit wie die Episode der Kreuzzüge.

Was bleibt, ist der Einfluß von Ayatollah Khomeiny.

Viele, zumeist selbsternannte Volksführer wurden schon zu Lebzeiten zu „Vätern der Revolution" hochstilisiert – auch wenn ihre Bewegung mehr Väter hatte, als das legendäre Theben Tore. Ayatollah Khomeiny, vom Sunniten Azzam abwertend „Scheich" Khomeiny genannt, gebührt indes wirklich der Titel eines Vaters der fundamentalistisch-islamischen Revolution im Iran – wenn nicht jener eines Schutzpatrons aller zeitgenössischen islamischen Revolutionen in der arabischen Welt.

Ohne Khomeinys persönlichen Einsatz wäre der krebskranke Schah Mohammed Reza Pahlewi wahrscheinlich eines friedlichen Todes gestorben und sein Sohn Ali Reza heute noch an der Macht. Die islamische Revolution hätte möglicherweise einen anderen Weg eingeschlagen und der Iran wäre heute vielleicht eine Quasidemokratie mit islamischem Einschlag.

Entschieden wurde die iranische Revolution an einem einzigen Tag, dem 1. Februar 1979. Der Schah hatte auf Anraten der Amerikaner – die natürlich alles besser wußten – das Land verlassen. Als Regierungschef hatte er in seinem letzten Staatsakt den Reformpolitiker Schapur Bakhtiar – der später im Exil ermordet wurde – eingesetzt. Und der Ayatollah saß noch immer tausende Meilen entfernt „ante portas" im französischen Exil. Seine Anhänger ließen nichts unversucht, um ihren „obersten Führer" in die Heimat zurückzubringen, denn ohne seine Persönlichkeit hätte das bunt zusammengewürfelte Oppositionsbündnis, das von den Kommunisten über die studentischen „Volksmujaheddin" und Basaris bis zu den Mullahs reichte – niemals das Regime Bakhtiars herausfordern können.

Genau das wollte Bakhtiar verhindern, wohl wissend, daß er gegen Khomeiny keine Chance hatte. Vorerst fand sich keine Fluglinie, die bereit gewesen wäre, den „Imam" ins Land zu fliegen. Doch plötzlich sprang die staatliche französische Luftlinie Air France in die Bresche – natürlich auf Geheiß der französischen Regierung, die sich ihrerseits Chancen ausrechnete, ins lukrative iranische Geschäft einzusteigen, das die Amerikaner im Begriff waren, zu verlieren.

So landete Khomeinys Maschine am 1. Februar auf dem Teheraner Flughafen Mehrabad, den seine Parteigänger zuvor gewaltsam okkupiert hatten.

Die Spannung erreichte ihren Höhepunkt, als die Gangway zur Maschine vorgeschoben wurde. War Khomeiny wirklich an Bord? Als erste erschien eine Stewardeß in der schmucken blauen Air France Uniform im Türrahmen. Sie trat hastig zur Seite, als eine hochgewachsene Gestalt aus dem Inneren der Maschine nahte. Das fahle Gesicht und der lange weiße Bart standen in markantem Kontrast zum schwarzen Turban und wallenden Gewand. Unter den Anwesenden brach frenetischer Jubel aus. Ayatollah Khomeiny war nach 14jährigem Exil in seine Heimat zurückgekehrt.

Damit war die iranischen Revolution, praktisch von einer Minute auf die andere, entschieden. Wiewohl sich Khomeiny noch nicht in die Karten blicken ließ. Er hatte vielmehr seinen eigenen gemäßigten Ministerpräsidenten mitgebracht: Mehdi Bazargan, einen angesehenen Reformpolitiker, der wahrscheinlich selbst glaubte, sein Land in eine bessere Zukunft führen zu können.

Auch er sollte keine echte Chance erhalten.

Die „Islamische Revolution" – ein Ausdruck, der übrigens erst wesentlich später gemünzt wurde, nachdem die Mullahs ihre Verbündeten ausgebootet, wenn nicht ausgerottet hatten – wird im Westen vielfach als einzigartiger Sieg im Rahmen eines Glaubenskrieges angesehen. Sie war es auch, was ihre Auswirkungen betraf. Als Bewegung ist sie jedoch nicht beispiellos. Schon in der Mitte des 19. Jahrhunderts hatte in der Region der Stammesführer Schamyl im Kaukasus zum Heiligen Krieg gegen die Russen aufgerufen und den Armeen des Zaren jahrzehntelang widerstanden.

Besonders ausgeprägt war – und ist – der religiöse Fundamentalismus jedoch unter den Schiiten. Zwölf „Imame" – „Vorbilder" – kennt ihre Geschichte, alles Nachkommen des vierten Kalifen Ali. Der letzte war im 9. Jahrhundert „verschwunden". Und noch immer warten die Schiiten auf den Dreizehnten, der sie zur Weltherrschaft führen wird.

Dementsprechend war der Iran dauernd von messianischen Bewegungen betroffen. Die westliche Regenbogenpresse hat vom vorrevolutionären Iran ein völlig falsches Bild – beherrscht von Pfauenthron und schönen Königinnen – gezeichnet. Tatsächlich war das Land im ganzen 20. Jahrhundert ein Unruheherd. Zwei Dynastien regierten das Land in diesem Zeitraum. Von den fünf Schahs wurden drei gestürzt oder zur Abdankung gezwungen. Und das waren die Glücklicheren. Der vierte wurde ermordet, der fünfte in den Tode getrieben.

Vor dem Sieg Khomeinys hatte es seit 1900 bereits zwei Revolutionen sowie zwei Staatsstreiche gegeben. Von Stammesrebellionen ganz zu schweigen. Fremde Armeen – Türken, Russen und Briten – standen jahrelang im Land. Daß es zu keiner Kolonie wurde, verdankte es nur der Rivalität unter den Großmächten.

Doch sogar Khomeiny hatte einen direkten, wenn auch weniger erfolgreichen Vorläufer. 1906 hatten persische Intellektuelle mit westlicher Bildung Schah Muzaffar ed-Din eine mehr oder weniger demokratische Verfassung aufgezwungen. Zu den Leidtragenden dieser „Konstitutionellen Revolution“, wie sie von ihren Initiatoren genannt wurde, zählten die Mullahs, deren Einfluß im öffentlichen Leben eingeschränkt werden sollte. Und die Verfassungsgegner fanden einen Führer in einem eher obskuren Scheich namens Fazlollah Nuri. Dieser war kein Nachfahre Mohammeds wie Khomeiny – und durfte daher keinen schwarzen, sondern nur einen weißen Turban tragen –, aber er hatte sich immerhin vom einfachen Mullah zum „Hodschat el Islam“ („Wächter der Glaubens“), die nächsthöhere Stufe hinaufgepredigt.

Nach Verabschiedung der „glaubensfeindlichen Verfassung“ hatte Nuri den Heiligen Krieg gegen die Gotteslästerer ausgerufen – übrigens mit geheimer Unterstützung des entmachteten Schahs und des Hofes. Allein die Zeit für eine islamische Revolution war noch nicht reif. Von einem Gericht verfassungsfreundlicher Mullahs unter dem Vorsitz eines angesehenen Ayatollahs – der höchsten Stufe in der schiitischen Hierarchie – wurde der aufrührerische Prediger als Ketzer zum Tode verurteilt und im Zentrum von Teheran vor einer Menge von etlichen Tausend hingerichtet.

Die meisten Ayatollahs hatten sich schon zuvor von Scheich Nuri abgewandt. Nur einer, Scheich Mohsen Araki, wahrte ihm die Treue bis zum Schluß und zog sich nach der Hinrichtung aus Teheran in seine Heimatstadt Arak zurück, wo er eine „rechtgläubige“ Koran-Akademie gründete.

Man könnte diese Episode in der Vorgeschichte der islamischen Revolution übergehen, hätte sich nicht, ein Jahrzehnt nach der Hinrichtung Nuris, ein Novize der Schule Mohsens angeschlossen. Sein Name war Ruhollah, genannt „el Hindi“, der Inder, weil seine Vorfahren eine Zeitlang in Indien gelebt hatten. Als Ruhollah Khomeiny sollte er, ein halbes Jahrhundert später, Weltgeschichte machen.

Wer aber war dieser junge Mann, der den Schah stürzen, die islamische Welt von Marokko bis Indonesien erschüttern und den Supermächten das Fürchten lehren sollte ? Er selbst hat immer wieder seine direkte Abstammung vom Propheten Mohammed über dessen Tochter Fatima, der Frau des Kalifen Ali, und schließlich Musa Ibn Djaafar, dem siebenten Imam der Schiiten betont.

Belegt ist die Ahnentafel Khomeinys bis zu seinem Urgroßvater Mohammed Hussein Neschaburi, dessen Vorfahren mit dem Heer des Eroberers Nadir Schah im 18. Jahrhundert von Persien nach Indien gekommen und sich in der Provinz Kaschmir niedergelassen hatten. Mohammed Hussein leitete bereits eine Koran-Schule und sandte seinen Sohn Achmed zu weiteren Studium nach Nadjaf.

Um jene Zeit – etwa 1840 – hatte sich ein Stammesführer namens Jussuf Khan um die Kleinstadt Khomein – „zwei Krüge“ – ein eigenes Fürstentum geschaffen. Für einen standesgemäßen Hof benötigte er einen Prediger, und als Sayyed Achmed um jene Zeit in der Gegend auftauchte, hatte er sofort einen Job. Jussuf Khan gab dem Gelehrten eine seiner Töchter zur Frau und einige Dörfer als Mitgift.

Achmeds Glück dauerte nicht lange. In der zweiten Hälfte des 19. Jahrhunderts gewannen die Herrscher in Teheran die Macht über das Land zurück. Auch über Jussuf Khans kleines Reich. Seine Schenkungen wurden rückgängig gemacht, und Achmeds Sohn Mustafa mußte sich als Pächter auf dem Land eines Großgrundbesitzers verdingen. Mustafas Sohn Morteza wurde um 1890 geboren. Nach zwei Töchtern kam 1902 der zweite Sohn, Ruhollah, zur Welt.

Sayyed Mustafa galt als sehr temperamentvoll, wenn nicht jähzornig. Kurz nach Ruhollahs Geburt wurde er bei einem Streit mit Pachteintreibern getötet.

Die jüngere „Hofgeschichtsschreibung" des Iran hat Mustafa zu einem Vorläufer der Revolution hochstilisiert. Tatsächlich deutet nichts daraufhin, daß die Bluttat auf politische Motive zurückging. Die Totschläger wurden verhaftet, aber bald wieder freigelassen. Für Ruhollah, der davon erst viel später erfuhr, war diese Episode ein Beispiel für die Schändlichkeit der zivilen Justiz.

Nach dem Tod seines Vaters wurde der kleine Ruhollah bei einer etwas wohlhabenderen Tante untergebracht, die es ihm ermöglichte, eine Koran-Schule bis zum Alter von 16 Jahren zu besuchen.

Im ersten Jahrzehnt des 20. Jahrhunderts war der Einfluß der Kadscharen-Dynastie wieder einmal auf einem Tiefpunkt angelangt. Achmed Schah war ein Kind, die Stammesführer strebten wiederum nach Unabhängigkeit. Im Ersten Weltkrieg blieb das Land zwar formell neutral, wurde aber zum Spielball der Mächte. Türken und Deutsche auf der einen, Briten und Russen auf der anderen Seite versuchten Persien in ihr Lager zu ziehen.

Mit der Oktoberrevolution endete vorerst der russische Einfluß, da die Bolschewiken noch Jahre benötigten, um sich bis an die Peripherie Persien heranzuarbeiten. Überdies stießen sie in den eigenen moslemischen Gebieten auf Widerstand.

Der britische Einfluß wurde indes noch stärker, wenngleich er sich von direkter Intervention in Südpersien auf indirekte Dominanz über die Anglo-Iranian Oil Company, der Beherrscherin der Ölfelder, verlegte. Was übrig blieb, war ein wachsender Fremdenhaß, der noch heute spürbar ist und der wahrscheinlich den jungen Ruhollah bereits ergriffen hatte, als er sich entschloß, aus dem hinterwäldlerischen Khomein in die Theologische Akademie von Arak zu übersiedeln, eben in die Schule jenes Scheich Mohsen, der als einziger die Lehren des hingerichteten Fazlollah Nuri noch immer verbreitete.

Auf die Dauer konnte der Student allerdings bei diesem eher primitiven Lehrer keine Erfüllung seiner geistlichen Aspirationen finden und zog deshalb schließlich weiter in die hochangesehene Koran-Akademie des Scheichs Abdul Karim Ha'eri in der heiligen Stadt Ghom, etwa 150 Kilometer südlich von Teheran.

Noch deutete nichts darauf hin, daß der unauffällige Student – oder die Mullahs überhaupt – jemals die Geschicke Persiens bestimmen würde. Das Gesetz des Handelns übernahm ein ganz anderer: Oberst Reza Kahn, Kommandant der Kosaken-Brigade, der Elitetruppe des Heeres, die gar nicht aus Kosaken bestand, sondern nur nach russischem Muster organisiert war, stürzte die Regierung in Teheran und sandte den jungen Schah Achmed auf eine „längere Auslandsreise". Sich selbst machte der kahlköpfige Oberst zuerst zum Kriegs- und dann zum Premierminister.

Rezas Plan war die Errichtung einer Republik nach türkischem Muster, doch den Mullahs gelang es, ihn von diesem Vorhaben abzubringen und ihn zu bewegen, als Reza Schah I. Pahlewi (sein Heimatort) den Thron zu besteigen.

Die Mullahs hatten indes auf das falsche Pferd gesetzt. Rezas großes Vorbild war sein „Nachbar" Kemal Atatürk. Nachdem er seine Machtposition konsolidiert hatte, verkündete er eine Reihe von Maßnahmen, die Persien in einen modernen Staat verwandeln sollten.

Womit der Konflikt mit dem Mullahs vorprogrammiert war.

Im Frühjahr 1928 verkündete der Schah zwei Dekrete, die das Leben aller Bürger beeinflussen sollten: erstens wurde eine zweijährige nationale Wehrpflicht eingeführt und zweitens sollten Bürger und Bauern eine uniformartige europäische Kleidung tragen. Letzteres richtete sich direkt gegen die Mullahs, deren Turbane verbrannt wurden und deren Schüler erstmals, bartlos, zu den Fahnen eilen mußten.

Ruhollah war von diesen Gesetzen direkt betroffen. Er befand sich nämlich gerade in Arak und mußte befürchten, auf der Rückreise nach Ghom Rauschebart und Turban zu verlieren. So wählte er einen Umweg durch die Berge, um an seine Schule zurückzukehren, voll Groll gegen Reza im Herzen.

Die Mullahs beschlossen, ihren Widerstand durch eine demonstrative Wallfahrt von Ghom nach Maschad, der zweiten heiligen Stadt der Schiiten im Iran, zu bekunden. Ruhollah war natürlich dabei. Allerdings hatte er noch etwas anderes im Sinn. Er war bereit, kurzfristig auf Bart und Turban zu verzichten, um in Teheran Batul, die erst zehnjährige Tochter des angesehenen Ayatollah Safawi zu freien und seine eigene Position durch die Verbindung zu einem Ayatollah – der höchsten Stufe der schiitischen Geistlichkeit – zu festigen.

Im Dezember 1930 folgte Batul ihrem Bräutigam nach Ghom. Zwei Monate später war sie bereits schwanger. Nach einer Fehlgeburt wurde 1932 der erste Sohn Mustafa geboren; der zweite, Achmed, folgte nach einigen Jahren.

Alsbald kam die nächste Demütigung. Reza befahl seinen Untertanen, Familiennamen anzunehmen. Ruhollahs Brüder waren dem Edikt bereits gefolgt, doch er selbst blieb im Schmollwinkel, bis ihn die Registrierung der Geburt seines Sohnes zum Einlenken zwang. Er nannte sich „Mostafavi“, was soviel wie „Verwandter des Mustafa“, also seines Vaters bedeutet. Später zeichnet er jedoch seine Schriftstücke mit „Ruhollah Mussavi (also „Verwandter des Imams Musa“) el Khomeiny“.

Unter diesem Namen sollte er die Revolution zum Sieg führen. Davon war natürlich noch lange nicht die Rede, doch Reza setzte seinen Reformkurs fort – trotz blutiger, von den Mullahs angezettelter Unruhen in Maschad mit vielen Toten. Als nächsten Schritt beschloß er 1936, die Frauen vom Schleier zu befreien.

Mit dieser Verordnung traf er indes nicht nur die religiösen Eiferer, sondern auch das gemäßigte Establishment völlig unvorbereitet. Den Töchtern Rezas mochte es nichts ausmachen, sich „entblößt“ in der Öffentlichkeit zu zeigen, für die Durchschnittsperser und ihre Frauen bedeutete das Edikt jedoch eine brutale Zäsur.

Dennoch war das Regime so fest verankert, daß es nicht einmal in den Heiligen Städten zu ernsthaften Protesten kam. Und Khomeiny – inzwischen zum „Hodschat el Islam“ („Wächter des Islam“) avanciert, beschloß, dem Sturm durch eine Wallfahrt nach Mekka „auszuweichen“ und als angesehener „Hadsch“ zurückzukehren.

Im Winter 1938 hatte sich die Situation in Persien grundlegend geändert. Der Zweite Weltkrieg stand vor der Tür, und der Schah bekundete offen seine Sympathie für Hitler und

Mussolini, worauf die Russen und Briten 1941 im Iran einfielen und Reza zur Abdankung zwangen. Er mußte sich glücklich schätzen, daß sein Sohn Mohammed Reza zum Nachfolger bestimmt wurde.

Die Mullahs jubelten über Rezas Sturz, und die Versöhnungspolitik seines Sohnes ermöglichte es ihnen, alte Positionen wieder einzunehmen.

Nach Kriegsende und dem Abzug der Besatzer waren es indes die radikalen Nationalisten und nicht die Mullahs, die als erste das Gesetz des Handelns an sich rissen. Ein Streit um die Enteignung der Ölfelder am Persischen Golf führte jedoch dazu, daß der Schah und seine Frau Soraya das Land verlassen mußten. Knapp 24 Stunden später waren sie nach einem von der amerikanischen CIA gesponserten Militärputsch wieder in Teheran.

Dieses blitzartige Comeback beeindruckte sowohl Khomeiny als auch die Linksopposition so sehr, daß sie mehr als ein Jahr lang stillhielten – was überdies Hadsch Ruhollah das nächste Avancement zum „richtigen" Ayatollah ermöglichte.

So sicher fühlte sich der Schah, daß er beschloß, das Reformwerk seines Vaters durch die Bauernbefreiung, sprich „Weiße Revolution", zu vollenden. Doch gerade dieser gutgemeinte Schritt sollte seinen Landsleuten in die falsche Kehle geraten. Nicht nur die (finanziell entschädigten) Großgrundbesitzer, sondern auch die Basaris und Mullahs, die ihr Kapital in Grund und Boden investiert hatten, waren wütend. Und sogar den Bauern wurde nicht wirklich geholfen. Plötzlich mußten sie auf eigenen Beinen stehen, ohne Maschinen, Saatgut und dergleichen, die ihnen die Großgrundbesitzer bisher vorgeschossen hatten.

Das Ergebnis war keine Reform, sondern eine verstärkte Landflucht.

So wurde die Opposition von Jahr zu Jahr militanter und mächtiger, bis sie von den Kommunisten über die nationalistischen „Volksmujaheddin" bis zu den Mullahs reichte, als deren Führer sich Khomeiny nun eindeutig profiliert hatte.

Nach blutigen Straßenkämpfen wurde der Ayatollah nach Teheran gebracht und in einer Nobelvilla unter Hausarrest gestellt. Bald war er wieder frei – was er nicht auf die Großzügigkeit, sondern auf die Schwäche des Regimes zurückführte. 1964 wurde er zusammen mit seinen Söhnen neuerlich verhaftet und in einer Militärmaschine nach Ankara geflogen.

Die Türken erwiesen sich indessen als ungastliche Asylgeber. Sie zwangen die ungebetenen Neuankömmlinge, sich entweder Atatürks Bekleidungsvorschriften zu unterwerfen oder nach einem neuen Asylland umzusehen.

Was Khomeiny umgehend tat. Schließlich erklärte sich die irakische Regierung bereit, ihn in der heiligen Stadt Nadjaf aufzunehmen, wo schon viele persische Mullahs Zuflucht gefunden hatten.

Doch auch dort hatten es die Gäste nicht leicht. Sie waren von ihren herkömmlichen Geldquellen abgeschnitten, und nachdem sich der irakische Diktator Saddam Hussein mit dem Schah (auf Kosten der Kurden) versöhnt hatte, war Khomeiny nicht mehr gerne gesehen.

Indessen fühlte sich der Schah, mit seinem härtesten Widersacher im Exil, so sicher, daß er sich in einem Anflug von Großmannssucht dazu verleiten ließ, in den Ruinen der antiken Hauptstadt Persepolis ein pompöses Monsterfest anläßlich des 2500. Jahrestages der Gründung der persischen Monarchie zu veranstalten, wofür er in den progressiven Medien des Westens schlechte Zensuren erhielt.

Khomeiny empfand das „Gastmahl von Persepolis“ als eine Herausforderung. Im Gegenzug ließ er durch einen Sendboten in Teheran den Heiligen Krieg gegen den Schah ausrufen.

Zu diesem demonstrativen Schritt hatte den Ayatollah wahrscheinlich ein tragisches Ereignis bewogen: der Tod seines erstgeborenen Sohnes Mustafa, wahrscheinlich nach einem Herzinfarkt. Die Mullahs streuten indes das Gerücht aus, Mustafa sei von Agenten des persischen Geheimdienstes ermordet worden.

Jedenfalls gab der Tod Mustafas den Mullahs Gelegenheit, unter dem Deckmantel von „Gedenkveranstaltungen“, in ganz Persien Protestkundgebungen zu veranstalten. Zwangsläufig gab es wieder Tote und Verwundete.

Nie zuvor war die Schwäche des Regimes deutlicher zutage getreten – dann geschah noch etwas. Am Höhepunkt der Krise erfuhr der Schah, daß er unheilbar an Krebs erkrankt war. Dies wurde natürlich geheimgehalten, doch alsbald rätselte man in Teheran über die Gründe für die plötzliche Unberechenbarkeit des Herrschers.

Jedenfalls beschloß der Monarch, gegen Khomeiny nun auch auf internationaler Ebene aktiv zu werden. Rasch wurde die irakische Regierung überredet, Khomeiny auszuweisen.

Dieser wäre durchaus bereit gewesen, das Land zu verlassen und nach Kuwait zu übersiedeln. Doch der dortige Herrscher, wie auch jene der arabischen Golfstaaten, lehnten entsetzt ab.

Also mußte der Ayatollah weiter suchen, bis sich zur allgemeinen Überraschung Frankreich bereit erklärte, ihm Asyl zu gewähren. Was Paris letztlich zu diesem – für die ganze Welt – schwerwiegendem Entschluß bewog, kann nur vermutet werden. Vieles deutet daraufhin, daß der Quay d'Orsay bereits damals mit dem Sturz des Schahs – und der Dankbarkeit seines potentiellen Nachfolgers – spekulierte.

So flog Khomeiny im Herbst 1978 nach Paris, wo er zuerst einige Tage in der Pariser Wohnung seines „geistigen Sohnes" Abulhassan Bani Sadr verbrachte, bis er seine Zelte im Vorort Neauphle le Chateau aufschlug.

Die französische Regierung hatte dem Schah versprochen, dem Emigranten jede politische Tätigkeit zu untersagen, doch in der Praxis geschah nichts dergleichen. Ganz im Gegenteil fand Khomeiny Arbeitsbedingungen vor, die seine kühnsten Erwartungen wahrscheinlich übertrafen. Telefon- und Telex-Leitungen in alle Welt standen ihm jederzeit zur Verfügung. Auch der Versand seiner Reden auf Kassetten ging zügig vor sich.

Der alte Mann entwickelte sich zu einem wahren Arbeitstiger, während sein todkranker Feind nur noch wenige Stunden täglich an seinem Schreibtisch verbringen konnte.

Das machte die Amerikaner nervös und sie sandten einen General (mit minimaler Mittelosterfahrung) nach Teheran, um die Lage zu erkunden. Dieser kam schon nach wenigen Tagen zu dem voreiligen Schluß: Der Schah muß weg!

Bakhtiar, vom Schah eingesetzt, konnte sich nicht halten.

Damit war die Schlacht schon entschieden, bevor sie noch richtig begonnen hatte. Khomeiny hatte, wie erwähnt, seinen eigenen Regierungschef, den angesehenen Reformpolitiker Mehdi

Bazargan, mitgebracht, der am 5. Februar 1979 vereidigt wurde: auf den Koran.

Zu den ersten Leidtragenden zählten die Frauen. Schon nach wenigen Wochen wurden die Rechte annulliert, die ihnen der Schah gewährt hatte. Im Eilschritt wurden fast alle „westlichen" Gesetze aus dem Register gestrichen.

Inzwischen hatte der Ayatollah seine Machtbasis konsolidiert. Auf seinen Befehl wurde ein Referendum über die Gründung einer „Islamischen Republik" angesetzt, wobei sich niemand unter diesem Begriff etwas vorstellen konnte. Die Linke forderte denn auch einen Boykott des Volksentscheids, der sich jedoch als wirkungslos erwies: genau 98 Prozent stimmten für die Islamische Republik.

Damit war die breite Koalition, die den Sturz des Schahs herbeigeführt hatte, auch schon zerfallen: Bei der Ausarbeitung der Verfassung der frischgebackenen Republik hatten nur noch die Mullahs das Sagen.

Dennoch war der Widerstand nicht gänzlich gebrochen. Von der Macht ausgeschlossen, griffen die linken Gruppen auf ihre alte terroristische Taktik zurück. Bei Anschlägen mit vielen Opfern wurden einige der engsten Mitarbeiter Khomeinys getötet. Und es sollten noch mehr werden.

Worauf der Ayatollah die Opposition gnadenlos ausrotten ließ.

Vergeblich versuchte Bazargan, ein Minimum an rechtsstaatlicher Fassade aufrecht zu erhalten: Er wurde nicht gehört.

Da trat noch ein letztes Mal der todkranke Schah auf die Bühne. Im Herbst war er zur „finalen Behandlung" in die USA gereist, worauf in Teheran von einem bevorstehenden Gegenputsch gemunkelt wurde. Am 4. November marschierten etliche Tausend Demonstranten zur US-Botschaft in Teheran. Als sie bemerkten, daß die Marinewache auf höheren Befehl keinen Widerstand leistete, drang der Mob ins Gebäude ein und nahm alle Anwesenden als Geiseln gefangen.

Heute wissen wir, daß Khomeiny die Besetzung nicht befohlen hatte. Als er jedoch bemerkte, wie populär der Handstreich war, gab er ihm nachträglich seinen Segen. Offensichtlich gefiel es ihm, die Amerikaner zappeln zu lassen und zögerte die Freilassung der Geiseln so lange hinaus, bis die Wahlniederlage von Präsident Jimmy Carter besiegelt war.

Zu jenem Zeitpunkt war die Islamische Republik bereits so weit fortgeschritten, daß sie einen Präsidenten benötigte. Dieses Amt schanzte Khomeiny seinem einstigen Pariser Gastgeber Abulhassan Bani Sadr zu. Doch auch dieser sollte in seinem Amt nicht alt werden.

Nun trat ein Nachbar Persiens auf den Plan. Iraks Diktator Saddam Hussein hatte die Ausschaltung des Schahs und seiner Armee mit Schadenfreude verfolgt. Nun glaubte er, seine uralten Ansprüche auf westiranisches Gebiet durchsetzen zu können und marschierte in der Grenzregion Khusistan ein (die er „Arabistan" nannte).

„In höchster militärischer Not" (wie er es später nannte), sah Präsident Bani Sadr die Möglichkeit, sich als Verteidiger des Landes zu profilieren: nicht zuletzt dank der blitzartigen Rehabilitierung Tausender Schah-Offiziere. Die Iraker wurden zurückgeworfen: Daß der Krieg dennoch weitere acht Jahre dauern würde, ahnte damals niemand.

Die plötzlichen Erfolge der persischen Armee machten Bani Sadr in den Augen des immer mißtrauischer werdenden Khomeiny suspekt. Als Bani Sadr noch versuchte, die Fesseln des Mullah-Regimes zu lockern, beschloß der Alte, seinen „Ziehsohn" zu bestrafen. Dieser kam den Schergen jedoch zuvor, indem er sich rechtzeitig in einer gekaperten Militärmaschine ins Ausland absetzte.

Worauf in seiner Heimat eine neue Hexenjagd auf politisch Andersdenkende einsetzte.

1988 mußte Khomeiny seine erste und letzte Demütigung seit seiner Heimkehr hinnehmen. Seine Berater machten ihm klar, daß der Krieg gegen den Irak nicht zu gewinnen sei, nachdem bereits Zehntausende, auch Kindersoldaten, gefallen waren.

„Mit seinem Herzblut" unterschrieb Khomeiny einen Waffenstillstand. Danach war er ein gebrochener Mann. Seine Energie reichte gerade noch aus, um das Todesurteil gegen den indischen Schriftsteller Salman Rushdie wegen dessen „Satanischer Verse" zu verkünden.

Dann starb er am 3. Juni 1989.

Es spricht für die Bedeutung seines Werkes, daß das Land nicht gleich nach seinem Tod ins Chaos verfiel. Die Wahl von Ayatollah Ali Khamenei – eines Khomeiny-Adlatus ohne dessen Charisma – zum obersten geistlichen Hüter ging reibungslos über die Bühne und auf der Ebene des Staates sorgte Präsident Ali Akbar Rafsanjani für Kontinuität. Selbst die Unterstützung ausländischer Sympathisanten ging weiter und die Terrorkommandos des iranischen Geheimdienstes töteten ungestört – etwa in Österreich oder Deutschland.

Erst in den späten neunziger Jahren erwies es sich, daß doch nicht alles ungestört weiterlaufen würde. Völlig unerwartet – im Inland wie im Ausland – machten sich kleine Vorzeichen einer neuen Zeit bemerkbar: etwa bei den Präsidentschaftswahlen von 1998. Rafsanjani hatte auf eine neuerliche Kandidatur verzichtet, aus Gründen die bis heute unklar sind. Anstandshalber, zumindest dem Ausland gegenüber, mußte es diesmal mehr als einen Bewerber geben.

Eine reine Formalität, urteilten fast alle Iranexperten. Zum Kandidaten der Mullahs und des Regimes wurde Ayatollah Ali Akbar Natek Nuri erkoren, ein weiterer Khomeiny-Vertrauter. Sein Gegner sollte der weitgehend unbekannte Mohammed Khatami sein, ein Angehöriger der mittleren Mullah-Hierarchie, von dem man nur wußte, daß er ein Freund des bei Technokraten und Basaris beliebten Bürgermeisters von Teheran, Gholam Hossein Karbatschi, war.

Niemand gab Khatami eine Chance, daher wurden Freund und Feind von seinem überwältigenden Wahlsieg überrascht.

Für die Mullahs jedenfalls war es ein Blitz aus heiterem Himmel. Sie waren so überrascht, daß sie vorerst überhaupt nicht reagierten – oder reagieren konnten. So wurde Khatami anstandslos vereidigt und seine erste Rede im Majlis, dem Parlament, enthielt nicht die üblichen Haßtiraden gegen diverse Teufel, sondern Ansätze von freundlicheren Tönen gegenüber dem Westen, wenn auch nicht direkt an die USA gerichtet.

Die Europäische Union setzte ihrerseits ein Zeichen und sandte ihre Missionschef nach Teheran zurück, die man nach einem besonders blutigen Terroranschlag des iranischen Geheimdienstes in Berlin abberufen hatte.

Alsbald sollte sich jedoch zeigen, daß die Fundamentalisten den Kampf noch nicht aufgegeben hatten. Khatami selbst wagten sie noch nicht direkt anzugreifen, also richtete sich ihr Schlag gegen dessen Sponsor, Bürgermeister Karbatschi. Dieser wurde wegen angeblicher Korruption verhaftet – frei nach der Devise, man schlägt den Sack und meint den Esel. Unmittelbarer Anlaß waren budgetäre Maßnahmen. Er hatte die städtischen Ausgaben, sehr zur Freude der Bürger, verzwanzigfacht und Khatamis Wahlkampf finanziert. So etwas konnte doch nicht mit rechten Dingen zugehen, argumentierten die Mullahs.

Doch diesmal war die Opposition nicht bereit, sich zu dukken. Wohl noch überraschender als Khatamis Wahlsieg: Tausende von Studenten und erstmals auch Basaris – die Finanziers der Mullahs – gingen auf die Straße, um gegen die Verhaftung des Bürgermeisters zu protestieren. Es war buchstäblich die erste regimefeindliche Aktion seit dem Sieg Khomeinys vor fast 20 Jahren. Die Zahl der Demonstranten war jedenfalls zu hoch – und der Protest zu friedlich, um die Teilnehmer einfach niederprügeln zu lassen.

So wurde Karbatschi freigelassen, offiziell auf Kaution bis zu seinem Prozeß, damit das Mullah-Regime sein Gesicht wahren konnte. Die Ultras gaben aber noch nicht auf. Im Parlament setzte die Mehrheit der extremen Fundamentalisten die Absetzung des Innenministers durch, weil er die Demonstrationen nicht unterbunden hatte. Worauf ihn Khatami zum Vizepräsidenten berief, in ein Amt, das er mit einer Frau teilt: auch ein Novum in der jüngeren iranischen Geschichte.

Doch die Gemäßigten hatten sich zu früh gefreut. Von einem Gerichtshof unter dem Vorsitz eines Mullahs wurde Karbatschi zu fünf Jahren Kerker verurteilt. Noch ist er bis zur Berufung frei und seine Anhänger blieben diesmal ruhig, um seine Chancen nicht zu gefährden.

Zwangsläufig muß die Chronik des iranischen Fundamentalismus an diesem Punkt abbrechen. Sicher ist nur eines: Das letzte Urteil ist noch nicht gesprochen.

11. Kapitel

Hezbollah, die „Partei Allahs“

Die „Hezbollah“-(„Partei Gottes“-)Bewegung im Libanon ist ein Adoptivkind der islamischen Revolution des Ayatollah Khomeiny und wird u. a. offensichtlich auch vom Iran kontrolliert und finanziert. Sie sorgt dafür, daß die einstige „Schweiz des Nahen Ostens“ auch nach dem Ende des zehnjährigen Bürgerkriegs nicht zur Ruhe kommt – eine Entwicklung, die sich negativ auch auf den Friedensprozeß im Nahen Osten auswirkt.

Seit der Erstürmung der Pariser Bastille vor mehr als 200 Jahren sind Revolutionen zu einem „Exportartikel“ geworden, wenn auch nicht unbedingt zu einem „Renner“. Und die meisten Revolutionen, besonders jene auf religiös-fundamentalistischer Basis, bringen jenen, die sie von irgend einem Joch befreien sollen, nicht unbedingt ein besseres oder freieres Leben, es sei denn im Jenseits. Aber genau das ist das motivierende Element religiöser Umbrüche.

Nehmen wir als Beispiel die „Hezbollah“-Bewegung im Libanon, die „Partei Gottes“, die sich mit einem Namen schmückt, den ihr wohl kein höheres Wesen verliehen hätte. Die Hezbollah ist vielmehr ein uneheliches Kind der iranischen Mullahs. Sie hat bisher niemandem im Diesseits Segen gebracht, weder sich selbst, noch den unterprivilegierten libanesischen Schiiten, die sie zu vertreten vorgibt.

Im Nationalpakt von 1943, in dem der Libanon seine Unabhängigkeit von der französischen Mandatsmacht verkündete, war eine sorgfältige Verteilung der wichtigsten Staatsämter vorgesehen gewesen: Der Präsident sollte immer ein maronitischer Christ (also Mitglied einer mit Rom verbundenen Ostkirche) sein, der Regierungschef ein sunnitischer Moslem und der

Parlamentsvorsitzende eine Schiite. Die Parlamentssitze sollten im Verhältnis 60 Prozent Christen zu 40 Prozent Moslems in getrennten Wahlgängen aufgeteilt werden.

Da das Parlament in der von Clans dominierten libanesischen Gesellschaft nie eine größere Rolle gespielt und es nie wirklich freie Wahlen gegeben hatte, waren die Schiiten von Anfang an durch den Nationalpakt deutlich benachteiligt, was andererseits ihrer unbedeutenden Rolle im damaligen libanesischen sozialen Leben entsprach.

Das Bevölkerungsverhältnis 60:40 mochte 1943 den tatsächlichen Gegebenheiten entsprochen haben. In der Praxis traf es jedoch sehr bald nicht mehr zu: war es durch die höhere Geburtenrate der Moslems oder – nach dem ersten Nahostkrieg von 1948 – durch das Eintreffen vorwiegend moslemischer Palästinaflüchtlinge, von denen allerdings nur die wenigsten die libanesische Staatsbürgerschaft erhielten.

Erst als Ägyptens Revolutionsführer Gamal Abdel Nasser im Rahmen seiner panarabischen Hegemoniebestrebungen seine Fühler nach allen Seiten ausstreckte, wurde es auch in Beirut ernst. Um einem nasseristischen Komplott zuvorzukommen, landeten 1958 erstmals amerikanische Marines im klassischen Land der geschäftstüchtigen Phönizier.

Aus dem Sechs-Tage-Krieg von 1967 hielt sich der Libanon als einziger unter den Nachbarn Israels wohlweislich heraus und mit der zeitweiligen Vernichtung der ägyptischen und syrischen Militärmacht schien der äußere Druck auf Beirut zu schwinden.

Künftig waren es die palästinensischen Flüchtlinge, die im Land der Zedern für Unruhe sorgten – sei es durch ihre Versuche, einen Staat im Staat zu errichten, oder durch ihre grenzüberschreitenden Angriffe auf Israel. Dies führte unweigerlich zu Repressalien von Seiten des jüdischen Staates, bei denen nicht zuletzt unschuldige libanesische Zivilisten zu Schaden kamen.

Noch hätte der Libanon dem Aufstieg der Palästinenser unter deren neuen Führer Jassir Arafat unschwer Grenzen setzen können, doch die Regierung in Beirut zog es vor, den Weg des geringsten Widerstandes zu gehen und die Bekämpfung des Terrorismus den maronitischen Milizen zu überlassen, die sich an keine Staatsmacht hielten. Das Ergebnis waren Massaker unter den Palästinensern, die gleichzeitig die schlummernden Gegensätze zwischen Moslems und Christen neu anfachten, was letztendlich zur Aufwertung der bisher unbedeutenden Islamisten im Lande führte.

Das Ergebnis war ab 1974 ein blutiger Bürgerkrieg mit ständig wechselnden Allianzen, der fast zehn Jahre andauerte und zu mehreren israelischen Invasionen führte.

Die Schiiten hatten sich vorerst aus den Kämpfen weitestgehend herausgehalten, wahrscheinlich weil ihnen die Palästinenser ebenso unsympathisch waren, wie die Maroniten. Sie hatten aber die Zeit genutzt, um die eigenen politischen und militärischen Strukturen – die Schiiten hatten als einzige noch keine eigene Miliz – aufzubauen.

In einem Land „dessen Bürger in eine Religion hineingeboren werden, die ihr ganzes Leben bestimmt" (so der Amerikaner Augustus Richard Norton), ging der Wiederaufstieg der Schiiten von einem religiösen Führer aus, dem Imam Musa Sadr, der 1975 die Schiitenmiliz „Amal" („Hoffnung") ins Leben rief. Lange konnte der Geistliche, dessen Cousin übrigens vom irakischen Diktator Saddam Hussein hingerichtet worden war, diese Rolle als politischer und religiöser Führer in einer Person nicht spielen. 1978, gerade als die Israelis wieder einmal im Libanon eingefallen waren, flog Musa Sadr nach Libyen, um Muammar Gaddafy um Hilfe zu bitten. Dort verschwand er spurlos unter bis heute nicht geklärten Umständen.

Obwohl die meisten Libanesen überzeugt sind, daß Musa Sadr tot ist, führte sein Verschwinden unweigerlich zu Assoziationen mit dem verschwundenen Imam der Schiiten, der am Tag des Gerichts zurückkehren und die Rechtgläubigen zum Sieg führen wird. Noch heute gibt es kaum ein Schiitenviertel im Libanon, in dem keine Poster mit seinem Abbild von den Mauern winken.

Kurzfristig wurden die Schiiten durch das Verschwinden des Imam führungslos. Doch das Interregnum sollte nicht lange dauern. Als Nachfolger etablierte sich innerhalb kurzer Zeit ein bislang wenig bekannter Rechtsanwalt namens Nabih Berri. Er war, dem Aussehen und der Persönlichkeit nach, das genaue Gegenteil des Predigers. Berri hatte in den USA Jura studiert und dort sogar die ersehnte „Green card“ erworben, welche dem Besitzer unbefristeten Aufenthalt und Berufsausübung gestattet. Auf diese Privilegien soll Berri auch nach seiner Rückkehr in seine Heimat – und eine Zeitlang deren Justizminister – nicht verzichtet haben.

Berri änderte überdies die politische Orientierung der Bewegung. Für die Schiiten, inzwischen mit 40 Prozent der Bevölkerung die zahlenmäßig stärkste konfessionelle Gruppe, forderte er nun einen „fairen Anteil“ an den Staatsgeschäften. Das alte Postulat nach einem islamischen Staat wurde im neuen Amal-Programm nicht mehr erwähnt.

Diese, für die weitere Existenz des Libanon immerhin noch erträgliche Situation änderte sich drastisch, nachdem Ayatollah Khomeiny und seine Mullahs ihre Macht im Iran konsolidiert hatten. Der „Export“ der iranischen Revolution stand nun hoch auf dem Agenda Teherans und für „verwestlichte Schiiten“ wie Nabih Berri war in diesem Denkschema kein Platz mehr.

Bis heute ist es unklar, wie es dazu kommen konnte, daß die Mullahs im relativ fernen Libanon jene Erfolge erzielen konnten, die ihnen an ihrer eigenen Peripherie versagt geblieben waren.

Die Gründe waren vielfältig – und unlogisch. Letztlich ausschlaggebend war eine ganze Reihe von Unsicherheitsfaktoren. Das libanesisch-syrische Hinterland war schon seit Jahrhunderten die Geburts- und Heimstätte fanatischer, zumeist schiitischer Sekten. Hier standen die Burgen der gefürchteten mittelalterlichen Assassinen (wörtlich „Haschischesser“, die Wurzel des europäischen Ausdrucks „Assassin“, Mörder), die im ganzen mittelöstlichen Raum Angst und Schrecken auslösten. Und Musa Sadr hatte den Boden für seine Nachahmer gut vorbereitet. Jetzt, wo ihn die Aura eines Märtyrers und verschwundenen Imams umgab, wagte es niemand, an den von ihm vor seinem Abgang verkündeten Thesen zu zweifeln, die nun von anderen, womöglich noch radikaleren Predigern verbreitet wurden. Ob diese Thesen wirklich auf Musa Sadr zurückgingen, blieb im größeren Kontext unwesentlich.

Und noch ein Faktor begünstigte die Emissäre des Ayatollah. Im Libanon konnte seit dem Abzug der Israelis nichts mehr ohne Zustimmung Syriens passieren. In Damaskus saß seit Jahren General Hafez el Assad an der Macht, selbst ein Schiite, wenn auch ein Alawite, also ein Angehöriger einer anderen, aber keineswegs rivalisierenden Glaubensrichtung. Assad war der einzige moslemische Verbündete des Iran und wurde schon deshalb von den USA unter jenen Staaten angeführt, welche den internationalen Terrorismus unterstützten.

Dazu kam noch, daß die libanesischen Schiiten just jenes Gebiet – die sogenannte Bekaa-Ebene – kontrollierten, das als das wichtigste Anbaugebiet von Haschisch im Nahen Osten gilt.

Vielleicht vermuteten die Israelis nicht zu Unrecht, daß die schiitischen Selbstmordattentäter, die den Norden Galiläas heimsuchten, wirklich nach dem Muster der alten Assassinen unter Drogeneinfluß handelten. Beweisen läßt sich dies nicht.

Fest steht nur eines: Während aller Kriege in der Region wurde der Rauschgifthandel nie in Mitleidenschaft gezogen.

Formell gegründet wurde Hezbollah 1982 – also während der israelischen Invasion – als 15.000 durch die Konsolidierung der islamischen Revolution arbeitslos gewordene „Pasderan" (Revolutionswächter) auf Anweisung Khomeinys in den Libanon entsandt wurden, um den dortigen Widerstand gegen Israel auf Vordermann zu bringen. Ein Unterfangen, das Nabih Berris Amal-Milizen, nach Ansicht der Mullahs, sträflich vernachlässigt hatten.

Im Gegensatz zu der aus Zivilisten bestehenden Amal-Führung etablierten sich die Kommandozentralen der Hezbollah in den Moscheen, wo junge Sektenprediger, zumeist aus Nadjaf, der heiligen Stadt der Schiiten im Irak, ihre Zuhörer zum Heiligen Krieg und Märtyrertod aufriefen.

Die „Partei Gottes" bekannte sich offen zu ihrer Verbindung zum Iran. Das Bild des Ayatollah Khomeiny zierte den Ausdruck der Charta der Bewegung, und die Reden des Imams wurden in allen von den Schiiten kontrollierten Landesteilen in Büchern, Zeitschriften, auf Filmen und Disketten verbreitet. Die Gesetzgebung im „Hezbollah-Land" glich der iranischen auf ein Haar. Männer mußten ihre islamische Identität durch Bärte betonen und die Frauen wurden gezwungen, ihre Haare mit einem Hedjab (Kopftuch) zu bedecken.

Allerdings mangelte den Iranern das Vertrauen zu ihren unberechenbaren libanesischen Verbündeten. Die logistische und strategische Führung der Bewegung blieb also weiterhin in den Händen von iranischen Diplomaten. Und die Vertretung des Iran in Damaskus blieb zuständig für die Bewaffnung und Ausbildung der Heiligen Krieger, sowie für die Finanzierung der Organisation und ihrer militärischen Operationen.

Der amerikanische Iran-Experte John Esposito meint in diesem Zusammenhang, daß im Zeitraum von 1982 bis 1987 monatlich zehn Millionen Dollar über Syrien in den Libanon gingen.

Nur für die unspektakuläre soziale und propagandistische Arbeit vor Ort blieben einheimische Gotteskämpfer zuständig. Vorrangiges Ziel der Hezbollah-Organisation war – neben der Vernichtung Israels – die Errichtung eines rein islamischen Gottesstaates nach iranischem Muster im Libanon, wobei von Anfang an die staatliche Autorität der libanesischen Regierung bestritten wurde. Jeder Hezbollah-Kämpfer hatte die Verpflichtung, sein Leben im Jihad gegen Gottes Feinde einzusetzen – gleichgültig ob es sich um Moslems oder Ungläubige handelte.

Offiziell stand ein Oberster Rat der Geistlichkeit an der Spitze der Bewegung, der nach außen hin durch eine Reihe prominenter Scheichs vertreten wurde: Abbas el Musawi (ermordet 1992), Subhi al Tufayli, Ragib Harb und Mohammed Hussein Fadlallah, der sich schließlich zum „Obersten Führer" („Supreme Guide") entwickelte.

Fadlallahs Führungsanspruch beruhte auf der Tatsache, daß er direkt aus Nadjaf (also ohne libanesisches „Auslandsstudium") stammte und dort von Kindheit an seine gesamte Ausbildung erhalten hatte. 1966 kehrte die ganze Familie in den Libanon zurück und der junge Mullah avancierte innerhalb kurzer Zeit zum ersten Prediger an einer Schiitenmoschee in Beirut. Diese Moschee wurde alsbald zum Sammelbecken ähnlich denkender Fundamentalisten.

Trotz seiner charismatischen Persönlichkeit bestreitet Fadlallah, irgend ein politisches Amt anzustreben: „Ich bin ein Diener der Gemeinschaft", versicherte er. „Ich habe auch Anhänger unter den Sunniten, weil ich einen Islam vertrete, der sich für Freiheit und Gerechtigkeit einsetzt."

Oftmals erscheint es Außenstehenden, als gäbe es Unterschiede zwischen Fadlallahs hochgeistigen Predigten und dem dunklen Kriegshandwerk der Hezbollah. Ob es sich um ein Spiel mit verteilten Rollen handelt, hat bisher niemand erfahren.

Die Unterschiede zwischen Amal und Hezbollah manifestierten sich nicht zuletzt im Abkommen von Taiz (Saudi-Arabien), mit dem der libanesische Bürgerkrieg in den achtziger Jahren beendet wurde. Während sich Amal mit einer faireren Verteilung der Staatsmacht unter Beibehaltung der maronitischen Präsidentschaft und der sunnitischen Regierungsführung abfand, bestand Hezbollah weiterhin auf einen Gottesstaat sowie der Ablehnung jeglichen Kompromisses gegenüber Israel.

Dazu erklärte Fadlallah: „Die Strategie von Hezbollah ist die Strategie des Jihad, die darauf beruht, daß Israels Existenz in Palästina illegal ist. Amal würde sich dagegen mit der Befreiung des Südlibanons (wo Israel eine Sicherheitszone unterhält) begnügen."

Worauf Hezbollah das Schwergewicht ihrer Operationen in das südliche Grenzgebiet verlegte, über das die libanesische Regierung keine Kontrolle ausüben konnte oder wollte. Im Libanon selbst wurden keine Selbstmordkommandos mehr benötigt. Man schoß einfach Raketen auf Nordisrael oder verlegte Minen in der von Israel und dessen libanesischen Verbündeten kontrollierte Sicherheitszone.

Die Israelis antworteten, wie nicht anders zu erwarten, mit Luftangriffen und Artilleriebeschuß, unter denen nur die schutzlose Zivilbevölkerung zu leiden hatte, während sich die Hezbollah-Kämpfer in gut abgesicherte Basen verkrochen. Der schmutzige kleine Krieg im israelisch-libanesischen Grenzgebiet, der nichts mit dem islamischen Gottesstaat oder der Befreiung Palästinas zu tun hat, wurde überdies von Teheran gut finanziert.

Hezbollah hat sich auf einen jahrelangen Krieg eingerichtet und tatsächlich wird sporadisch weiter geschossen. Allerdings hat sich das Ausmaß der Gewalt verringert, nachdem das Ende des Kriegs mit dem Irak und der Tod Khomeinys, gekoppelt mit fallenden Ölpreisen, den damals amtierenden Präsidenten Ali Akbar Rafsanjani gezwungen hatten, andere Prioritäten zu setzen. Nicht, daß er seine Verbündeten verstoßen hätte, aber die Mittel für den Export der iranischen Revolution wurden gekürzt.

Und da zeigte sich, daß selbst Teheran die absolute Kontrolle über die Hezbollah verloren hatte, nicht zuletzt, weil der Haschischhandel die finanziellen Ausfälle aus dem Iran zumindest teilweise kompensiert hatte.

Schließlich wurde der dauernde Blutzoll im Südlibanon selbst für Israels radikalen Ministerpräsidenten Benjamin Netanyahu zuviel. Er bot dem Libanon die Aufgabe der Sicherheitszone an, was er umso leichter tun konnte, als es sich bei diesem Gebietsstreifen nicht um einen Teil des historischen Israel handelte. Im Gegenzug sollte Beirut die Hezbollah unter Kontrolle bringen.

Wahrscheinlich hätte die libanesische Regierung das Angebot am liebsten mit beiden Händen aufgegriffen. Aber dazu war sie nicht in der Lage.

Und so wird der schmutzige kleine Krieg im Libanon weitergehen. Bis die Israelis nachgeben, oder Hezbollah zum Schluß kommt, das ihr eigentliches Ziel Beirut und nicht Jerusalem heißt.

12. Kapitel

Die Moslem-Brüder

Die Moslemische Bruderschaft ist die älteste und bekannteste fundamentalistische Organisation im Nahen Osten. Zahlreiche Mordanschläge auf arabische Politiker gehen mutmaßlich auf ihr Konto. Oftmals verboten, hat sie ihre Linie in letzter Zeit gemäßigt, was zum Auftauchen radikaler Splittergruppen geführt hat, die letztlich die Verantwortung für die Ermordung von Ägyptens Staatschef Anwar Sadat übernommen haben, ebenso wie für die blutigen Anschläge auf ausländische Touristen. Ihr Ziel ist es, Ägypten, das führende Land der arabischen Welt, zu destabilisieren.

Sie nannten ihn den „Türken“, obwohl er ein Albaner aus ärmsten Verhältnissen war – einen Wasserpfeifenvermieter, der den Nikotingenuß „nach Zügen“ verrechnete, wie der ehemalige britische Kriegsminister Lord Anthony Nutting behauptet. Doch er war ein brillanter Offizier und Politiker. Die Rede ist von Mohammed Ali (1769–1849), der es später zum Pascha und schließlich zum Khedive (Vizekönig) von Ägypten brachte. Nicht zu Unrecht nannte man ihn während der Monarchie „el Kebir“, den Großen, und Vater des modernen ägyptischen Staates.

Die albanischen Söldner waren 1798 mit einem türkischen Truppentransporter ins Land der Pharaonen geschickt worden, um dieses gegen eine bevorstehende französische Invasion zu schützen.

Gegen den großen Korsen konnten Mohammed Alis Mannen in der Schlacht bei den Pyramiden nichts ausrichten, aber nachdem Napoleon Ägypten bei Nacht und Nebel verlassen hatte, schlug die große Stunde des Albaners.

Nominell stand Ägypten unter der Oberhoheit des ottomanischen Reiches, aber in der Praxis herrschten am Nil die

Mamelucken, Nachkommen von Sklaven und Kriegsgefangenen, die sich beim Militär ausgezeichnet hatten – immer mißtrauisch verfolgt vom Sultan in Konstantinopel.

In dieser Situation erklärte sich der albanische Söldner, der inzwischen das Kommando über die ganze türkische Garnison übernommen hatte, zum Sultan von Ägypten. Das war zuviel für den Padischah, aber Mohammed Ali wurde mit dem Titel eines Pascha „ruhiggestellt". 1811 lud er die Mameluckenführer zu einem Gastmahl in der Zitadelle von Kairo ein und ließ sie dort – in totaler Verletzung des islamischen Gastrechts – von seinen Garden ermorden. Nur einem gelang die Flucht durch einen kühnen Sprung von der Festungsmauer.

Den Mamelucken weinte kein Ägypter auch nur eine Träne nach. Sie waren ebenso Fremde, wie die Männer, die sie liquidiert hatten.

Der von den Türken – und ihm selbst – kontrollierte Teil Ägyptens (bis etwa zum Zweiten Katarakt), war dem neuen Machthaber nicht groß genug. Mit einer kleinen, aber für afrikanische Verhältnisse gut ausgerüsteten Armee überquerte er das Rote Meer und vernichtete das erste fundamentalistische Reich auf der Arabischen Halbinsel, das nicht lange zuvor der Sektierer Mohammed Abdul Wahab (Schöpfer der wahabitischen Richtung, die bis heute in Saudi-Arabien befolgt wird) zusammen mit dem lokalen Scheich Mohammed Ibn Saud rund um die Oase Riadh gegründet hatte. Alles geschah natürlich im Namen des türkischen Sultans zum Schutz des Hinterlandes der Heiligen Stätten von Mekka und Medina.

Mohammed Alis nächster Feldzug führte in den Süden, wo die ägyptischen Truppen das gesamte Riesengebiet des heutigen Sudan bis zum Äquator besetzten, das bislang von einheimische Sultanen regiert worden war. Und er wäre als Eroberer bis Konstantinopel gekommen, hätten die europäischen Mächte nicht interveniert. So mußte er sich mit Ägypten und dem Sudan als Khedive (Vizekönig) begnügen.

Damit hatte Afrika zum ersten Mal seit Jahrhunderten neben Marokko wieder einen anerkannten halbunabhängigen Staat unter der Führung eines, wenn auch nicht ganz einheimischen, mohammedanischen Fürsten.

Und die strategische Bedeutung des riesigen Nillandes wurde durch den Bau des Suezkanals – der Verwirklichung eines Traumes der Pharaonen und Römer – noch wesentlich erhöht.

Mohammed Alis Nachfolger waren fest entschlossen, das Land zu europäisieren. Dabei entpuppte sich der Islam als gefährlichstes Hindernis. Natürlich blieb der jeweilige Vizekönig ein Moslem – und die Dynastie tat auch viel für den Wiederaufbau der El Azhar Universität, die von den späteren Mamelucken vernachläßigt worden war – aber sie waren entschlossen, den Ulemas (islamische Lehrer) keinen politischen Einfluß zuzugestehen.

Vielleicht wäre einem zweiten Khedive vom Status eines Mohammed Ali dieses Unterfangen geglückt, aber seine Söhne und Enkel waren dazu nicht fähig. So aber wurde das Land ab den achtziger Jahren bis 1918 zu einem De-facto-Protektorat Englands, in dem London – nicht zuletzt über den Suezkanal – nach Belieben schalten und walten konnte.

Als Dank für ihr „Wohlverhalten" im Ersten Weltkrieg – immerhin hatten die Ägypter den Aufruf des türkischen Sultan-Kalifen zu einem Jihad gegen die Entente ignoriert – forderten ägyptische Politiker das Recht, eine Delegation (arabisch: Wafd) zu den Friedensverhandlungen nach Paris zu entsenden. („Wafd" wurde übrigens zum Namen der ersten politischen Partei im Nilland). Als diese Forderung ziemlich arrogant abgelehnt wurde, kam es in vielen ägyptischen Städten zu Unruhen. Der Führer der Wafd, Saad Zaghlul Pascha, wurde von den Briten zuerst nach Malta und dann nach Ceylon verbannt, was ihn automatisch zum Nationalhelden Ägyptens aufwertete.

Als die Briten 1924 die Rückkehr Zaghluls gestatteten, war dieser bereits – in absentia – zum führenden Politiker des Landes avanciert. London mußte widerwillig seiner Ernennung zum Premierminister zustimmen und sich zur Aufnahme vorerst schleppender Verhandlungen über die Unabhängigkeit des Landes bereit erklären.

Zaghlul war kein Fundamentalist, sondern ein ägyptischer Nationalist reinsten Wassers. Als ihn die palästinensischen Araber – im Nachbarland war es ebenfalls zu Unruhen gekommen – um Hilfe baten, erklärte er ihnen unverblümt, sie sollten sich mit den Zionisten arrangieren – ein Vorschlag, dessen Akzeptanz der Region viel Leid erspart hätte. Dem langsam wachsenden Islamismus trat er entschlossen entgegen. Der Islam, meinte er, gehöre in die El Azhar-Universität und nicht in die Politik.

Es ist nicht weiter verwunderlich, daß der militante islamische Fundamentalismus in Ägypten erst nach dem Tod Zaghluls als religiös-politische Bewegung auftrat. Sein Nachfolger als Führer des Wafd, Mustafa Nahas Pascha, hatte nichts vom Charisma und der Volksnähe seines Vorgängers und besaß überdies keinen Rückhalt bei der langsam anwachsenden gebildeten Klasse. Man nahm ihm auch übel, daß er ganz offenkundig unter der Fuchtel seiner herrischen Gattin stand. Letztlich hatte er nur dafür zu sorgen, daß die Rechte der Großgrundbesitzer in Niltal nicht angetastet wurden.

Die Initiative zur Gründung einer echten Fundamentalistischen Bewegung ging somit nicht von den gelehrten Ulemas der El Azhar-Universität aus, sondern von der unbeachteten Mittelschicht in der Person Hassan el Bannahs, eines weitgehend unbekannten Grundschullehrers in der Provinzhauptstadt Ismailia am Suezkanal.

El Bannah stammte aus einer streng religiösen Familie, war aber nicht an einem religiösen Seminar, sondern an einer staatlichen Schule ausgebildet worden. Kurzfristig trat er der religiösen Bruderschaft der Sufis bei und zeigte sich von den Ideen der islamischen Mystiker beeindruckt. Später neigte er aber eher zur strengen Orthodoxie einer anderen Schule, der Hanbalis.

Jedenfalls hatte er nur Schimpf und Spott für die Ulemas von El Azhar, die sich vom Staat aushalten ließen – und sei es, weil er selbst den Eintritt in diesen elitären Kreis verfehlt hatte.

Organisationstalent konnte man ihm aber nicht absprechen. 1928 gründete er die „Moslemische Bruderschaft“ mit dem Ziel, das islamische Leben in Ägypten zu forcieren. Vorerst wollte er noch nicht auf politischer Ebene aktiv werden, sondern im sozialen Bereich, in dem – wie er aus seinen eigenen Erfahrungen als Schullehrer wußte – ein geradezu gigantischer Nachholbedarf herrschte. So wollte er ein Massenheer von Anhängern rekrutieren, ohne direkt mit den politischen Mächten – sei es der Regierung oder den Briten – in Konflikt zu geraten.

Schon nach einigen Jahren sandte el Bannah seine Emissäre ins benachbarte Palästina, um für seine – beziehungsweise eine neue – gemeinsame Organisation zu werben. Dort stieß er jedoch auf totale Ablehnung bei seinen Glaubensbrüdern. Der politische und religiöse Führer der palästinensischen Araber war Hadsch Amin el Husseini, ein ehemaliger Militär-Imam, den der britische Hochkommissar, Sir Herbert Samuel (übrigens der erste Jude im höchsten Zivilamt in Palästina), gegen den Rat der lokalen islamischen Geistlichkeit, zum Großmufti von Jerusalem ernannt hatte, wohl in der irregeleiteten Hoffnung, ihn durch Amt und Würde zu mäßigen. Hadsch Amin duldete jedoch keine Götter neben sich – oder Organisationen, die er nicht total unter Kontrolle hatte.

Überdies war Husseini gerade bestrebt, eine gemeinsame antizionistische Bewegung mit den christlichen Arabern zu bilden – und da standen offen islamistische Strömungen nur im Wege.

El Bannahs Männer mußten also mit leeren Händen nach Ägypten zurückkehren und ihr Scheich (diesen Titel hatte er sich inzwischen zugelegt) war gezwungen, seine übernationalen Pläne zu begraben. Umso intensiver konzentrierte er sich auf den sozialen Bereich, besonders aber auf den Schulbetrieb in Kairo und dem Nildelta.

Inzwischen hatte der Abessinienkrieg den östlichen Mittelmeerraum von einem lokalen zu einem internationalen Krisenherd werden lassen. Um die Ägypter bei der Stange zu halten, war London erstmals gezwungen, mit Kairo ernsthaft über ein Ende des De-facto-Protektorates zu verhandeln. 1936 wurde ein Vertrag unterzeichnet, der dem Nilland volle Unabhängigkeit, gekoppelt mit einem Abzug der britischen Truppen, zusicherte.

Den ägyptischen Nationalisten ging dies nicht weit genug. Ihre Hoffnungen knüpften sie an den neuen – und körperlich noch feschen – König Faruk, der seine Abneigung gegenüber den Briten – trotz, oder wegen seiner Erziehung in England – nie verhehlt hatte.

Die Moslem-Brüder gingen noch weiter und lehnten den ganzen Vertrag pauschal ab. Ob sie dabei von Italiens Benito Mussolini – Londons Gegenspieler im östlichen Mittelmeerraum – beeinflußt wurden, konnte nie schlüssig festgestellt werden.

Jedenfalls stand künftig allen antibritischen Kräften im italienischen Bari ein Propagandasender zur Verfügung, der auch in Ägypten und Palästina gehört werden konnte und den oppositionellen Kräften erstmals den Einzug ins Medienzeitalter ermöglichte.

Dann brach der Zweite Weltkrieg aus. Die Moslemische Bruderschaft stand von Anfang an auf der Seite der Achsenmächte – ebenso wie Hadsch Amin el Husseini – hatte aber nicht die Mittel, über vereinzelte Terror- und Sabotageakte hinaus ins Geschehen einzugreifen – was Hitler und Mussolini selbst erkannten. So konzentrierte sich ihr Werben auf die seit dem Vertrag von 1936 besser ausgerüstete Armee. Stabschef General Aziz el Masri wollte zu Rommel fliegen, konnte aber seine Maschine nicht starten. Wesentlich erfolgreicher waren deutsche Agenten, die sich auf ein Heer von Sympathisanten stützten, das bis in den königlichen Palast reichte. Dieser wurde schließlich von britischen Panzern umstellt, worauf der König einen britenfreundlichen Premierminister ernannte.

Wenige Tage vor Kriegsende in Europa erklärte Ägyptens Ministerpräsident Achmed Maher Pascha Deutschland den Krieg, wohl nicht aus Überzeugung, sondern vom Wunsch beseelt, bei der erwarteten Friedenskonferenz nicht ein ähnliches Schicksal zu erleiden, wie Saad Zaghlul nach dem Ersten Weltkrieg. Unmittelbar danach wurde Maher von einem fanatischen Nazi-Sympathisanten ermordet. Ob es sich um einen Anhänger der Moslem-Brüder handelte, wurde nie eindeutig festgestellt, nicht zuletzt deshalb, weil Briten und Ägypter eine Untersuchung vermeiden wollten.

Diesmal waren die Ägypter bei der Friedenskonferenz mit den Satellitenstaaten in Paris sehr wohl dabei, spielten aber nur eine untergeordnete Rolle. Ägypten jedenfalls konnte seine territorialen Ansprüche – etwa auf das seinerzeit von Mohammed Ali besetzte Eritrea – nicht durchsetzen; und das Thema Sudan stand nicht zur Debatte.

Umso mehr wurde in der ägyptischen Öffentlichkeit gegen den vorerst schleppenden Abzug der Briten, zuerst aus Kairo, dann aus der Kanalzone protestiert. Dann zeichnete sich ab 1947 der Konflikt mit den Juden in Palästina ab, nachdem die

Araber alle Kompromißvorschläge abgelehnt hatten. Da sich Ägypten nach dem Teilungsbeschluß der UNO an die Spitze der „antizionistischen Kräfte“ stellte, mußte Hassan el Bannah wohl oder übel mit den Wölfen heulen. Erst nach dem Debakel der arabischen Armeen hatte er Gelegenheit, harsche Kritik an der ägyptischen Kriegsführung – und der Unterzeichnung eines Waffenstillstandes – zu üben. Als Premierminister Mahmud Fahmy el Nokraschi daraufhin gegen die Bruderschaft einschritt, wurde er, wie sein Vorgänger, ermordet. Diesmal eindeutig von Moslem-Brüdern, die sich auch dazu bekannten.

Nach diesem Terrorakt riß dem Regime die Geduld. Hassan el Bannah wurde ermordet.

Die Bruderschaft reagierte vorerst wie gelähmt. Daß man zur Waffe des politischen Mordes greifen würde, hatte die Gruppe nicht erwartet. Wohl ernannten die Brüder einen neuen Führer, den konservativen Richter Hassan el Hodeibi, eine farblose Persönlichkeit ohne einen Funken jenes Charismas, das Hassan el Bannah in so reichem Masse ausgezeichnet hatte, aber man setzte auf Schadensbegrenzung.

Der Sturz Faruks (1952) ging jedenfalls nicht von der Bruderschaft aus, sondern von einer Gruppe ehrgeiziger junger Offiziere unter der Führung des bislang keineswegs prominenten Obersten Gamal Abdel Nasser. Der nominelle Führer der Verschwörer, der alte General Mohammed Naguib, diente nur als Aushängeschild.

Naturgemäß hieß Hodeibi das Ende der sündigen Monarchie mit überschwenglichen Lobreden willkommen und bot den neuen Männern seine Unterstützung an. Diese glaubten indes, sehr wohl ohne dessen Hilfe auskommen zu können, notabene sich die Bruderschaft alsbald gegen die von Nasser verkündete Landreform und die Gleichberechtigung der Frauen aussprach. Inzwischen hatten Hodeibis Mannen erkannt, daß sie unter seiner Führung in die Bedeutungslosigkeit abstürzen würden. Was sie benötigten, war eine neuer „Scheich“, womöglich aus ähnlichem Holz geschnitzt wie Hassan el Bannah.

Der ersehnte „Oberste Führer“ (im Sinne des englischen „Supreme Guide“, also „oberster Wegweiser“) ließ nicht lange auf sich warten: Sayyed Qotb (ausgesprochen Kotb) war der klassische Quereinsteiger. Bereits in jugendlichen Jahren hatte sich der 1906 geborene als Literaturkritiker bei fortschrittlichen ägyptischen Zeitschriften einen Namen gemacht. In seinem Sondergebiet, arabische Literatur, galt er als Experte. 1948 ging er zur Fortsetzung seines Studiums in die Vereinigten Staaten. Doch dort lief irgend etwas schief. Was den Wandel in Qotbs Weltanschauung auslöste, ist unklar, denn seine eigene Darstellung – Abscheu vor der wertlosen amerikanischen Kultur – klingt nicht gerade überzeugend. So kehrte er bereits 1950 als glühender Fundamentalist nach Ägypten zurück und schloß sich der Bruderschaft als Propagandachef an.

Noch galt Hodeibi als offizieller Führer, aber sein „Flirt" mit der Offiziersjunta kam zu einem abrupten Ende, als die Bruderschaft ihr Intrigenspiel auch gegen die neue revolutionäre Regierung fortsetzte. Nach einem angeblichen Attentatsversuch auf Nasser (1954) löste das Kabinett die Bruderschaft auf und setzte deren Führer hinter Gittern. Darunter auch Sayyed Qotb.

Wie so viele politische Gefangene hatte Qotb nun in der Abgeschiedenheit die Gelegenheit, seine eigene bislang eher autodidaktische Philosophie auf eine ideologisch und theologisch solidere Basis zu stellen. Wobei er seine Inspiration einerseits vom mittelalterlichen islamischen Theologen Ibn Taymiyya, andererseits von zwei zeitgenössischen indischen beziehungsweise pakistanischen Religionswissenschaftlern bezog: Abul Ala el Maudoodi und Abul Hassan el Nadawi, die beide jahrzehntelang an moslemischen Universitäten im hinduistischen Teil des damaligen Indien gelehrt hatten, bevor Maudoodi in Pakistan die fundamentalistische Jamiat al Islamiya („Islamische Gesellschaft") als politische Partei gründete.

Für demokratische Institutionen hatte der Ideologe keinerlei Sympathie. Nach seinen Vorstellungen sollten „Schuras", Konsultativräte, die Parlamente ersetzen. Und das obwohl Schuras im Koran nur zweimal an Rande erwähnt werden.

Als er 1965 aus dem Gefängnis entlassen wurde, hatte er sich zweifellos eine ernstzunehmende ideologische Basis erarbeitet.

Seiner Freiheit konnte sich Qotb indessen nicht lange erfreuen. An der nächsten – wirklichen oder angeblichen – Verschwörung gegen Nasser war er wieder beteiligt. Und diesmal ließ es der selbsternannte Führer („Rais“) der arabischen Welt von Marokko bis zum Persischen Golf nicht mit administrativer „Schutzhaft“ bewenden. Qotb wurde vor Gericht gestellt, zum Tod verurteilt und 1966 hingerichtet.

Durch seinen „Opfertod“ wurde Qotb zum Märtyrer der Bewegung. Doch auch die große Zeit seines Erzfeindes Nasser war abgelaufen. Politisch konnte er zwar die Demütigung im Sechs-Tage-Krieg mit Israel (1967) überleben, doch diesmal gelang es ihm nicht, wie in ersten Sinaikrieg von 1956 gegen die Koalition der Israelis, Briten und Franzosen, die militärische Niederlage in einen politischen Sieg umzumünzen. Als er 1970 starb, war sein arabischer Sozialismus bereits ein Auslaufmodel. Dagegen befand sich die islamische Bewegung wieder im Aufwind.

Nachdem Nasser selbst alle potentiellen Kronprinzen, wie seinen kurzlebigen Vizepräsidenten Abdel Hakim Amr, noch zu Lebzeiten als potentielle Rivalen ausgeschaltet hatte, ging die Nachfolge an den damals wenig beachteten Stellvertretenden Präsidenten Anwar es Sadat über. Dieser zeigte alsbald, daß er mit den Nasseristen wenig auf dem Hut hatte. Vorerst benötigte er eine Hausmacht, denn Nasseristen und Kommunisten (die der Verstorbene hoffähig gemacht hatte) waren nicht geneigt, ihre Machtpositionen kampflos aufzugeben.

Ein Gegengewicht hoffte der „Nur-Soldat“ Sadat bei den gemäßigten Islamisten zu finden. Wieder einmal wurden die Angehörigen der Moslemischen Bruderschaft freigelassen und auch die Scheichs von el Azhar, also das offizielle islamische Establishment, legten dem neuen Mann keine allzu großen Steine in den Weg, sieht man von einigen kosmetischen Reformen ab, die am nasseristischen Modell vorgenommen werden mußten.

Der Präsident legte auch gegen die Bildung einer neuen islamischen Organisation, genannt „Gamaa Islamiya“ („Islamische Gesellschaft“), kein Veto ein, die an der Wende 1971/72 erstmals an die Öffentlichkeit trat. Ein fataler Fehler, wie sich schon nach einigen Jahren herausstellen sollte.

Die „neuen Islamisten“ dachten nämlich nicht daran, sich mit der Rolle, die ihnen Sadat zugedacht hatte – also einer friedlichen Opposition –, zufriedenzugeben. Sie begannen vielmehr, verschiedene Verbände und Organisationen zu unterwandern, nicht zuletzt die zahnlos gewordene Moslemische Bruderschaft.

Noch ergriff Sadat keine ernstzunehmenden Gegenmaßnahmen. Er hatte es nicht notwendig, denn der Jom-Kippur-Krieg von 1973 hatte eine Art Euphorie in Ägypten ausgelöst. Obwohl auch dieser Waffengang, objektiv betrachtet, mit einer ägyptischen Niederlage geendet hatte – immerhin standen die israelischen Truppen bei Ende der Kampfhandlungen nur 100 Kilometer von Kairo entfernt: Allein die von niemandem für möglich gehaltene Überquerung des Suezkanals und der israelischen Bar-Lev-Linie hatten der ägyptischen Armee den Makel des ewigen Verlierers genommen.

In dieser Hochstimmung zeigte Sadat, daß er mehr in Sinne hatte als den ewigen Krieg mit Israel. Seine Friedensavancen gegenüber dem jüdischen Staat wurden anfänglich nicht ernst genommen, aber sein Auftritt vor der israelischen Knesset wurde nicht nur ein gigantischer Propagandaerfolg für den ägyptischen Präsidenten, sondern auch als Beginn einer neuen Ära gefeiert.

Nach zähen Verhandlungen wurde im Vertrag von Camp David die Grundlage für den ersten Friedensvertrag im Nahen Osten gelegt, der Ägypten die Wiederherstellung seiner nationalen Integrität über alle von Israel im Sechs-Tage-Krieg eroberten Gebiete sicherte.

Dieses historische Ereignis mochte Sadat und sicherlich auch die überwältigende Mehrheit der kriegsmüden Ägypter befriedigen. Da sich aber der Frieden nicht unbedingt als gleichbedeutend mit materiellem Wohnstand erwies, sahen die extremen Islamisten eine neue Chance. Noch wagten sie es nicht, offen gegen den Friedensstifter Sadat aufzutreten, doch sie begannen den uralten Konflikt mit den einheimischen koptischen Christen – den Nachfahren der alten Ägypter – neu zu schüren. Nach einigem Zögern auf Seiten Sadats wurde die Gamaa Islamiya im Juni 1981 verboten.

Damit war der Waffenstillstand zwischen Sadat und den Islamisten zu Ende und mit ihm der innere Frieden im Land am Nil.

Verbote und Verhaftungen zeigten diesmal nur kurzfristig Wirkung. Am Rande der in den Untergrund abgetauchten Gamaa hatte sich inzwischen eine noch extremere Gruppe gebildet, die sich „Tafkir wa Hajra" („Exkommunikation und Emigration") nannte – in Anlehnung an Mohammeds Verurteilung seiner heidnischen Gegner in Mekka und seiner Flucht nach Medina.

Ihr Ziel war nicht mehr und nicht weniger als die Wiederherstellung des von Mustafa Kemal Atatürk 1924 abgeschafften Kalifats und ging somit weit über die Vorstellungen Qotbs hinaus.

Ursprünglich als Gruppe von Spinnern abgetan – obwohl sie sich bereits 1977, im Jahr von Sadats Jerusalem-Visite, zur Ermordung des Religionsministers Scheich Mohammed el Dhahabi bekannt hatte –, sah Sadat keine akute Gefahr. Nicht zuletzt, weil er sich der Unterstützung durch die Streitkräfte sicher war. Doch auch diese waren von einigen selbstmörderischen Terroristen[1)] unterwandert worden. Im Oktober 1981 wurde der Friedensnobelpreisträger während einer Militärparade ermordet.

Sadats Nachfolger, Luftwaffengeneral Hosni Mubarak, dem Attentat unverletzt entkommen, bekannte sich zum Kurs seines Vorgängers: allerdings mit gebotener Vorsicht und unter Verzicht auf die von Sadat so geliebten großen Gesten.

Dies hat ihm die bisher längste Amtszeit eines ägyptischen Präsidenten beschert. Einem Attentat beim afrikanischen Gipfel in Addis Abeba entkam er neuerlich unverletzt, doch für eine Entwarnung wäre es zu früh. Die Fundamentalisten haben nichts von ihrer Militanz eingebüßt. Fast täglich wird von Zwischenfällen in ihren Hochburgen in Oberägypten berichtet, wo auch die meisten Kopten zu Hause sind.

Neuerdings wurden ausländische Touristen zur Zielscheibe der brutalsten Anschläge – zuerst in Kairo, dann in Luxor. Damit soll der ägyptische Staat an einem besonders wunden Punkt getroffen werden, ist doch der Tourismus die wichtigste Einnahmequelle des Nilstaates.

---

1) Autor und Verlag verweisen auf den Umstand, daß der Begriff „Terrorist" oder „Terrorismus" stets ein politisch motivierter ist, der von den damit Bezeichneten natürlich zurückgewiesen wird. Sie selbst bezeichnen sich zumeist als „Befreier" oder „Freiheitskämpfer", was auf ihre Sicht der politischen Verhältnisse auch zutrifft.

Ihre sozialen Anliegen, welche die Moslemische Bruderschaft zu einer Massenbewegung gemacht hatten, haben ihre zeitgenössischen Epigonen längst ersatzlos über Bord geworfen. Ihnen geht es nur noch darum, den „ketzerischen Staat" – und damit die schweigende Mehrheit der Bevölkerung – zu terrorisieren.

Indoktriniert wie die mittelalterlichen Assassinen, wissen die Täter genau, was sie erwartet. Eine Chance, nach einem größeren Anschlag zu entkommen, besteht kaum, da sich die Kämpfer schon lange nicht mehr „wie Fische im Wasser" bewegen können. Vor Gericht verteidigen sie sich, wie aus einer Gebetsmühle abgespult, mit dem Hinweis, sie hätten keine befreundeten Ausländer, sondern nur israelische Touristen töten wollen, was ihnen niemand mehr abnimmt, hatten die Täter doch jedesmal Gelegenheit, sich von der Identität ihrer Opfer zu überzeugen.

Die legale Moslemische Bruderschaft, die sich von allen Terrorakten entschieden, wenn auch nicht immer glaubwürdig, distanziert – um kein neuerliches Verbot zu provozieren –, versucht indessen, bei ihrem „Marsch durch die Institutionen" jede Art von Reformen zu verhindern, um dadurch langfristig die Hausmacht der Fundamentalisten zu stärken.

Wohlwollende Zeitgenossen meinen, nur weitere Friedensabkommen im Nahen Osten könnten den ägyptischen Fundamentalisten den Nährboden entziehen. Doch diese Theorie geht an den Fakten vorbei: War es doch der Friedensvertrag mit Israel, den Sadat unterzeichnete, der den Auftakt zur bisher blutigsten Terrorwelle geliefert hatte, die längst zu ihrem Selbstzweck geworden ist.

Natürlich können soziale Verbesserungen die Spannung am Nil etwas entschärfen. Entscheidend sind sie jedoch nicht. Nur solange die Streitkräfte – ähnlich der Beduinenarmee, die Jordaniens König Hussein stützt – treu zu Mubarak stehen, ist das Regime nicht gefährdet. Wohl aber sein Leben, auf das wohl keine Versicherungsgesellschaft eine Polizze ausstellen würde.

13. Kapitel

Hamas – Arafats Rivalen

Die fundamentalistische Hamas-Bewegung in den Autonomiegebieten Palästinas und den von Israel besetzten Territorien setzt PLO-Chef Arafat mächtig unter Druck. Ihr Ziel ist es, jegliche Verständigung mit Israel zu verhindern, nötigenfalls mit Terroranschlägen, wann immer sich eine Entspannung abzeichnet. Paradoxerweise wurde gerade diese Bewegung in ihrem Anfangsstadium von israelischen Stellen protegiert, im Irrglauben, damit ein Gegengewicht zu Arafat schaffen zu können.

Zauberlehrlinge leben gefährlich. Irgend jemand muß immer für sie die Rechnung bezahlen.

Es war eine geradezu klassische Fehleinschätzung der „Alleswisser“ vom israelischen Geheimdienst, ein Trugschluß, für den der jüdische Staat noch heute – und womöglich noch jahrelang – zahlen muß.

Am Anfang der achtziger Jahre standen Israels Ost- und Nahostexperten auf dem Höhepunkt ihres Ansehens. Kaum ein westliches Medium glaubte an ihren Prognosen vorbeizukommen, nachdem die alte Generation der Kreml-Astrologen, die noch die Oktober-Revolution miterlebt hatten, ausgestorben war. Doch keiner von ihnen hat die Wende in Moskau vorausgesagt.

Doch um sie geht es nicht. Es geht vielmehr um Israels Nahostexperten, denen fast lexikalisches Wissen nachgesagt wurde.

Nach dem Friedensvertrag mit Ägypten und noch vor der islamischen Revolution im Iran, glaubten die Strategen des jüdischen Staates nur noch einen Feind vor sich zu haben: Abdel Rahman Rauf el Kudwa el Husseini, besser bekannt als Jassir Arafat.

Die totale Niederlage der arabischen Staaten im Sechs-Tage-Krieg hatte paradoxerweise das Ansehen dieses bis dahin weitestgehend unbekannten Mannes verstärkt. Anwar Sadats Friedensschluß mit Israel nach dem Jom-Kippur-Krieg hatte das Vertrauen der Palästinenser in ihre arabischen Brüder vollends untergraben. Nur noch die PLO – andere palästinensische Terrorgruppen rangierten unter „ferner liefen", die bestenfalls zu Nadelstichen fähig waren – stand Israels Siegeszug im Wege.

Logischerweise schlossen Israels Prognostiker, nach einer Ausschaltung von el Fatah, der Kerntruppe der PLO, und ihres Führers Arafat würde der palästinensische Widerstand zusammenbrechen.

Eliminieren wollte man den PLO-Chef nicht, das hätte ihn als Märtyrer noch gefährlicher gemacht. Und ein militärischer Schlag gegen die PLO stand nach den schmerzhaften Erfahrungen von 1978 und 1982 im Libanon nicht mehr zu Debatte.

Also galt es, den Einfluß von Arafat und Fatah innerhalb des palästinensischen Lagers zu untergraben. Ein Zusammengehen mit den noch radikaleren Palästinenserführern wie George Habasch oder Sabri el Bannah (Abu Nidal) kam nicht in Frage. Das hätte die israelische Öffentlichkeit niemals toleriert. Doch da gab es Ende 1985 eine kleine, streng islamische Gruppe, die sich „Hamas" nannte und aus religiösen Gründen jede Zusammenarbeit mit dem bisherigen großen Bruder der PLO, der Sowjetunion, ablehnte: nachdem diese das rechtgläubige Regime in Afghanistan zuerst gestürzt hatte und dann in diesem islamischen Land eingefallen war. Konnte Hamas etwa den Hebel liefern, um Jassir Arafat zu erschüttern? Hamas war ein Ableger der ägyptischen Moslemischen Bruderschaft (siehe Kapitel 12) und für Israel ein unbeschriebenes Blatt, nicht zuletzt weil sich die „Brüder", obwohl stramm antizionistisch, in der Vergangenheit gegen die etablierten Regimes in Ägypten und Syrien gewandt hatten.

Nach der zweimaligen Eroberung des Gaza-Streifens im ersten (1956) und zweiten Sinaikrieg (1967) war dieses am dichtesten besiedelte Gebiet in Palästina zu einem Problemfall für Israel geworden. Liebend gerne hätte man diesen Streifen im Rahmen des Camp David Abkommens den Ägyptern zurückgegeben, doch Anwar Sadat hatte entschieden abgewunken. Er hatte Schwierigkeiten genug und wollte nicht auch als Besatzer eines palästinensischen Gebietes auftreten.

Und nun manifestierte sich just in diesem Krisengebiet (das später als erstes der palästinensischen Autonomiebehörde übergeben werden sollte) eine neue Kraft, die sich in kritischen Tönen gegenüber der PLO-Führung äußerte. Israel beobachtete die Entwicklung mit gesteigerten Interesse.

Was Israel an Hamas gefiel war überdies die Tatsache, daß sich die Organisation in den ersten Jahren ihres Bestehens in erster Linie nicht gegen die Besatzer, sondern gegen die Korruption und mangelnde sittliche Moral innerhalb des Arafat-Kreises gewandt hatte. Eine Radikalisierung der Gruppe entwickelte sich erst in den folgenden Jahren, wie Ahmad Rashad, der „Haushistoriker" der Gruppe, in seiner Studie „Die Wahrheit über Hamas" feststellt.

Spätestens zu jenem Zeitpunkt hätten die welterfahrenen militärisch-politischen Think Tanks in Israel die Warnzeichen erkennen und vor der „neuen Politik" warnen müssen. Sie taten jedoch nichts dergleichen, und die israelischen Besatzer im Gaza-Streifen behandelten Hamas weiterhin mit Samthandschuhen, während sie gegen Arafats Mannen mit äußerster Härte vorgingen.

Die Bevorzugung war zu offenkundig, um nicht auch der Hamas Führung aufzufallen. Schon 1987 wurden die ersten Flugblätter in Gaza verteilt, in denen die Bewohner gewarnt wurden, sich nicht von der Scheintoleranz der Israelis täuschen zu lassen.

So war es die fehlgeleitete Politik der Israelis, die es der Hamas ermöglichte, ihre Anfangsschwierigkeiten zu meistern und sich als Alternative zur PLO zu etablieren. In diesem Punkt hatten die Israelis recht behalten, aber nicht in dem erhofften Sinn. Sie hatten einen Golem freigelassen, den sie nun bändigen mußten.

1989 erkannten die Israelis ihren Fehler und beschlossen Hamas zu verbieten.

Damit war das Problem natürlich nicht gelöst. Das einzige, was Hamas noch fehlte, war eine Führerpersönlichkeit, die naturgemäß aus dem fundamentalistischen Lager stammen mußte. Womöglich ein radikaler Prediger aus einer der vielen Moscheen von Gaza.

Diese Persönlichkeit fanden die Fundamentalisten in Scheich Achmed Jassin, dem halbgelähmten Oberhaupt einer Koranschule. Jassin war kein Neuling auf der politischen Bühne. Seit seiner Jugend Mitglied der ägyptischen Moslemischen Bruderschaft über deren Ableger in Gaza, hatte er bereits 1973 das „Islamische Zentrum“ in der alten Philisterstadt gegründet, das im Laufe der Zeit alle religiösen Institutionen im Gaza Streifen unter seine Kontrolle brachte.

Ursprünglich zeigte der Scheich keine Neigung, sich von der Hauptströmung der Bruderschaft zu distanzieren. Am Höhepunkt der Intifada gab er jedoch Hamas seinen Segen. Wobei seine Logik leicht durchschaubar war: Würde die Intifada Erfolg haben, so sollte Hamas an diesem mitnaschen und nicht die ganze Gloriole Arafat überlassen. Brach die Revolte jedoch zusammen, so hatten die Israelis keinen Grund, gegen die Bruderschaft im Gaza-Streifen vorzugehen.

Die körperliche Behinderung brachte für Jassin keinen Nachteil. Ganz im Gegenteil, er konnte mit dem Sympathieeffekt rechnen: Da war ein gelähmter Mann, der nicht davor zurückschreckte, sich einem übermächtigen Feind entgegenzustellen.

Tatsächlich gibt es viele behinderte Prediger, die zu den extremsten Fundamentalisten zählen: etwa der blinde Scheich Abdul Rahman, der zu den Drahtziehern des Anschlages auf das New Yorker World Trade Center zählte, bei dem sechs Personen getötet wurden. Abdul Rahman wurde inzwischen zu lebenslangem Kerker verurteilt.

Spätestens 1988, nachdem sich der Scheich in den Strudel der Intifada gestürzte hatte, mußten die Israels das blamable Fehlschlagen ihrer Versuche, gegen Jassir Arafat einen Konkurrenten aufzubauen, vor einer betroffenen Öffentlichkeit zugeben.

Dennoch zögerten sie längere Zeit, gegen einen gelähmten Prediger vorzugehen. Erst 1989, nachdem Hamas als terroristische Vereinigung verboten worden war, wurde auch der Scheich verhaftet und – nach einem Gerichtsverfahren – wegen Totschlags zu einer Kerkerstrafe von 15 Jahren verurteilt.

Die Hamas-Aktivisten ließen nichts unversucht, um ihren Scheich freizupressen. 1994 wurde ein israelischer Soldat von ihnen entführt und ermordet, nachdem sich die Regierung in Jerusalem auf keinen Tauschhandel hatte einlassen wollen.

Paradoxerweise war es ein weiterer katastrophaler Mißgriff des israelischen Geheimdienstes, der Jassin schließlich Anfang 1998 zur Freiheit verhalf: Nach einem fehlgeschlagenen Mossad-Anschlag auf einen Hamas-Führer in Jordanien, mußte die israelische Regierung den Scheich im Tausch gegen den in Amman verhafteten Agenten freilassen.

Doch wir sind den Ereignissen vorausgeeilt. Zurück zum Aufstieg von Hamas in den achtziger Jahren.

Ursprünglich waren alle hohen Funktionen innerhalb der Bewegung mit geeichten Mitgliedern der Moslem-Bruderschaft besetzt. Die politische Führung in Gaza mußte jedoch – in Abwesenheit des noch inhaftierten Scheichs Jassin – befürchten, daß im Falle einer Einigung der ägyptischen Bruderschaft mit der Regierung in Kairo der palästinensische Zweig unter die Räder kommen könnte. Tatsächlich hatte der ägyptische Präsident Hosni Mubarak versucht, zwischen der etablierten Bruderschaft und den einheimischen Terroristen einen Keil zu treiben.

So wurden die Moslem-Brüder innerhalb der Hamas im Gaza-Streifen langsam aus ihren Machtpositionen verdrängt.

Im übrigen agiert Hamas eher zweigleisig. Im Gaza-Streifen konzentrieren sich die Ortsgruppen auf karitative und soziale Arbeit in den heruntergekommenen Flüchtlingslagern und Armenvierteln (ähnlich wie die ursprünglichen Moslem-Brüder in Ägypten), wobei die Integrität der Hamas-Aktivisten – verglichen mit den Berufsfunktionären der PLO – immer wieder hervorgehoben wird. Gleichzeitig verbreiten die Kassem-Brigaden Terror unter der israelischen Zivilbevölkerung, während sie militärische Installationen meiden.

Was die Finanzen der Organisation betrifft, so zeigen sich die offiziellen Sprecher äußerst zugeknöpft. Glaubt man ihnen, so kommt das meiste Geld aus der Eintreibung der im Koran verankerten „Zakat"-Kopfsteuer (2,5 Prozent des Einkommens der Familienerhalter). Da aber viele Anhänger mittellos sind, so können diese Fonds kaum ausreichen.

Jassir Arafat dagegen behauptet, Hamas erhalte jährlich 20 bis 30 Millionen Dollar aus dem Iran. Was die Islamisten – zumindest was die Summen betrifft – bestreiten. Sie konzedieren jedoch, daß Gelder von der internationalen Moslemischen Bruderschaft, Islamischen Organisationen auf dem indischen Subkontinent sowie islamischen Fraktionen in der Türkei, Afghanistan und Malaysia regelmäßig eintreffen, ebenso wie Spenden von einigen Milliardären in Saudi-Arabien.

Jedenfalls leiden die Fundis nicht an Geldmangel. Vor kurzem konnten sie den ersten Hamas-Kongreß in den Vereinigten Staaten abhalten, was sicherlich erhebliche Ausgaben verursachte.

Als erfahrener politischer Fuchs müßte Jassir Arafat die vergeblichen Bemühungen der Israelis um seine Konkurrenten mit Schadenfreude verfolgt haben. Sein eigenes Verhältnis zu Hamas blieb indessen trotz gegenseitiger Treuebekundungen eher problematisch, was Hamas-Chronist Ahmad Rashad offen zugibt:

„Die Beziehungen zwischen Hamas und der PLO sind komplex und bestenfalls prekär. Bisher haben die Islamisten versucht, das nationalistische Lager nicht vor den Kopf zu stoßen. Somit bleibt Hamas in einer heiklen Lage." Rashad weiter: „Hamas will keine Konfrontation mit Arafat-Loyalisten auslösen, nicht zuletzt weil diese über eine wohlbewaffnete Polizeitruppe verfügen. Essentiell für die Islamisten ist es, einer unvermeidlichen, wenn auch stillschweigenden Allianz zwischen der palästinensischen Polizei und dem israelischen Geheimdienst zu widerstehen …" Der Chronist schließt: „Die Israelis werden mit Arafat nur dann weiterverhandeln, wenn er gegen die Islamisten einschreitet."

Das Osloer Abkommen zwischen Israels damaligen Premierminister Itzhak Rabin und Arafat führte indes zu einer echten Krise zwischen Hamas (und dem verbündeten „Jihad el Islami", islamischer Heiliger Krieg) und der PLO. Naturgemäß lehnten die arabischen Extremisten (wie auch die israelischen) den Vergleich ab. Angesichts der Begeisterung, mit der die ersten Friedensschritte in den besetzten Gebieten aufgenommen wurden, wagte es die Hamas-Führung nicht, eine total negative

Haltung einzunehmen. So rang man sich im April 1994 zu einem gewundenen Kompromiß durch: Hamas sei zu einer Einstellung ihrer militärischen Operationen bereit und nicht prinzipiell gegen den Frieden. Allerdings mit der folgenden Einschränkung: bedingungsloser Abzug der Israelis aus allen besetzten Gebieten, Abbau der jüdischen Siedlungen und Entwaffnung der Siedler, Entsendung einer internationalen Truppe an die „Grüne Linie" zwischen Israel und den Palästinensergebieten, sowie freie Wahlen in den „befreiten Gebieten", gekoppelt mit einem Versprechen Arafats, daß nur der Sieger bei diesen Wahlen die Palästinenser bei Friedensverhandlungen vertreten dürfe.

Bei Teilwahlen hatten die Hamas-Anhänger bereits einige Erfolge erzielen können: in der Islamisten-Hochburg Hebron, in der Handelskammer von Gaza und bei Wahlen zur Gewerkschaftsführung. Bei den Betriebsratswahlen der UNRWA, dem UNO-Flüchtlingshilfswerk, erhielt Hamas 43 Prozent.

Somit erholte sich Hamas sehr rasch vom Schock der Osloer Einigung und der Übernahme der von Israel freigegebenen Städte durch die international aufgewertete palästinensische Autonomieverwaltung, welche die Islamisten nur bedingt anzuerkennen bereit waren.

Je mehr der Friedensprozeß jedoch ins Stocken kam, desto eher erkannten die islamischen Fundamentalisten ebenso wie die jüdischen Extremisten, daß das Heilige Land von einer echten Befriedung noch weit entfernt war. Die Ermordung Itzhak Rabins wurde von Hamas als eigener Sieg gefeiert, obwohl der Mörder ein Jude war. Und blutige Anschläge von Hamas-Terroristen in Tel Aviv und Jerusalem führten zu einer so großen Schwächung des israelischen Friedenslagers, daß der Wahlsieg der jüdischen Rechten unter Benjamin Netanyahu unvermeidlich wurde.

Seitdem liegt der Friedensprozeß auf Eis und die andauernde Spannung treibt Hamas tagtäglich neue Anhänger zu.

14. Kapitel

Osama Ben Laden – Mythos oder Realität?

Noch vor einigen Jahren war der Name Osama Ben Laden nur in Kreisen von Mittelostexperten bekannt. Inzwischen macht er Schlagzeilen in den internationalen Medien. Für die Amerikaner ist er der Erzfeind Nummer Eins, für seine Anhänger, zumeist in der Dritten Welt, ist er ein kompromißloser Glaubens- und Freiheitskämpfer. Liegt die Wahrheit irgendwo dazwischen? Ein wirklich objektives Bild des seltsamen Mannes zeichnet sich noch nicht ab. Und daran wird sich in nächster Zeit wohl nichts ändern.

James Bond jagt Osama Ben Laden." Handelt es sich dabei um den Titel eines Hollywood-Thrillers, basierend auf einem Drehbuch eines Meisters des Agentengenres? Noch wurde ein derartiges Szenario nicht geschrieben, aber es könnte bald dazu kommen: für Action-Filme mit realem Hintergrund.

Osama Ben Laden ist kein Romanheld, sondern eine existierende Person. Präsident Clinton bezeichnete ihn in einer Rede an die Nation als den „wahrscheinlich führenden Organisator und Finanzier des internationalen Terrors in der heutigen Welt".

Und die angesehene Londoner Tageszeitung „The Independent" behauptete, Osama sei von extremistischen Mullahs mit einem „Fatwa" (Todesurteil) ausgestattet worden, das es ihm erlaube, Befehle dieser Art nach Belieben auszugeben. So wie James Bond mit seiner Lizenz zum Töten. Oder ist er ein Mann mit grenzenloser Machtgier und gigantischen finanziellen Mitteln? Laut Reuter stehen ihm 300 Millionen Dollar zur Verfügung, der Nachrichtendienst „Intelligence on-line" spricht sogar von sieben Dollarmilliarden. Also Goldfinger und Dr. No in einer realen Person vereint, ein islamischer Fundamentalist, motiviert von Haß gegenüber dem Westen?

Osama selbst sieht das natürlich anders: Er sei ein Freiheitskämpfer, ein moderner Robin Hood.

Dennoch bleibt Osama Ben Laden eine schattenhafte Figur. Geheimdienste vermuten ihn abwechselnd in Afghanistan oder im Sudan. Nur selten kommen westliche Medien an ihn heran, vertreten von eindeutig araberfreundlichen Korrespondenten, die keine harten oder indiskrete Fragen stellen.

1997 erschien Osama erstmals im Fernsehen, in einem Interview für das amerikanische CNN: ein Mann mit kurzem, schwarzem Bart nach islamischer Fundamentalistenart, dem Aussehen nach etwa 45 Jahre alt.

Ein weiteres Interview gewährte Osama dem Briten Robert Fisk, der grauen Eminenz unter den araberfreundlichen – und israelfeindlichen – Nahostkorrespondenten, zuletzt für den „Independent" tätig. Laut Fisk fand das Interview im Sudan statt: „Osama Ben Laden trug ein langes seidenes Gewand, mit goldener Stickerei verbrämt. Bewacht wurde er von getreuen arabischen Mujaheddin, die zusammen mit ihm in Afghanistan gekämpft hatten ... Sie zeigten keine Gemütsbewegung, während sudanesische Bauern Loblieder anstimmten, für den Mann, der die Straße zwischen ihrem Dorf und der Hauptstadt Khartum errichtet hatte."

Und weiter: „Mit hohen Backenknochen und stechenden schwarzen Augen sieht Osama jeden Zoll wie ein legendärer Krieger aus den Bergen aus. Mädchen im Tschador tanzten um ihn, während Prediger seine Weisheit priesen. ‚Wir warteten jahrelang auf diese Landstraße', erklärte ein Scheich. ‚Bis Osama Ben Laden zu uns kam.'"

Osamas Werdegang ist nur in Umrissen bekannt. Eigentlich ist er ein Bauunternehmer, der seine Firma von seinem Vater geerbt hatte. Mit eigenem Kapital finanzierte er riesige Bauprojekte in allen Teilen der arabischen Welt, besonders aber im Sudan, wo die Errichtung der Schnellstraße von Khartum nach Port Sudan am Roten Meer auf sein Konto ging. Gleichzeitig brachte er, laut ägyptischen Presseberichten, die von der britischen Botschaft in Khartum durchaus ernstgenommen werden, Hunderte von Mujaheddin, die für ihn in Afghanistan gekämpft hatten, angeblich in den Sudan, wo sie in eigenen Lagern für weitere

Einsätze, sei es in Ägypten, Tunesien oder Algerien, ausgebildet werden.

Natürlich wird diese Version von Osama bestritten: „Ich bin nur ein Bauunternehmer und Landwirtschaftsexperte", erklärte er Fisk. „Was die Medien und Botschaften über mich verbreiten, ist Nonsens."

Es überrascht nicht, daß der Korrespondent ausschließlich Gutes über seinen Helden berichtet: „Er ist ein schüchterner Mann. Er hat nur ein Haus in Khartum und ein bescheidenes Apartment in seiner Vaterstadt Jeddah. Er ist verheiratet mit vier Frauen."

(Sein „bescheidenes Apartment" in Jeddah steht jetzt wohl leer, nachdem ihn die Saudis ausgebürgert haben, als seine angebliche Rolle im internationalen Terror ruchbar wurde.)

Glaubt man seinem britischen Hofreporter, so hat er zum Sieg der Mujaheddin in Afghanistan entscheidend beigetragen: „Ich war über die sowjetische Invasion empört", enthüllte er Fisk. „Schon wenige Tage nach der Invasion war ich dort. Ich habe Tausende arabische Kämpfer hingebracht, bewaffnet und ausgerüstet."

Von amerikanischer Hilfe für den afghanischen Widerstand will er nichts bemerkt haben. In einem späteren CNN-Interview wurde Osama noch deutlicher: „Wir werden die Amerikaner aus Afrika und Asien vertreiben – in ihren Särgen!"

Unbestritten ist, daß Osama aus seinen Projekten jahrelang Millionen scheffelte, wenngleich Fisk blauäugig meint, Osama denke nicht in erster Linie an Gewinn.

Natürlich fiel Osama die Arbeit im Sudan besonders leicht, in einem Land, das ihn schützte und dessen oberster geistlicher Führer Hassan Torabi seine fundamentalistische Einstellung teilt. Daß die sudanesische Regierung seit Jahren einen Vernichtungskrieg gegen die christliche und animistische Bevölkerung im Süden des Landes führt, scheint ihn offensichtlich nicht im geringsten zu stören.

Solange sich Osamas Aktivitäten auf Afghanistan und den Sudan beschränkten, hatte die saudi-arabische Regierung nichts dagegen einzuwenden. Erst als die Amerikaner und Ägypter auf seine angeblichen Verflechtungen mit den islamistischen Extremisten hinwiesen, sah sich die Regierung in Riadh gezwungen – wie bereits erwähnt – sich von ihm zu distanzieren und ihm letztendlich den saudischen Paß abzuerkennen.

Gleichzeitig sperrten die Saudis Osamas Bankkonten – eine Maßnahme von rein symbolischer Bedeutung, da der Betroffene dem arabischen Bankensystem – zumindest seit dem Zusammenbruch der Bank of Commerce and Credit International – nicht wirklich vertraut und seine Millionen oder Milliarden längst in sicherere Refugien transferiert hatte.

Im September 1995 griffen Terroristen das Hauptquartier der amerikanischen Militärberater in Riadh an und töteten 24 Amerikaner sowie etliche indische Bedienstete. Die saudi-arabische Polizei verhaftete vier Einheimische, die nach einer geheimen und sicher „strengen" Befragung vor laufenden Fernsehkameras der Saudis zugaben, von „Osama Ben Laden und anderen saudiarabischen Dissidenten" zu ihrer Tat angestiftet worden zu sein. Sie wurden im Mai 1996 enthauptet.

Schon einem Monat später fiel der nächste noch viel schwerer wiegende Streich. Ein von einem Selbstmordattentäter chauffierter und mit Sprengstoff beladenen Lastwagen durchbrach die Sperren vor dem amerikanischen Truppenquartier in Dhahran am Persischen Golf und explodierte vor dem letzten Schranken. Das Hochhaus brach zusammen und Begrub Dutzende amerikanische Soldaten und Soldatinnen – sowie etliche Bedienstete – unter den Trümmern.

Osama meldete sich umgehend zu Wort. Er bestritt jegliche Verwicklung in die Attentate in Saudi-Arabien, solidarisierte sich jedoch mit den Anliegen der Attentäter: „Früher oder später wird sich der Widerstand gegen die Vereinigten Staaten auf viele moslemische Länder ausdehnen. Unsere religiösen Führer, die Ulema haben Fatwas ausgegeben, die Amerikaner zu vertreiben. Die einzige Lösung ist das Ende der amerikanischen Militärpräsenz in Saudi-Arabien."

Die bislang spektakulärsten Anschläge, die von den Amerikanern mit Osama in Zusammenhang gebracht werden, ereigneten sich allerdings in Afrika, weit von anderen Krisenherden entfernt. Am 7. August 1998 explodierten fast gleichzeitig tonnenschwere Bomben vor den amerikanischen Botschaften in Nairobi und Dar-es-Salam. Dabei wurden zwölf Amerikaner und mehr als 200 Afrikaner getötet.

Beim Verwischen der Spuren gingen die mutmaßlichen Täter diesmal äußerst unachtsam vor. Bei ihrer Ankunft in Pakistan aus Nairobi wurden zwei Verdächtige verhaftet und über Kenia in die USA ausgeliefert. Sie wurden bereits unter Mordanklage gestellt und sollen ihre Kontakte zu Osama zugegeben haben.

Die Amerikaner reagierten umgehend mit Raketenschlägen auf Ziele im Sudan und in Afghanistan, also jenen Ländern, die Osama in der Vergangenheit Asyl gewährt haben.

Sicher würde es sich die CIA einiges kosten lassen, um Osama auszuschalten, doch der amerikanische Kongreß hat, nach den Mißerfolgen derartiger Pläne in der Vergangenheit – wie die geplanten Anschläge gegen Castro und Gaddafy –, also Anschläge gegen Personen ausdrücklich verboten.

In Gefahr könnte Osama in seinen sicheren Verstecken nur bei einem drastischen politischen Wechsel in diesen Ländern geraten. Sicher hat er registriert, daß „seine" Sudanesen den „Oberterroristen" Carlos an die Franzosen ausgeliefert haben. Doch dieser Vergleich hinkt. Carlos große Zeit war längst vorbei und er lebte bescheiden von den Spenden seiner einstigen Dienstgeber. Was immer die Amerikaner für eine Auslieferung Osamas offerieren, er selbst könnte die Summe verdoppeln. Der Sicherheit halber übersiedelte er aber nach Afghanistan.

Somit konzentrieren sich die Amerikaner darauf, seine Geldflüsse zu ermitteln und tunlichst zu unterbinden. Doch das wäre eine wahre Sisyphusarbeit. Die internationale Finanzwelt ist ein trüber Teich, in dem sich nicht gut fischen läßt.

15. Kapitel

Taliban, die Umerzieher Allahs

In Afghanistan haben die Taliban das extremste fundamentalistische Regime der Welt errichtet, in dem die herkömmlichen Menschenrechte ihre Gültigkeit weitgehend verloren haben. Nachbarstaaten, wie die islamischen GUS-Republiken, aber paradoxerweise auch der Iran, befürchten ein Übergreifen dieser Spielart des Fundamentalismus auf ihre eigenen Territorien und sind daher bestrebt, eine totale Übernahme Afghanistans durch die Fanatiker, die vom prowestlichen Pakistan unterstützt wurden, zu verhindern.

Sie fürchten weder Tod noch Teufel, weder Amerikaner noch Russen: Die Taliban (wörtlich Schüler), die mit Abstand extremsten aller islamischen Fundamentalisten. Ihre Gegner meinen allerdings, in ihrem Fanatismus dienten sie nicht Allah, sondern Schaitan, dem Teufel.

Der „Scharia", der islamischen Gesetzgebung, fühlen sich alle bekennenden Moslems in unterschiedlichem Maß verpflichtet. Die Praxis der Taliban bei der Auslegung der Scharia erinnert indessen eher an jene Ära der Weltgeschichte, welche Historiker pauschal das „dunkle Zeitalter" zwischen dem Ende der Antike und den Anfang der Renaissance nennen.

Die Taliban sind eine der jüngsten fundamentalistischen Bewegungen, welche es sich zum Ziel gesetzt haben, der Welt – und ihren Glaubensgenossen – das Fürchten zu lehren. Sie sind nicht etwa das Ergebnis einer langsamen historischen Entwicklung, sondern die Konsequenz eines der blutigsten Bürgerkriege des 20. Jahrhunderts, der Afghanistan bis heute in seinen Klauen hält, obwohl die äußeren Feinde schon lange verschwunden sind.

Die stolzen Afghanen hatten auf den kommunistischen Putsch, der zum Sturz des Regimes von Sardar Daud (der seinerseits den letzten König Zaher Schah entthront hatte) und die darauffolgende sowjetische Invasion ebenso reagiert, wie ihre Groß- und Urgroßväter auf die Intervention der britischen Kolonialisten im 19. Jahrhundert: mit bedingungslosem Kampf.

Ohne Unterstützung aus dem Ausland hätten es die Afghanen ebenso wenig geschafft, wie der Vietkong zwei Jahrzehnte zuvor in Indochina. Die „westlichen" Länder – in diesem Fall die USA, aber auch Pakistan und der Iran – waren sich einig in ihrer Entschlossenheit, den Sowjets und deren Schergen entgegenzutreten. Ohne allerdings selbst in den Konflikt einzugreifen.

Das eigentliche Problem des Westens drehte sich um die Frage, „welche" Afghanen unterstützt werden sollten: etwa die Stammesführer Gulbuddin Hekmatiar oder Achmed Schah Massud, der usbekische Kriegsherr General Dostum oder die vom Iran favorisierten Schiiten-Milizen.

Und da waren noch die bisher wenig bekannten Taliban, die sich relativ spät in das Kampfgeschehen eingeschaltet hatten. Eigentlich erst, als der Kampf schon entschieden war, nicht aber die Frage, wer das kommunistische Regime ersetzen sollte.

Der Abzug der Russen wurde im Westen als Ende des Afghanistan-Krieges gefeiert. Leider verfrüht. An die Stelle des Kampfes der Partisanen gegen die Sowjets und deren einheimische Helfershelfer trat ein noch viel grausamerer Bürgerkrieg unter den verschiedenen afghanischen Fraktionen. Nach einem länger andauernden Patt zwischen den beiden bisher dominierenden Gruppen kam es zu einer Machtteilung zwischen Hekmatiar und Massud, von denen jeder ein hohes Staatsamt erhielt.

Dadurch sahen sich die fundamentalistischen Taliban von der Macht – und dem Futtertrog – ausgeschlossen. Worauf sie ihren Kampf gegen alle Fraktionen eröffneten.

Die Taliban hatten einen entscheidenden Vorteil: Sie waren die einzige Gruppe, die von Pakistan direkt mit Waffen und Geld unterstützt wurde. Nicht zuletzt weil es sich bei ihnen um keine Stammesgruppe handelte. Und Stammesgruppen waren in Pakistan mit seiner multiethnischen Bevölkerung suspekt. Überdies goutierte die pakistanische Regierung die strenge Einhaltung islamischer Gesetze durch die Taliban, ein Trend der zu jener Zeit in Islamabad hoch in Kurs stand, nachdem die relativ liberale Ministerpräsidentin Benazir Bhutto ihren Posten an einen Islamisten (wenn auch keinen Fundamentalisten) hatte abgeben müssen.

Inzwischen hegt man auch in Islamabad Zweifel, was die Unterstützung der Taliban betrifft, doch diese haben inzwischen ihre Eigendynamik entwickelt.

Mit dem Fundamentalismus waren die Taliban in pakistanischen Flüchtlingslagern indoktriniert worden, nicht zuletzt von Predigern, die Osama Ben Laden (siehe Kapitel 14) in die Region entsandt hatte, um die islamistischen Kräfte zusammenzuschweißen.

Die Taliban bezeichnen sich selbst bescheiden als „Studenten". Christiane Amanpour, die Starkorrespondentin des Nachrichtensender CNN stellte jedoch bei einem Besuch in einem Ausbildungslager der Gruppe fest, daß es sich bei den „Studenten" hauptsächlich um Analphabeten handelte, denen der Fundamentalismus von den Predigern verbal und nicht schriftlich eingebleut wurde.

Nach ihrer, auch im Internet verbreiteten Selbstdarstellung, wurde die Organisation der Taliban im September 1994 in der südafghanischen Provinz Kandahar gegründet. Damals sei die gleichnamige Provinzhauptstadt von Mördern und Banditen terrorisiert worden. Bis sich ein Retter in der Person eines einheimischen Mullahs namens Mohammed Omar fand, der aus seinen Koranschülern eine Gruppe von „Vigilantes" aufbaute. Diese legten zuerst den Verbrechern das Handwerk, bevor sie sich aktiv in den Bürgerkrieg einschalteten – unter der Devise, die Korruption unter den anderen Mujaheddin-Gruppen und der postkommunistischen Regierung in Kabul bekämpfen zu wollen.

Diese Schönfärberei hält jedoch einer kritischen Analyse nicht stand. Tatsächlich wurden die aus den Flüchtlingslagern geholten Kämpfer von der pakistanischen „Frontier Constabulary", also einer Art paramilitärischer Grenzschutztruppe unter dem Kommando von General Nasrullah Babar ausgebildet, der wiederum dem Innenministerium in Islamabad unterstand. Schlüsselstellungen in den Taliban-Truppen wurden in der ersten Zeit ausschließlich von Pakistanis besetzt. Bilder von Pakistanis, die von gegnerischen Milizen gefangen genommen worden waren, wurden im amerikanischen Nachrichtenmagazin „Time“ im November 1996 veröffentlicht.

Die von den Taliban kontrollierten Gebiete werden von „Komitees“ regiert, deren oberste Ebene ausschließlich aus Mullahs besteht. Oberster Führer bleibt der bereits erwähnte Mullah Mohammed Omar, eine eher schattenhafte Figur, dem die „Innere Schura“, bestehend aus weiteren fünf Mullahs, zur Seite steht. Auch die Schattenregierung in Kabul, der sogenannte „Überwachungsausschuß“, setzt sich aus sechs Mullahs zusammen. Nur die Verbindungsbüros im pakistanischen Peschawar und Quetta werden von zivilen „Diplomaten“ besetzt.

Wie schon erwähnt, tut es der gegenwärtigen pakistanischen Regierung bereits leid, allein auf die Karte der Taliban gesetzt zu haben, die inzwischen weltweit als extreme Fanatiker in Verruf geraten sind. So erklärte ein pakistanischer Diplomat in Wien dem Autor: „Die Taliban erschienen uns eine Zeitlang als die durchschlagkräftigste Truppe. Wir konnten noch nicht wissen, was sie in Kabul nach dessen Eroberung anrichten würden. Jetzt erhalten sie keine Waffen mehr von uns.“

Allerdings hatten die Taliban bei ihrem Griff nach der Macht nicht nur Kampfkraft, sondern auch taktisches Geschick erwiesen. Es gelang ihnen, einen Keil in die ohnehin brüchige Einheitsfront ihrer Gegner zu treiben. Durch das Überlaufen etlicher Stammesführer gelang es den Taliban, die ursprünglich nur den an Pakistan grenzenden Süden des Landes kontrolliert hatten, im September 1996 Massud aus der Hauptstadt Kabul zu vertreiben und den Anspruch zu erheben, international als alleinige Regierung Afghanistans anerkannt zu werden. Das wurde jedoch von der Staatengemeinschaft angesichts der von Taliban verübten Greueltaten bisher abgelehnt. Kurz danach konnten die Taliban den Usbekengeneral Dostum isolieren, worauf dieser das Handtuch warf und sich in die benachbarte GUS-Republik Usbekistan absetzte.

Damit schien es nur eine Frage der Zeit, wann die Taliban das ganze Land erobern würden. Die Stadt Masar el Scharif wechselte mehrmals ihre Besatzer, bevor sie von den Taliban fest unter Kontrolle gebracht wurde. Dabei wurden neben Hunderten von Zivilisten auch zehn iranische Diplomaten getötet.

Auch der Vormarsch in Richtung Norden kam abrupt ins Stocken. Schah Massud hatte seine Truppen nördlich von Kabul umgruppiert, und es gelang den Taliban nicht, den Salang Paß, das Nadelöhr zwischen Nord- und Mittelafghanistan zu erobern. Sie erlitten schwere Verluste, aber andererseits gelang es Massuds Truppe wiederum nicht, die Hauptstadt zurückzuerobern. Und zuletzt waren die Taliban wieder auf dem Vormarsch.

Außerhalb der Einflußsphäre der Taliban blieb überdies der an den Iran grenzende Nordwesten des Landes, der von schiitischen Milizen beherrscht wird, die von Teheran bewaffnet und subventioniert werden. Nach der Tötung seiner Diplomaten drohte der Iran mit Strafaktionen.

Die Tatsache, daß sich sowohl die Schiiten-Milizen als auch die Taliban zum islamischen Fundamentalismus bekennen, fiel in diesem Zusammenhang nicht ins Gewicht, da es sich um unterschiedliche Spielarten des Islamismus handelt. Für die Mullahs in Teheran sind die Taliban Ketzer, mit denen kein Zusammengehen möglich ist. Andererseits sind die schiitischen Stämme zu schwach, um ins sunnitische Kernland vorzudringen. So dienen sie in erster Linie dem iranischen Regime als „Cordon sanitaire" – ebenso wie die asiatischen GUS-Staaten die Taliban tunlichst auf Distanz halten möchten und ihre eigenen Gruppierungen unterstützen.

Alle politischen Erwägungen werden jedoch von dem Terror überschattet, den die Taliban in Kabul zulassen. Schon am Tag der Eroberung wurden der letzte kommunistische Regierungschef Najibullah und sein Bruder, die in der Vertretung der Vereinten Nationen in Kabul Zuflucht gesucht hatten, aus der Mission gezerrt und öffentlich hingerichtet.

Die Vereinten Nationen ließen es mit einem knieweichen Protest bewenden, der nicht einmal beantwortet wurde, weil die Taliban als ersten Schritt die diplomatische Anerkennung durch die Weltorganisation forderten.

Schon wenige Tage später schlugen die selbsternannten Gotteskrieger erneut zu. Diesmal richtete sich der Vorstoß gegen die schwächsten Mitglieder der afghanischen Gesellschaft, die Frauen und weiblichen Kinder.

Von einem Tag auf den anderen, mußten Frauen auf der Straße den „Hijab“ tragen, ein langes schwarzes Gewand, das den ganzen Körper vom Kopf bis zu den Füßen bedeckt – unterbrochen nur von einem schleierumhüllten Sehschlitz. Mit anderen Worten: eine Kleidung, gegen die der iranische Tschador wie ein Bikini anmutet.

Jegliche Frauenarbeit wurde verboten und außer Haus durften sich Frauen nur in Begleitung ihres Gatten oder eines erwachsenen männlichen Verwandten sehen lassen. Schulunterricht für Mädchen wurde vorerst überhaupt verboten, später lediglich für Kinder zwischen vier und acht Jahren gestattet – gerade genug Unterricht, um es ihnen zu ermöglichen, den Koran zu lesen. Wie es ein Taliban-Führer formulierte: „Im Koran steht alles. Was nicht darin steht, ist Häresie.“

Nur in einem Punkt haben die Taliban ihre Regeln bisher etwas gemildert. Nach den schweren Verlusten in den Kämpfen nördlich von Kabul wurden Frauen als Krankenschwestern wieder zugelassen.

Was ein Paradoxon beinhaltet: In den Spitälern dürfen nämlich Frauen nicht behandelt werden. In ganz Kabul steht Patientinnen nur ein einziges Krankenhaus zur Verfügung, eine schmutzige, baufällige Baracke, wie CNN-Korrespondentin Amanpour feststellen konnte, bevor man sie vertrieb.

Dabei sind Ausländer noch bevorzugt. Besonders hart sind 35.000 Kriegs- und Bürgerkriegswitwen vom Ausgehverbot betroffen. Ohne Ehegatten und zumeist ohne nahe männliche Verwandte, stehen sie praktisch unter Hausarrest. Wobei das Wort „Haus“ in Bezug auf ihre Behausungen nur als krasse Übertreibung bezeichnet werden kann.

Aber auch die Männer kommen nicht ungeschoren davon, soferne man dieses Wort verwenden kann. Ihnen wurde befohlen, sich innerhalb von 45 Tagen einen Vollbart wachsen zu lassen. Und die Religionswächter kontrollieren streng, ob sie wirklich fünfmal täglich ihre obligaten Gebete verrichten.

Es versteht sich von selbst, daß westliche oder weltliche Tonträger strengstens verboten sind und nur bei hohem Risiko auf dem Schwarzmarkt zu erhalten sind. Zuletzt wurde Satellitenfernsehen überhaupt untersagt.

Der Terror der Taliban macht auch vor ausländischen Diplomaten, die mit Ausnahme der Chinesen und Pakistanis aus Kabul verschwunden sind, und vor ausländischen VIPs nicht halt. Als Emma Bonino, die Kommissarin für Menschenrechte der Europäischen Union, ihren Besuch in Afghanistan ankündigte, wurde sie aufgefordert, sich dort wie eine einheimische Frau zu kleiden. Empört lehnte sie ab und kreuzte in europäischer Kleidung und begleitet von zahlreichen Medienvertretern in der Hauptstadt auf.

Andere tyrannische Regimes ziehen es vor, sich unter derartigen Umständen von ihrer besten Seite zu zeigen – so wie die Nazis das Konzentrationslager Theresienstadt vor der Ankunft einer Delegation des Roten Kreuzes in ein Potemkinsches Dorf verwandelten, komplett mit Häftlingsorchester und Kindertheater. Nicht so die Taliban. Als Bonino im einzigen Frauenspital eintraf, wurden ihre Begleiter von den Gotteskämpfern sofort brutal attackiert. Ein besonders eifriger Religionswächter erhob sogar seine Hand gegen Signora Bonino und hätte sie geschlagen, wäre er nicht von ihrem Leibwächter abgedrängt worden.

Danach wurde die ganze Gruppe auf Lastwagen verfrachtet und ins gefürchtete Polizeihauptquartier gebracht. Erst nach etlichen Stunden wurde die Gruppe – offensichtlich auf Intervention der pakistanischen Mission – freigelassen. Kommentierte die Menschenrechtskommissarin: „Jetzt weiß ich, was die Bevölkerung von Kabul tagtäglich auszustehen hat."

Ein Protest der Europäischen Union blieb, wie nicht anders zu erwarten, wirkungslos.

Auch internationale Organisationen gerieten ins Kreuzfeuer der Taliban, wie das Hilfswerk der Vereinten Nationen oder „Medicins sans frontieres". Ihnen wurde befohlen, sich streng an die Regeln der Herrschenden zu halten. Das heißt: Keine Hilfe für Frauen. Als sich die Helfer weigerten, wurden sie aus ihren Büros im Stadtzentrum an die Peripherie verbannt. Damit wollten sie sich nicht abfinden und die meisten verließen unter (wirkungslosem) Protest das Land.

Soll eben die Bevölkerung leiden, solange es dem Regime gut geht. Und obwohl die Taliban den gesamten Westen als Produkt des Teufels darstellen, machen sie Ausnahmen, wenn es um westliches Geld geht. So forderten sie die Auszahlung jener Gelder, welche die US-Regierung den gestürzten Machthabern in Kabul als Wirtschaftshilfe versprochen hatten. US-Präsident Bill Clinton schien vorerst zu zögern, bis ihn die massiven Proteste der amerikanischen Frauenorganisationen dazu zwangen, die Forderung aus Kabul – unerledigt – zu den Akten zu legen.

In erster Linie geht es den Taliban jedoch um internationale Anerkennung, nun da sie den Großteil des Landes beherrschen. Deshalb sind sie offensichtlich über die Extratouren ihres Gönners Osama Ben Laden nicht glücklich. Als dieser auf die jüngsten Raketenschläge der Amerikaner mit wüsten Drohungen reagierte, forderte ihn Taliban-Chef Mohammed Omar auf, sich zu mäßigen. Auch sein Gastrecht in Afghanistan habe Grenzen.

16. Kapitel

Feuer und Schwert im Sudan

Im Sudan hat sich in den letzten Jahren ein drittes fundamentalistisches Regime entwickelt – weitestgehend auf Kosten der christlichen und animistischen Bewohner im Süden des Landes, denen islamische Gesetze aufgezwungen werden sollen. Als Folgeerscheinung tobt in diesen Gebieten ein grausamer Bürgerkrieg, der wiederum eine Hungerkatastrophe apokalyptischen Ausmaßes ausgelöst hat. Weiter destabilisierend wirken die Beziehungen des Landes zu Osama Ben Laden, dem jahrelang eine Basis gewährt wurde.

Er war der erste islamische Fundamentalist, dem es gelang, im Afrika des ausgehenden 19. Jahrhunderts – also am Höhepunkt des europäischen Kolonialismus auf dem schwarzen Kontinent – einen Gottesstaat zu errichten: auf einem Territorium rund dreißigmal so groß wie Österreich.

Dieser Mann war der Sudanese Mohammed Achmed aus Dongola, zwischen Wadi Halfa und Khartum, der sich selbst zum „Mahdi" – Messias – erklärte und sich der Früchte seines Erfolges bis an sein Lebensende erfreuen konnte.

Dazu eine Ironie des Schicksals: Der Sudan ist heute wieder der einzige fundamentalistisch-islamische Staat in Afrika.

Der Sudan – wörtlich „Land der Schwarzen" – war damals ein vager Begriff für ein Land, das sich von der heutigen ägyptischen Südgrenze bis zu den Großen Seen im Süden erstreckte, in denen der legendenumwobene Nil entspringt. Schon Julius Cäsar hatte erklärt, er würde auf Rang und Titel verzichten, wäre es ihm beschieden, diese Quellen des Nils zu entdecken.

Wegen seiner geographischen Lage, der gewaltigen Distanz und topographischen Bedingungen – weit weg von den Bevölkerungszentren, von zwei Wüsten entlang des Nils eingesäumt – war der Sudan lange von Invasoren verschont geblieben. Selbst das koptische Christentum hielt sich entlang des oberen Nils bis ins 14. Jahrhundert. Erst Mitte des 19. Jahrhunderts gelang es dem ägyptischen Vizekönig Mohammed Ali (siehe Kapitel 12) nicht nur den Sudan, sondern auch das Hinterland der Heiligen Stätten von Mekka und Medina unter seine Herrschaft zu bringen.

Für die Verwaltung eines derartigen Riesenreiches waren die Ägypter denkbar schlecht vorbereitet. Unter Druck der europäischen Mächte ernannte der Khedive Ismail, Mohammed Alis Enkel, den britischen General Charles Gordon (genannt „der chinesische Gordon“ nach seiner Dienstzeit im Reich der Mitte während der sogenannten Taiping-Rebellion) zum Generalgouverneur. Dieser brachte eine Reihe bemerkenswert fähiger europäischer Administratoren ins Land, wie den Österreich Rudolf Slatin, den Italiener Romulo Gessi und den Deutschen Eduard Schnitzer (besser bekannt als „Emin Pascha“). Zum ersten Mal in seiner Geschichte hatte der Sudan so etwas wie eine organisierte Verwaltung vom Äquator bis zum ägyptischen Kernland.

All das änderte sich schlagartig, als Gordon 1880 nach Auslaufen seines Vertrags in seine Heimat zurückkehrte. Unter seinem korrupten Nachfolger Rauf Pascha, einem Höfling des Khedive, verfiel das Land, trotz der Bemühungen der Provinzgouverneure Slatin und Schnitzer, rasch ins Chaos, zu dem auch die von den Briten erzwungene Abschaffung des Sklavenhandels beitrug.

Just zu diesem Zeitpunkt trat der Derwisch Mohammed Achmed (1843–1885) in Dongola an die Öffentlichkeit und erklärt sich zum Mahdi. Von der sudanesischen Verwaltung, aber auch den religiösen Funktionären wurde er vorerst beschimpft und verspottet. Ein Versuch der lokalen Behörden, ihn auf der Nilinsel Abba zu verhaften, schlug fehl. Es folgten weitere Strafaktionen – eine nach der anderen mißlang. Als schließlich Generalgouverneur Rauf Pascha in einem Gefecht getötet wurde, beschloß Großbritannien, nunmehr die einzige dominierende Macht im ägyptischen Raum, zumindest indirekt militärisch im Sudan einzugreifen. Der pensionierte britische Oberst William Hicks wurde zusammen mit einer Handvoll europäischer Offiziere an der Spitze einer bunt zusammengewürfelten – kampfunwilligen – ägyptischen Armee in den Sudan entsandt. Ohne das Terrain zu kennen, beschloß er gegen die Rebellenhochburg El Obeid vorzustoßen – und wurde zusammen mit seinem Heer in einer tagelangen Schlacht vernichtet.

Nun erhob die britische Presse die Forderung, General Gordon als „Troubleshooter" nach Khartum zu entsenden, mit dem Auftrag, die führenden Ägypter und alle Europäer aus dem Sudan zu evakuieren. Die Regierung stimmte unter diesen Bedingungen zu und Gordon, des Pensionistendaseins überdrüssig, segelte prompt nach Ägypten. Aus bis heute nicht völlig geklärten Gründen beschloß er jedoch, nach seiner Ankunft in Khartum, den Mahdisten die Stirne zu bieten. Alsbald war die Hauptstadt von den Derwischen umzingelt, denen sich zuvor auch Rudolf Slatin ergeben hatte.

Die britische Öffentlichkeit nahm am Schicksal Gordons regen Anteil. Ein kleines Entsatzheer wurde unter dem Kommando des alten Haudegens General Garnet Wolseley in den Sudan entsandt, traf jedoch nach heftigen Kämpfen mit den Mahdisten um drei Tage zu spät in Khartum ein. Am 26. Jänner 1885 war die Stadt gefallen und Gordon ums Leben gekommen.

Queen Victoria war entschlossen – nachdem sie einen Brief von Gordons Schwester erhalten hatte – die Schmach zu rächen. Der neue Befehlshaber General Horatio Kitchener bestand indes auf einer sorgfältig vorbereiteten Operation.

Inzwischen hatte der Mahdi den Höhepunkt seiner Macht erreicht. Er sandte Emissäre in die gesamte islamische Welt (soweit sie ihm bekannt war), um die Machthaber aufzufordern, ihn als Oberhaupt anzuerkennen.

Gleichzeitig ernannte er, ganz im Stil des Propheten Mohammed, seinen mutigsten Heerführer, Abdullah el Taischa zum Kalifen und Nachfolger. Einen weiteren Kalifentitel bot er Mohammed Idris, dem Scheich der libyschen Senussi-Sekte an. Dieser sandte tatsächlich einen Kundschafter in den Sudan, um das Terrain zu sondieren. Was dieser in Khartum sah – die Bedingungen waren gar nicht so unähnlich jenen, die heute im Land herrschen – bewog ihn jedoch, seinem Scheich zu raten, auf das angebotene Kalifat zu verzichten.

Tatsächlich hatte der Mahdi von Weltpolitik keine Ahnung. Gerade zu jener Zeit hätte er zwischen den um die Herrschaft in Afrika ringenden Franzosen und Briten lavieren und damit ein Maß an Anerkennung erreichen können.

Aber welcher Erlöser denkt schon ans Paktieren?

Ob es Mohammed Achmed wußte oder nicht, seine Uhr war zu jenem Zeitpunkt schon so gut wie abgelaufen. Er starb am 22. Juni 1885, also nur wenige Monate nach der Eroberung von Khartum.

Der Kalif Abdullah trat unangefochten die Nachfolge an, und sofort verschlechterten sich die Lebensbedingungen im Land. Hatte der Mahdi grausam – aber nach seinen Spielregeln gerecht – geherrscht, so richtete sein „Thronfolger" ein Terrorregime ein.

Zu jener Zeit hatte General Kitchener seine Pläne zur Wiedereroberung des Sudans fertiggestellt. 1889 war er soweit. In der Schlacht von Omdurman wurde die Armee des Kalifen aufgerieben. Kurz danach wurde Abdullah selbst bei einem Gefecht getötet. Das erste und letzte fundamentalistisch-islamische Reich in Afrika war vernichtet.

Die Briten verwandelten den Status des Sudan in ein „anglo-ägyptisches Kondominion", in dem praktisch nur sie das Sagen hatten. Dennoch geben Exil-Sudanesen, die vor dem gegenwärtigen fanatischen Regime nach Europa geflüchtet waren, zu, daß die britische Herrschaft, mit allen ihren Schwächen, eine produktive und konstruktive Periode in der Geschichte des Landes darstellte.

Religiöser Fundamentalismus wurde schon einige Jahre nach der Wiedereroberung toleriert, soferne er sich nicht gegen Andersgläubige richtete.

Es gab sogar, ganz offiziell, zwei islamische Richtungen: die „Ansar", geführt von Abdurrahman el Mahdi, dem nachgeborenen Sohn Mohammed Achmeds, und die „Khatmia" unter dem Ägypterfreund Ali el Mighrani.

Ungemütlich wurde es erst nach Ende des Zweiten Weltkriegs, als zuerst Ägyptens König Faruk (der sich offiziell „König von Ägypten und dem Sudan" nannte) und dann Diktator Gamal Abdel Nasser den Sudan von den Briten zurückforderten. Was aber die neue Generation der Mahdisten nicht zulassen wollte.

Im Rahmen des allgemeinen Rückzugs der Europäer aus Afrika gaben die Briten auch den Sudan auf, ohne dazu gezwungen zu werden. In Khartum wurde ein unabhängiger Staat ausgerufen, mit dessen Existenz sich auch Nasser wohl oder übel abfinden mußte. Nicht ganz so glücklich waren die Bewohner des südlichen Sudans, die nun wieder unter die direkte Herrschaft Khartums gerieten.

Nun aber zeigte es sich, daß die Sudanesen des 20. Jahrhunderts ebensowenig in der Lage waren, einen eigenen Staat aufzubauen, wie der Mahdi ein Jahrhundert zuvor.

Mehr als zehn Jahre lang amtierten etliche schwache Regierungen mehr schlecht als recht in Khartum, an die sich heute niemand mehr erinnert, bis 1969 ein aus Militärs bestehender „Revolutionsrat" die Macht übernahm. Die Offiziere versuchten es zuerst nach dem Vorbild Gamal Abdel Nassers in Ägypten mit einer Art „Islamischen Sozialismus". Zur Erinnerung: Das war die Zeit der „Flitterwochen" zwischen den sogenannten „Blockfreien" und der Sowjetunion, als die Kommunisten den schwarzen Kontinent zu ihrem vorrangigen Hoffnungsgebiet erkoren hatten.

Die Sudanesen, zum beträchtlichen Teil Analphabeten, wußten mit diesem islamischen Sozialismus noch weniger anzufangen als Nassers Landsleute. Die einzigen sichtbaren Merkmale waren Instruktoren aus dem Ostblock, die überall auftauchten, und Waffenlieferungen aus Rußland, wobei letztere begeistert angenommen wurden, da es leichter war, schießen als lesen zu lernen.

Ein Parallelfall im benachbarten Äthiopien führte zum Niedergang dieses riesigen Landes, von dessen Folgen es sich bis heute nicht erholt hat – von den Ereignissen in Somalia, das ebenfalls eine Zeitlang von den Sowjets gesponsert wurde, ganz zu schweigen.

Es war nur eine Frage der Zeit, bis das „sozialistische" Regime zusammenbrechen würde. Was prompt geschah. Anstelle des zerstrittenen Offiziersrates übernahm General Jaafar el Numeiri die alleinige Macht. Generäle, das zeigt die Geschichte, sind nur selten fähige Administratoren und Numeiri war einer der unfähigsten. Als ihm das Wasser bis zum Hals stand, begann er, mit dem islamischen Fundamentalismus zu experimentieren. Publikumswirksam wurden Alkoholvorräte in Khartum öffentlich verbrannt. Die islamische Gesetzgebung wurde, zumindest pro forma, eingeführt.

Dies führte zum totalen Bruch zwischen Numeiris Regime und dem nicht-islamischen Süden, der inzwischen in einem in England ausgebildeten Offizier namens John Garang einen fähigen militärischen Führer gefunden hatte. Zuvor hatte Numeiri dem Süden in einem Friedensabkommen Autonomie gewährt, die in der Praxis jedoch niemals eingeführt wurde. Mit der Hinwendung des Generals zum Fundamentalismus brach der Bürgerkrieg in aller Schärfe aus.

Zur Stärkung seines wackligen Regiments verband sich Numeiri mit der lokalen Moslemischen Bruderschaft und dessen Führer Dr. Hassan el Torabi. Dieser Torabi hatte zu jenem Zeitpunkt bereits eine „bunte" Vergangenheit hinter sich. Er war einer der wenigen Sudanesen, die von ihren Eltern zum Jura-Studium nicht nur nach England, sondern danach auch an die Pariser Sorbonne geschickt worden waren, ohne daß sich der Student dort etwas von der intellektuellen französischen Lebensart angeeignet hätte. Er geriet vielmehr unter den Einfluß der in Paris unter den nordafrikanischen Arbeitern sehr aktiven orthodoxen Moslems. Wobei damals noch niemand in Frankreich von Fundamentalisten sprechen konnte.

Dennoch, wenn nötig, konnte Torabi sehr wohl den intellektuellen Gentleman spielen.

In den Sudan zurückgekehrt, avancierte Torabi sehr rasch zum Dekan der Juristischen Fakultät in Khartum und gleichzeitig zum Führer der zu jener Zeit noch unter ausschließlich ägyptischem Einfluß stehenden einheimischen Moslemischen Bruderschaft. Worauf ihn Numeiri zum Generalanwalt und Justizminister – also zum Vollstrecker der neuen islamischen Gesetzte – machte.

Der islamistische Kurs konnte Numeiri nicht mehr retten. Als Reaktion auf die Unterdrückung Andersgläubiger legten die USA die Wirtschaftshilfe an den Sudan auf Eis. Worauf Numeiris Liebe für die „Brüder" umgehend erkaltete. Er sprach sogar von einem Komplott der Bruderschaft mit iranischer Unterstützung und ließ etwa 200 ihrer führenden Anhänger verhaften. Darunter laut Medienberichten auch Maitre Torabi.

Dennoch stürzte der General im Frühjahr 1985, nicht an seiner Zick-Zack-Politik oder dem Krieg im Süden, sondern an seiner eigenen Unfähigkeit. Mit knappem Vorsprung konnte er nach Ägypten fliehen.

An seine Stelle trat nach den ersten mehr oder weniger freien Wahlen 1986 – und das war das Ungewöhnliche an der ganzen Entwicklung – eine weitgehend demokratische Regierung unter Sadik el Mahdi, dem Urenkel des „Messias". Noch überraschender war die Tatsache, daß der Nachfahr des Mahdi als erster versuchte, einen ernstzunehmenden Dialog mit dem Süden einzuleiten. Und das, obwohl er sich selbst zu einem – wenn auch gemäßigten – Islamismus bekannte.

Doch gerade diese Friedenspolitik des „demokratischen Fundamentalisten" wurde ihm zum Verhängnis. Die Militärs sahen ihre dominierende Position – und ihre Pfründen – in Gefahr und verbündeten sich mit den alten Gegnern des Mahdismus.

1989 wurde die zivile Regierung gestürzt und Generalleutnant Omar el Baschir übernahm die Macht. Vorerst gebärdete sich Baschir als Reformer und legte die Islamisierung wieder einmal auf Eis. Torabi, von Sadik el Mahdi freigelassen, fiel kurzfristig wieder in Ungnade. Als Baschirs Regime jedoch ins Wanken geriet, verbündete er sich seinerseits mit der Moslemischen Bruderschaft, die sich nun „Nationale Islamische Front" nannte.

Damit war der Weg frei für ein Comeback Torabis. Doch dieser gab sich diesmal mit einem Ministerium nicht zufrieden. Er okkupierte verschiedene Funktionen, bis allen klar wurde, daß der „schwarze Khomeiny mit dem weißen Turban", wie ihn seine Gegner nannten, der wahre Herrscher in Lande war – was nur in bezug auf die Macht zutraf. Tatsächlich war und ist Torabi, wie bereits angedeutet, eine Persönlichkeit mit vielen Gesichtern. 1992, zum Beispiel, tauchte er an der Spitze einer sudanesischen Delegation in London auf. Nicht etwa mit Turban und wallendem Gewand, wie er sich in seiner Heimat zeigt, sondern im maßgeschneiderten dunklen Doppelreiher, mit seinen Gastgebern perfekt englisch und französisch parlierend. Er konzedierte im Gespräch, daß es wohl Einzelfälle von Folter im Sudan gäbe, aber im Süden bekämpfe man nicht das Volk, sondern lediglich vom Ausland finanzierte Terroristen. Ansonsten blicke sein Land nicht in die Vergangenheit, sondern in die Zukunft.

Torabis Gastgeber waren zutiefst beeindruckt und die im Südsudan tätigen internationalen Hilfsorganisationen benötigten Wochen, um seine Darstellung zu dementieren.

Dennoch hat Torabi noch immer Fürsprecher in anderen europäischen Ländern. Vor der Wiener „Dialogkonferenz der Religionen" vor einigen Jahren wurde von einigen islamischen Vertretern inoffiziell vorgeschlagen, ihn als Delegierten einzuladen – ein Vorschlag, der angeblich nur mit großer Mühe und diplomatischem Geschick „abgebogen" werden konnte. Zweifellos hätte seine Anwesenheit zu heftigen Auseinandersetzungen geführt.

Im übrigen verschärfte das neue Regime durch seine Versuche, islamische Gesetze auch ernsthaft dem Süden aufzuzwingen, den inzwischen etwas abgeflauten Bürgerkrieg. Die Truppen in Khartum setzten alle ihr zur Verfügung stehenden Mittel ein, im Umgang mit der Zivilbevölkerung eine besonders grausame Waffe: die Lebensmittelblockade.

Internationale Hilfsorganisationen erhielten nur noch sehr selten die Genehmigung, Lebensmittel per Flugzeug in den Süden zu bringen. Sporadische Hilfsflüge aus dem benachbarten Äthiopien oder Uganda wirkten nur wie ein Tropfen auf dem heißen Stein.

Verschärft wurde die Lage im Süden durch die Furcht der Bevölkerung vor Luftangriffen der Regierungstruppen. Die Bauern getrauen sich nicht mehr, ihre Felder zu bestellen, wodurch katastrophale Ernteausfälle drohten.

Bereits Anfang Mai 1998 warnten Hilfsorganisation vor einer Hungerkatastrophe apokalyptischen Ausmaßes, aber erst im August akzeptierten Khartum und die Rebellen einen dreimonatigen Waffenstillstand. Ob er hält, wird sich erst zeigen.

Dabei weiß das Regime genau, daß der Konflikt militärisch nicht zu lösen ist. Wohl haben Garangs Rebellen, was ihre Bewaffnung betrifft, den Panzern und Düsenjägern des Gegners nichts annähernd Gleichwertiges entgegenzusetzen – außer den

Mut der Verzweiflung und bessere Ortskenntnis. Ähnliche Faktoren hatten Jahre zuvor dem Vietkong zum Sieg über die Supermacht Amerika verholfen.

Überdies stehen die christlichen Rebellen nicht mehr allein. Auch die Angehörigen des Nuba-Stammes haben sich gegen Khartum aufgelehnt, obwohl sie Moslems sind. „Wir sind eben keine Nordsudanesen", erklärte einer der Führer der Nuba-Rebellen im amerikanischen Fernsehen. „Wir lassen uns nicht gewaltsam arabisieren."

Somit ergibt sich eine Patt-Situation. Die Regierungstruppen kontrollieren alle größeren Städte, doch das Umland wird von den Garang-Truppen beherrscht. Und auch die härtesten Zwangsmaßnahmen werden die Christen und Animisten des Süden nicht dazu bringen, moslemische Gesetzte zu befolgen. Was übrigens den Gesetzen des Korans widerspräche.

Andererseits können Garangs Guerillas nicht aus dem Süden ausbrechen, um das Regime in Khartum zu stürzen.

Wenn also den Herrschern in Khartum überhaupt Gefahr droht, so von den eigenen moslemischen Landsleuten. Trotz seiner Machtfülle und der Unterstützung durch die Fundamentalisten hat es Baschir bisher nicht gewagt, Sadik el Mahdi auf Dauer ins Gefängnis zu werfen – was unweigerlich einen Aufstand der „Ansar" zur Folge hätte.

Andererseits weiß auch Sadik el Mahdi genau, daß die Ansar allein Baschir nicht stürzten können. So kam es erstmals in der sudanesischen Geschichte in Kairo zu Kontakten zwischen den Mahdisten und ihren historischen Gegnern, der Khatmia-Sekte unter der Führung von Mohammed Osman el Mighrani, mit dem Ziel, ein islamisches Regime ohne Fundamentalisten aufzubauen.

Zusammen wären die beiden Sektenführer eine ernste Herausforderung sowohl für Militärs als auch für die Moslem-Brüder.

Nun sind Baschir und Torabi am Zug. Kurzfristig wird wohl kaum eine Entscheidung fallen, obwohl eine unberechenbare Entwicklung zweifellos in Fluß ist. Mit Raketen allein, wie sie das US-Regime am 21. August 1998 auf die Chemiefabrik bei Khartum, die angeblich Osama Ben Laden gebaut hat und in der angeblich Rohmaterial für Chemiewaffen hergestellt wurde, ist das Regime nicht zu stürzen.

Als der Österreicher Rudolf Slatin Anfang dieses Jahrhunderts die Chronik seiner Erfahrungen als Provinzgouverneur und Gefangener des Mahdi niederschrieb, nannte er sein Buch: „Mit Feuer und Schwert im Sudan". Er konnte wohl nicht ahnen, daß noch ein Jahrhundert später Feuer und Schwert im Lande herrschen würden.

17. Kapitel

Atatürks gefährdetes Erbe

Fast acht Jahrzehnte lang blieb das Erbe des Staatsgründers Kemal Atatürk unangefochten. Doch nun sind neue Kräfte unter der Führung des charismatischen Politikers Necmettin Erbakan im Vormarsch, welche das Rad der Geschichte zurückdrehen und die Türkei zum ersten islamistischen Staat auf (teilweise) europäischem Territorium machen wollen. Mehrmals haben die Militärs eingegriffen, um eine derartige Entwicklung zu verhindern. Doch die Fundamentalisten sind weiter präsent.

In jeder türkischen Stadt, und sei sie noch so klein, steht ein Standbild, oder zumindest eine Büste des Republikgründers Mustafa Kemal Atatürk (1881–1938). Einige der Monumente sind mangels an Pflege bereits etwas unansehnlich geworden. Der Stein weist Sprünge auf, der Kupfer ist von Grünspan angegriffen, wenn sie kein eifriger Beamter vor einem Besuch hoher Herren auffrischen läßt.

Ein Landsmann Atatürks möchte die Denkmäler des Vaters der Türken (so die Übersetzung von „Atatürk“) am liebsten abbauen. Bisher ist er allerdings selbst zweimal „abgebaut“ worden.

Dieser Denkmalstürmer heißt Necmettin (übersetzt „Stern des Glaubens“) Erbakan, Jahrgang 1926 oder 1928. Geboren wurde er in der anatolischen Hafenstadt und Fundamentalistenhochburg Sinope am Schwarzen Meer, wo sich in den achtziger Jahren das grausamste Gemetzel fanatischer Islamisten an fortschrittlichen Intellektuellen ereignen sollte.

Sein Vater war Richter, mehr ist von ihm im Ausland nicht bekannt. Der Sohn studierte an der Technischen Universität von Istanbul, wo er es bis zum Assistenten brachte.

Die Familie war wohlhabend genug, um dem Junior ein Weiterstudium im Ausland zu ermöglichen. Er wählte die Technische Universität in Aachen, an der er mit 27 jugendlichen Jahren bis zum außerordentlichen Professor avancierte.

Deutschland, kurz nach dem Krieg, wurde zu Erbakans Wahlheimat, wo er angeblich Sympathie für die rechten Burschenschaftler entdeckte, mit denen er sich noch heute ideologisch verbunden fühlt. Daß gerade diese „Rechten" wenig Sympathie für seine Landsleute, die türkischen Gastarbeiter, aufbringen, hat ihn offensichtlich nie gestört.

Ebensowenig konnte ihn die Wissenschaft auf Dauer fesseln. Er kehrte in seine Heimat zurück und gründete ein Motorenwerk mit Geldern seiner Familie. Dementsprechend war auch seine baldige Wahl zum Präsidenten der türkischen Handelskammer vorprogrammiert.

Der Rechtsruck in der türkischen Politik unter Adnan Menderes, dem ersten türkischen Regierungschef, der nicht der kemalistischen Partei angehörte und wegen seines Flirts mit den Islamisten von der Armee abgesetzt und hingerichtet wurde, ermutigte den jungen Rechten Erbakan trotz der Risiken in die Politik zu gehen. Allerdings mußte er sich gedulden, bis die Generäle die Macht wieder in zivile Hände zurückgelegt hatten. 1969 wurde er als Unabhängiger zum Abgeordneten für die anatolische Stadt Konya – die Heimat der tanzenden Derwische – in die Nationalversammlung gewählt. Als Einzelkämpfer fühlte er sich anscheinend nicht wohl und schloß sich der Milli Nizam- („Nationale Ordnung"-)Partei an, die jedoch wegen islamistischer Tendenzen schon 1971 von den Militärs aufgelöst wurde.

Zu jener Zeit war Erbakan bereits zu einem der bekanntesten Islamisten im Land geworden. Durch seine Forderung, die Hagia Sophia in Istanbul in eine Moschee (sie ist seit langem ein Museum) zurückzuverwandeln, handelte er sich die Feindschaft aller Griechen ein, für die die einstige Kirche noch immer ein Symbol vergangener Größe darstellt. Dabei waren die orthodoxen Christen – in der Türkei nach dem verlorenen Krieg von 1920/22 zu einer kleinen Minderheit zusammengeschrumpft – keineswegs das einzige Feindbild des Neo-Politikers. In seinen Reden wetterte er gegen eine Verschwörung von „Juden und

Freimaurern" – und das in einem Land, in dem es kaum Freimaurer und maximal 20.000 Juden gibt.

Prominent geworden, gründete er 1972 seine eigene Partei, die sich Milli Selamat Parti („Nationale Heilspartei") nannte. Bei den Wahlen von 1973 wurden die Islamisten bereits zur drittstärksten Partei und für ihren Führer schien die Zeit reif, sich an der Regierung zu beteiligen. Einen Koalitionspartner suchte er indes nicht bei den bürgerlichen Konservativen oder den faschistischen „Grauen Wölfen", sondern bei den Sozialdemokraten unter Bülent Ecevit. Wobei der Kabinettspartner ebensowenig Skrupel zeigte und Erbakan zu seinem ersten Vizepremierminister machte. In die Regierungszeit des Kabinetts Ecevit-Erbakan fiel 1974 die türkische Invasion und Okkupation von Nordzypern, nach einem mißlungenen Putsch im griechischen Teil der Mittelmeerinsel. 1977 wurde das Bündnis der beiden ungleichen Partner für eine weitere Legislaturperiode erneuert.

Während seiner Zeit als Vizepremierminister hatte Erbakan reichlich Gelegenheit, seine Position als Beschützer des wahren Glaubens zu stärken. Er verpaßte keine Gelegenheit, religiöse Institution zu fördern, bis die Armee wieder einmal die Notbremse zog. 1980 wurde die Nationale Heilspartei aufgelöst und Erbakan erhielt als „Draufgabe" ein siebenjähriges Politikverbot.

Was ihn nicht einem Moment lang daran hinderte, seine dritte Partei, die Refah-(„Wohlfahrts"-)Partei, zu gründen. Ohne ihren charismatischen Führer hatte es die Gruppe vorerst schwer. Bei den Wahlen von 1991 kam sie auf nur 62 (von 450) Sitze.

Die politischen Umstände spielten indes in die Hände der Islamisten. Nach einer Periode relativer Stabilität unter dem früh verstorbenen Premierminister und Präsidenten Turgut Özal kam es zu einer Koalitionsregierung zwischen den beiden konservativen Parteiführer Massud Yilmaz von der Mutterlands Partei und Tansu Ciler (Partei des rechten Weges), die einander persönlich nicht ausstehen konnten. Damit war der Weg über kurz oder lang frei für Erbakans Comeback. Als Generalprobe dienten ihm die Gemeinderatswahlen im März 1994, bei welchen die Refah-Partei nicht nur ihren Stimmenanteil verdoppelte, sondern auch die Rathäuser der sechs größten Städte – darunter Ankara und Istanbul – eroberte.

Erbakan wußte, daß seine Stunde bald schlagen würde, denn die wacklige Regierungskoalition trug das Ihrige dazu bei, die Bevölkerung unsicher zu machen. Bei den folgenden Parlamentswahlen konnte die Refah-Partei mit 158 von 550 Sitzen und 20 Prozent der Stimmen ihren bislang größten Sieg erringen (Dezember 1995).

Kenner der türkischen Szene wollten einfach nicht glauben, daß einer von fünf Türken sich nun als Islamist „geoutet" hatte. Was auch nicht zutrifft. Erbakans Mannen hatten sich vielmehr durch ausgezeichnete Arbeit in den von der Regierung total vernachläßigten Gemeinden auf die nationale Ebene emporgearbeitet Noch waren – und sind – die Islamisten von einer regierungsfähigen Mehrheit weit entfernt. Doch sie wußten, im Gegensatz zu ihren Gegnern, genau, was sie zu tun hatten. Und wieder kamen „äußere Umstände" ihnen zu Hilfe. Schon nach wenigen Monaten deckte Erbakan einen Korruptionsfall auf, in den Premierministerin Ciler angeblich tief verwickelt war.

Ciler – und mit ihr die Regierung – mußte zurücktreten, doch Erbakan zeigte im entscheidenden Moment, daß ihm das Wort Skrupel unbekannt war. Anstatt auf ein Verfahren gegen Ciler zu drängen, bot er seiner einstigen Rivalin nicht nur De-facto-Immunität, sondern auch den Posten einer Stellvertretenden Ministerpräsidentin an – in einer Koalition unter seiner eigenen Führung. Wohl oder übel mußte Ciler, die zuvor ihre eigene Partei als Bollwerk gegen die dunklen Gestalten des Fundamentalismus angepriesen hatte, dem Vorschlag zustimmen. Am 8. Juli 1996 wurde danach das erste Kabinett Erbakan von der Nationalversammlung bestätigt. Der Islamist war am Ziel – vorerst.

Etliche Korrespondenten, die normalerweise nicht zu den Bewunderern Erbakans zählen, konzedieren, daß der islamische Fundamentalist frischen Wind in das Amt des Regierungschefs gebracht hatte. Dieser Elan manifestierte sich nicht zuletzt in seiner Reiselust, die türkische Kommentatoren an ähnliche Vorlieben des Papstes erinnerte.

Innerhalb weniger Monate besuchte er fast alle islamischen Republiken der ehemaligen Sowjetunion (plus Malaysia, Nigeria und Libyen), deren Regierungen er an die große Vergangenheit der Turkvölker erinnerte.

Der Westen sah diese Bestrebungen vorerst nicht ungern, war es Amerikanern und Europäern doch lieber, die neuen Staaten unter türkischem als unter iranischem Einfluß zu sehen. Erst als Erbakan anläßlich eines Besuches in Teheran einen Kompromiß mit den Mullahs über die Schaffung von Einflußsphären abschloß, kamen den westlichen Strategen Bedenken.

Erbakan trug das Seinige zu dieser Entfremdung bei, als er den bisherigen, auf Europa ausgerichteten außenpolitischen Kurs der Türkei nicht mehr höchste Priorität einräumen wollte. Woran die EU-Staaten selbst ein Maß an Mitschuld trugen, als sie, unter griechischem Druck, die Türken von der Liste potentieller EU-Kandidaten fernhielten.

Diese Politik wurde überdies mit dem Vernichtungsfeldzug der türkischen Armee gegen die kurdischen Untergrundkämpfer in Verbindung gebracht, doch daran war Erbakan unschuldig. Der Feldzug gegen die Rebellen der PKK ging ausschließlich auf das Konto der Generäle und nicht der Politiker.

Unabhängig von der hohen Politik wurde Ankara unter der Regierung Erbakan zu einem Tummelplatz europäischer Rechtsextremisten. Sowohl der französische Ultra Jean-Marie Le Pen als auch der russischen Populist Wladimir Schirinowsky zählten zu seinen Gästen. Und es störte den Gastgeber überhaupt nicht, daß seine Freunde zu den schärfsten Gegnern der Moslems in ihren Heimatländern zählten.

Bei aller Energie und dem meisterhaften Spiel auf der Orgel der Öffentlichkeit stieß der Premierminister nach einiger Zeit an seine innen- und außenpolitischen Grenzen. So konnte er, allen Interventionen zum Trotz, die von Staatspräsident Suleiman Demirel und den Generälen forcierte militärische (und auch politische) Annäherung zwischen seinem Land und Israel nicht sabotieren. Islamische Solidarität hin oder her, in den Augen der militärischen Führung hatten die beiden nichtarabischen Nahoststaaten einander viel zu bieten: die Türken den Raum für militärische Übungen mit hochentwickelten Geräten, die Israelis das Know-how und einen direkten Draht nach Washington.

Wenngleich er sich in diesem einen Punkt nicht hatte durchsetzen können: von seinen islamistischen Plänen wollte sich der Regierungschef um keinen Preis abbringen lassen.

Womit der nächste – der wievielte eigentlich? – Staatsstreich vorprogrammiert war.

Noch war es jedoch nicht soweit, denn auch die Generäle wollten nicht als Putschisten dastehen. Also zitierten sie den Premierminister vor den Nationalen Sicherheitsrat, dem auch der Staatspräsident angehört. Erbakan hörte sich die Beschwerden an, was die Förderung des Islamismus betraf, akzeptierte sie scheinbar, tat aber nichts dagegen.

Vielleicht wäre er noch einmal davongekommen, doch die Heißsporne in den eigenen Reihen fielen ihm in den Rücken. Im Feber 1998 forderte ein Parteifreund, der Bürgermeister einer Stadt bei Ankara, bei einer Massenversammlung der Islamisten die Einführung der Scharia, also der islamischen Gesetze, anstelle der von Kemal eingeführten zivilen Gesetzgebung. Ein weiterer Redner bei dieser Kundgebung war kein Geringerer als der iranische Botschafter in der Türkei, welcher der geforderten Initiative die Unterstützung seines Landes versprach.

Darauf entsandten die Militärs demonstrativ eine Panzerkolonne in die aufmüpfige Stadt. Einige Tage später wurde der Bürgermeister verhaftet.

Zur direkten Konfrontation zwischen Regierung und Armee kam es indessen an einer anderen „Front", welcher beide Seiten fundamentale Bedeutung beimaßen: der Verlängerung der Schulpflicht von vier auf sieben Jahre – eigentlich eine Selbstverständlichkeit in einem Land, das sich die Angleichung an westliche Standards zum Ziel gesetzt hatte.

Dahinter steckte jedoch ein brisantes soziales und politisches Problem. Die neue Regelung sollte Jugendliche davon abhalten, nach Absolvierung der Grundschule direkt in eine religiöse Koranschule überzuwechseln, die sie dann in der Regel als überzeugte Fundamentalisten verließen. Durch die Reform wäre Erbakan von seiner wichtigsten Kaderschmiede abgeschnitten worden.

Für Kinder aus begüterten Familien wäre dies kein Problem gewesen, da sie von ihren Eltern an die mitunter recht teuren Gymnasien geschickt wurden. Gerade den Ärmeren standen aber zur Weiterbildung – was immer man darunter verstehen mochte – nur die schulgeldfreien Koranschulen zur Verfügung.

Wiederum erklärte sich Erbakan bereit, eine entsprechende Gesetzesvorlage im Parlament durchzubringen. Tatsächlich ließ er sie aber in den Ausschüssen liegen.

Die Geduld der Militärs war damit zu Ende. „Die Bekämpfung des Fundamentalismus ist für die Republik eine Überlebensfrage", erklärte Armeesprecher Kenan Deniz bei einer eigens einberufenen Pressekonferenz. Und Geheimdienstchef General Fevzi Türkeri kündigte sofortige Schritte gegen die Refah-Partei an.

Noch wollte Erbakan den Ernst der Lage nicht erkennen. „Die Armee steht hundertprozentig hinter den demokratischen Institutionen (sprich: der Regierung)", versicherte er seinerseits den Medien.

Doch er hatte sich verrechnet. Unter dem Druck eines Ultimatums der Streitkräfte reichte er am 18. Juni 1997 nach nur elfmonatiger Regierungszeit seinen Rücktritt ein.

Die Armee war ihrerseits bestrebt, den Eindruck zu verwischen, es handle sich wieder einmal um einen Staatsstreich. Es gäbe lediglich einen Regierungswechsel nach demokratischen Spielregeln, ließen die Militärs verlauten. Erbakan persönlich blieb vorerst ungeschoren, aber seine Refah-Partei wurde aufgelöst. Die fundamentalistischen Abgeordneten sollten der Nationalversammlung weiterhin als „Wilde" angehören.

Inzwischen hat der geschaßte Ex-Ministerpräsident eine neue Partei, seine vierte, gegründet, vorerst allerdings ohne parlamentarische Fraktion.

Erbakan rechnete offensichtlich damit, daß es seinen Gegnern nicht gelingen werde, ein Kabinett mit parlamentarischer Mehrheit auf die Beine zu stellen. Auch zusammen mit der bisherigen Linksopposition verfügte nämlich der von Demirel nominierte alt-neue Regierungschef Massud Yilmaz, Führer der Mutterlands Partei, der drittgrößten Fraktion, nicht über die nötige Stimmenmehrheit in der Nationalversammlung. Danach, mutmaßte Erbakan, würde der Präsident gezwungen sein, das Parlament aufzulösen und Neuwahlen anzusetzen. Und diese würde Erbakans Nachfolgepartei sicherlich gewinnen.

Der alte Fuchs hatte indessen die Standhaftigkeit der Parteigänger seiner ehemaligen Partnerin Ciler überschätzt. Diese sahen ihre Felle davonschwimmen, für den Fall, daß es nun doch zu einer Korruptionsanklage gegen ihre Chefin kommen würde (Was bisher nicht geschehen ist). So liefen sie in Scharen zur Mutterlands-Partei über.

Worauf Yilmaz' Mitte-Links-Regierung unschwer vom Parlament bestätigt wurde.

Allerdings steht das neue Kabinett auf wackligen Beinen und wäre beinahe über den vom sozialistischen Koalitionspartner geforderten Inflationsausgleich für Beamte gescheitert. Negativ wirkte sich auch der neuerliche EU-Beschluß aus, mit den Türken keine Beitrittsverhandlungen aufzunehmen.

Seitdem stehen die Türken gegenüber der EU im Schmollwinkel. Und Erbakan bereitet sich auf das Rückspiel bei den nächsten Wahlen vor. Sie sollen im April 1999 stattfinden.

18. Kapitel

Algerien am Abgrund

In Algerien hat der religiös motivierte Terror bisher die höchste Opferzahl gefordert, nachdem die Regierung des Landes einen drohenden Wahlsieg der Fundamentalisten durch einen Staatsstreich verhindert hatte. Nicht zuletzt dank der geographischen Nähe Algeriens sind die europäischen Anrainer des westlichen Mittelmeerraumes bedroht, da ein Sieg der Fundamentalisten eine beispiellose Flüchtlingswelle auslösen würde.

Revolutionen fressen ihre Kinder, lautet eine alte Regel. Oder ihre Väter. Aber selten geschieht dies so gründlich und grausam wie in Algerien. Die algerische Revolution hat sich als richtiger Vielfraß entpuppt.

Man muß schon alte Archive durchwühlen, um sich an alle gefallenen Revolutionäre zu erinnern, welche dem Freiheitskampf Algeriens zum Opfer gefallen sind. Oder von den eigenen Leuten geopfert wurden.

Da gab es einmal und das ist gar nicht so lange her – den bärtigen Messali Hadj, den Vater der algerischen Unabhängigkeitsbewegung. Er schaffte es nicht einmal, nach dem Sieg seiner Bewegung in die Heimat zurückzukehren. Oder Ferhat Abbas, der das Abkommen von Evian ausgehandelt hatte, das seinem Land die Unabhängigkeit gewährte. Oder Achmed Ben Bella, den profiliertesten Freiheitskämpfer, der schon nach kurzer Amtszeit geschaßt wurde. Und diese Liste ließe sich noch durch etliche Beispiele ergänzen.

Sie alle waren gute Moslems, aber kein einziger Fundamentalist war unter ihnen. Tatsache ist, daß der Anteil der religiösen Eiferer am Kampf gegen Frankreich in den sechziger Jahren überhaupt nicht ins Gewicht fiel. Umso schwerer wiegt er heute, im Kampf gegen die eigenen Landsleute.

Zweifellos hat der Unabhängigkeitskampf der Algerier tiefreichende Wurzeln. In der ersten Hälfte des 19. Jahrhunderts war ganz Nordafrika vom Atlantik bis zum Roten Meer dem ottomanischen Reich zumindest tributpflichtig, aber die Präsenz der Glaubensbrüder in Konstantinopel beschränkte sich auf einige Deys (Gouverneure) und kleine türkische Garnisonen in etlichen Hafenstädten. Je größer die Distanz zur Hohen Pforte, desto geringer wurde der türkische Einfluß.

Von Napoleon wurde Algerien praktisch ignoriert. Es kam ihm nie in den Sinn, ein Kolonialreich auf dem Boden der Französischen Revolution zu gründen. Der Verkauf von Louisiana an die junge amerikanische Republik erhärtet diese These. Was Nordafrika betraf, so ging es dem Korsen nur darum, die Verbindungswege der Briten durch seine Landung in Ägypten zu durchkreuzen, die ihm bekanntlich nichts einbrachte, das Wissen Europas jedoch bereicherte.

Erst die heimgekehrten Bourbonen hofften durch billige und rasche Eroberungen von ihrer schwachen Position im eigenen Land abzulenken. Und da war Algerien das nächstliegende Ziel.

Karl X., der letzte der „echten" französischen Bourbonen, hatte die Eroberung von Algerien als „Sonntagsausflug" geplant. Als Vorwand diente ihm ein Schlag mit einem Roßhaarwedel, welchen der Dey dem frechen französischen Konsul versetzt hatte.

Zur Beobachtung des glorreichen Sieges wurden sogar Galeriesitze auf französischen Handelsschiffen vor Algier an begüterte Adabeis und Gönner des Regimes verkauft.

Die Stadt Algier fiel praktisch ohne Widerstand, da die einheimischen Krieger keine Lust hatten, ihre Haut für die Türken auf den Markt zu tragen.

Karl der Letzte konnte sich der Früchte seines Sieges nicht lange erfreuen, denn er wurde schon kurz danach durch die bürgerliche Revolution von 1830 gestürzt. Da jedoch der Feldzug bislang reibungslos verlaufen war, beschloß Karls Nachfolger, der „Bürgerkönig" Louis Philippe, den „Sonntagsausflug" fortzusetzen. Doch da hatte er sich mächtig geirrt. Kaum waren die Franzosen ins Hinterland von Algier vorgestoßen, da trafen sie auf den entschlossenen Widerstand der einheimischen Scheichs.

Zu deren militärischem Führer wurde Abd el Kader, der Emir der westalgerischen Region Mascara. Rasch stießen die Algerier in das Gebiet von Oran vor und vertrieben die Franzosen.

Die Kämpfe erstreckten sich über zwei Jahrzehnte, bis der inzwischen an die Macht gekommene Napoleon III. Abd el Kader gestattete, ins Exil nach Damaskus zu übersiedeln.

Angenehm sollte sein Aufenthalt in Syrien indes nicht werden. Die Türken neideten ihm seinen Ruhm und überdies war die syrische Hauptstadt ein chronischer Unruheherd. 1860 wiegelte der lokale türkische Gouverneur die Moslems zu einem Christenmassaker auf. Worauf Abd el Kader mit seiner algerischen Leibgarde in das Christenviertel eindrang und alle greifbaren Christen in seine Residenz eskortierte. Später offerierte er den Plünderern 50 Piaster für jeden Christen, den sie ihm lebend auslieferten. Insgesamt dürfte er damals 1 200 Menschen gerettet haben.

Wofür er von ganz Europa mit Ehren überschüttet, von den syrischen Fanatikern jedoch als Verräter verteufelt wurde. Er starb 1882.

Einen Mann seines Formats hat es in Algerien seitdem nicht mehr gegeben.

Die Unruhe in Algerien schwelte indessen weiter. Das republikanische Frankreich hatte von den Fehlern seiner Vorgänger nichts gelernt.

So wurde die französische Besatzung, ohne daß sie es selbst bemerkte, zum Geburtshelfer des islamischen Fundamentalismus in Algerien.

Erst der Erste Weltkrieg brachte einen Hauch von Liberalisierung nach Algerien, nicht zuletzt weil Paris Soldaten aus Nordafrika benötigte – was den Einheimischen den Vorteil brachte, erstmals an modernen Waffen ausgebildet zu werden.

Diese Tendenz verstärkte sich noch im Zweiten Weltkrieg. Vom „weißen" militärischen Potential des besetzten Mutterlandes abgeschnitten, wurden Kolonialtruppen zum schlagkräftigen Kern der freien französischen Streitkräfte.

Wenn es darum ging, Versprechungen zu machen, nahmen sich die französischen Werber kein Blatt vor den Mund. Den „Hilfswilligen" wurde eine goldene Zukunft in einem partnerschaftlichen Regime in Algerien versprochen, in dem Moslems und Christen als Gleichberechtigte zusammenarbeiten sollten.

Als der Krieg zu Ende war, geschah nichts dergleichen – sieht man von Stipendien für „assimilierte" Moslems ab. Und zu den Unzufriedenen gesellte sich nun das Heer der abgerüsteten Soldaten. Unter ihnen befand sich übrigens der „Kurzzeit"-Präsident Ben Bella. Sie erhielten nicht einmal die gleichen Benefizien wie ihre algerisch-französischen Kameraden.

Noch spielten die Fundamentalisten im Rahmen des sich anbahnenden Widerstandskampfes keine wesentliche Rolle. Impulse – und Waffen – kamen indessen von Frankreichs Gegnern im Kalten Krieg: Rußland, Gamal Abdel Nassers Ägypten und sogar China.

Innerhalb weniger Monate geriet Frankreich inmitten eines zweiten Algerien-Krieges – ebenso blutig, wie der Kampf gegen Abdel Kader, aber ohne einen so ritterlichen Gegenspieler.

Alsbald sahen sich die schwankenden Regierungen der IV. Republik sogar mit einem Zwei-Fronten-Krieg konfrontiert: auf der einen Seite die einheimischen Rebellen, auf der anderen die Verschwörer des OAS („Organisation der geheimen Armee", die sich aus extremistischen Generälen und Offizieren zusammensetzte), die ein härteres Durchgreifen unter der Devise „Algerie francaise" forderten.

Dann kehrte unvermittelt „Le grand Charles" de Gaulle wie ein Phönix aus der Asche auf die politische Bühne in Paris zurück. Die aufmüpfigen Generäle sahen in ihm zuerst einen Verbündeten gegen die laschen Politiker. Doch sie wurden rasch eines Besseren belehrt. Und gegen einen Mann seiner Statur hatten militärische Verschwörer keine Chance, wiewohl sie es mit einer Reihe von Anschlägen versuchten.

Die algerischen Nationalisten waren ebenso verunsichert. Was sollten sie von de Gaulle halten? Sein ursprünglicher Slogan von einem Frankreich „von Dieppe bis Tamanrasset" wurde – nach kurzem Jubel – mit berechtigten Vorbehalten aufgenommen. Schließlich erwies sich der Plan als utopisch, wie so viele andere Ideen des großen Charles. Sollte etwa ein Targi aus Tamanrasset in Dieppe die Post austragen? Oder ein Beamter vom Pas de Calais eine Wüstenregion in der Sahara verwalten?

Es kam was kommen mußte. De Gaulle tat das, was seine Vorgänger nicht gewagt hatten: Er verhandelte mit den Rebellen. Der Vertrag von Evian sah wohl die Unabhängigkeit Algeriens unter Wahrung der Rechte der ansässigen Europäer vor, in der Praxis jedoch verschwanden die meisten in den nächsten Jahren und bauten sich in Korsika oder Südfrankreich ein neues Zuhause auf. Sehr zum Mißfallen der Alteingesessenen.

Achmed Ben Bella wurde nach einigem Gerangel erster international anerkannter Präsident des unabhängigen Algerien – nur um kurz danach von seinem eigenen Armeechef Huari Boumedienne gestürzt zu werden. Heute lebt Ben Bella friedlich unter seinen einstigen Feinden in Frankreich und freut sich, wenn ihn Journalisten fragen, was er alles in Algerien besser hätte machen können.

Nur die orthodoxen Moslems blieben weiter hinter ihren Kasbah-Mauern. Der Unabhängigkeitskrieg hatte sie ebenso wenig aus ihrer Lethargie erweckt, wie die folgenden Machtkämpfe. Kein Wunder, daß ihre Gegner die Fundamentalisten als eine Quantité négligeable betrachteten.

So verlief der Aufstieg der algerischen Islamisten von den Sicherheitskräften, wenn nicht unbemerkt, so doch weitgehend ignoriert. Mochten die Frommen fünfmal täglich beten und, wenn sie es wollten, in den Elendsquartieren Sozialfälle betreuen, das war nicht verboten, solange sie ihre Finger nicht in die Pfründen des Regimes steckten. Und dabei ging es um viel: etwa die Milliardeneinkünfte aus dem Erdöl- und Erdgasgeschäft, von denen nur ein Minimum an die Bevölkerung durchsickerte.

Dabei drohte die Uhr des Militärregimes abzulaufen, die seit dem Auszug der Franzosen so trefflich funktioniert hatte.

Boumedienne starb noch im Vollbesitz seiner Macht 1978 eines natürlichen Todes – keine Selbstverständlichkeit für einen algerischen Politiker – und wurde von einem seiner engsten Mitkämpfer aus den Reihen der Militärs, Chedli Benjedid ersetzt.

Dieser erkannte wohl die Notwendigkeit von Reformen, in die auch der Islam einbezogen werden mußte – allerdings mit einem sozialrevolutionären Mäntelchen. So hieß es in der noch 1978 verabschiedeten National-Charta der Volksrepublik Algerien: „Das algerische Volk ist ein islamisches Volk. Der Islam ist Staatsreligion. Er muß sich zur sozialen Revolution bekennen."

An der bewährten Praxis sollte sich nichts ändern. Der Staat war weiterhin entschlossen, das islamische Leben und dessen Institutionen zu monopolisieren – und sei es durch die Besoldung der religiösen Würdenträger und der Funktionäre. Dies führte letztlich nur zur Vertiefung der Kluft zwischen der oberflächlich westlich orientierten herrschenden Schicht und den nur arabisch sprechenden Massen.

Dementsprechend ging eine neue Generation islamisch orientierter Studenten ohne Aufstiegschancen im Apparat dazu über, ein Netz von, vom Regime unabhängigen, Moscheen und sozialen Institutionen aufzubauen.

1989 wurde Algerien von einem schweren Erdbeben heimgesucht, wobei als Folgeerscheinung die Unfähigkeit der staatlichen Organisationen bei der Durchführung von Hilfsmaßnahmen zutage trat. Die Forderung nach einer Beteiligung der Bevölkerung am öffentlichen Leben wurde immer lauter.

Als Konsequenz entschloß sich Benjedid – in offensichtlicher Verkennung der aufrührerischen Stimmung im Land – erstmals, Wahlen auf einer pluralistischen Basis zu gestatten. Dabei unterlief ihm ein folgenschwerer Fehler: Im Gegensatz zu Ägypten und Tunesien, wo nur säkulare Gruppen gestattet sind, erlaubte er die Bildung islamistisch orientierter Parteien.

Rund 60 Parteien meldeten sich zur Wahl an, doch die islamistischen Gruppen vereinigten sich rechtzeitig unter dem Banner der „Islamistischen Heilsfront" (kurz FIS nach den französischen Initialen), wodurch sie ihre Wahlchancen nach dem von Frankreich übernommen Mehrheitswahlrechts entscheidend verbesserten.

Gleichzeitig hatten die Islamisten eine entscheidende Schwachstelle in ihrem System überwunden: den Mangel an charismatischen Führerpersönlichkeiten. Nun kreuzten die Fundamentalisten nicht nur mit einem, sondern gleich zwei potentiellen Führern auf: Scheich Ali Abbasi Madani, einem als recht gemäßigt geltenden Prediger, und Ali Belhadj, einem radikalen Volksredner. Das Duo sollte nach außen hin die beiden unterschiedlichen Gesichter der Heilsfront symbolisieren. Was sie jedoch – über alle möglichen Differenzen hinweg – vereinte, war das Bekenntnis zum islamischen Fundamentalismus nach dem Vorbild der ägyptischen Moslemischen Bruderschaft.

Im Vertrauen auf die bislang unangefochtene Vormacht seiner „Nationalen Befreiungsfront" setzte Benjedid als ersten Schritt freie Gemeinderatswahlen an. Fast alle Kommentatoren sprachen nicht nur von einem Sieg der Regierungspartei, sondern spekulierten auch über die Höhe der zu erwartenden Mehrheit. Nur wenige Funktionäre auf niedriger Ebene warnten den Staatschef vor verfrühter Euphorie.

Und von Euphorie konnte nach den Wahlen tatsächlich nicht mehr die Rede sein, höchstens auf Seite der Islamisten. Bei einer überraschend hohen Wahlbeteiligung von 65 Prozent endete der Urnengang mit einem wahren Erdrutschsieg: Die Anhänger der FIS eroberten 853 von 1551 Rathäusern und 32 von 48 Regionalparlamenten. Die Regierungspartei kam nur auf 32 Prozent in den Gemeinden und 29 Prozent in den Regionen. Was aber am schwersten wog: Die drei größten Städte, Algier, Oran und Constantine, fielen in die Hände der Islamisten.

Seltsamerweise neigten auch ausländische Kommentatoren dazu, das Wahlergebnis positiv zu beurteilen. Dies sei keine islamische Revolution nach iranischem Vorbild gewesen, urteilten sie, sondern ein demokratischer Sieg an den Wahlurnen. Die antidemokratische und antiwestliche Ausrichtung der Sieger sei wohl bedauerlich, doch derartige Entwicklungen müsse man hinnehmen. Das Triumphgeheul der Massen nach Verkündung der Wahlergebnisse stimmte fast niemanden nachdenklich.

Nach den Wahlen hätten im Regierungslager die Alarmglokken läuten müssen, doch nichts dergleichen geschah. Mochten die bärtigen Männer in den Gemeindehäusern ruhig ihren Dampf ablassen. Bei nationalen Wahlen würden sich die Bürger sicherlich erinnern, daß nicht die Prediger, sondern die Kämpfer, die Franzosen aus dem Land gejagt hatten – und dementsprechend votieren.

Die wenigen Gegenmaßnahmen, zu denen sich die Regierung entschloß, erwiesen sich als untauglich. Staatliche Gelder an FIS-dominierte Gemeinden wurden eingefroren, so daß die gewählten Mandatare ihre Funktionen nicht ausüben konnten –

wofür die Bevölkerung allerdings nicht die FIS, sondern die Regierung verantwortlich machte.

Warnungen der Regierung, die Islamisten würde die Scharia, das islamische Gesetz, einführen fielen auf unfruchtbaren Boden, hatte sich doch die FIS bis zu jenem Zeitpunkt, und sei es auch aus rein taktischen Gründen, betont moderat gegeben. In den Städten gab es keine Diskriminierung von Frauen im öffentliche Leben oder am Arbeitsplatz. Und an den öffentlichen Stränden gab es keine Geschlechtertrennung.

Im Hinterland sah es natürlich anders aus, doch die dort von den Islamisten geforderten frauenfeindlichen und puritanischen Maßnahmen hatten die Unterstützung der konservativen Bewohner. Inzwischen herrschte auf Regierungsseite weiter Verwirrung. Über eine Änderung des Wahlgesetzes kamen jedoch die „Reformen“ nicht hinaus, worauf die FIS im Mai 1991 zu einem Generalstreik und Massendemonstrationen aufrief, die vom Militär unterdrückt wurden. Madani und Belhadj wurden verhaftet und zu zwölf Jahren Kerker verurteilt.

In maßloser Überschätzung ihrer Macht ließ die Regierung am 26. Dezember 1991 Parlamentswahlen über die Bühne gehen: mit fast ebenso katastrophalen Ergebnissen, wie im Juni 1990. Im ersten Wahlgang erhielt die FIS 48 Prozent der Stimmen und erschien damit als sicherer Sieger für die Stichwahlen. Die einzige demokratische Oppositionspartei, die bei den Berbern starken Sozialisten unter Ait Achmed, kamen auf 26 Prozent. Die Regierungspartei wurde praktisch aufgerieben.

Benjedid und seine Minister waren am Ende ihres Lateins. Am folgenden 12. Jänner griff das Regime zu seiner letzten Waffe, dem Staatsstreich: Die Wahlen wurden ausgesetzt.

Diesmal ließen sich die Islamisten nicht so leicht unterkriegen wie Jahre zuvor der Gentleman Ben Bella. Innerhalb weniger Wochen brach ein Bürgerkrieg aus, in einer Dimension, wie man ihn in Afrika nördlich der Sahara nie gekannt hatte. Die Islamisten attackierten Frauen auf offener Straße, die es wagten, den Schleier abzulegen. Aber auch Journalisten und Intellektuelle gerieten in Lebensgefahr.

Für die Armee wiederum wurden Kopftücher und Bärte zu Identifizierungszeichen für fundamentalistische Rebellen.

Doch das war nur der Anfang.

Ein Jahr nach dem Staatsstreich, der übrigens nicht nur von der FIS, sondern auch der demokratischen Opposition verurteilt wurde, standen allein in der Stadt Algier 15.000 Soldaten im Kampf gegen einen vielfach unsichtbaren Feind. Und die Lage verschlechterte sich von Monat zu Monat. Spätesten ab 1994 war Algerien politisch und territorial ein geteiltes Land: ideologisch zwischen Laizisten und Fundamentalisten, territorial zwischen den Großstädten und dem schwer zugänglichen Hinterland, dazwischen liegen riesige Zonen des Niemandslandes.

Letztlich manifestierte sich die Teilung sogar auf zeitlicher Basis. Bei Tageslicht dominierte die Armee, nach Sonnenuntergang herrschten fast uneingeschränkt die Islamisten, da es die Sicherheitskräfte nicht wagten, bei Dunkelheit ihre befestigten Kasernen zu verlassen.

Längst konzentrierten sich die Angriffe der Fundamentalisten nicht mehr auf Soldaten oder Polizei. Immer öfter wurden Dörfer, deren Einwohner sich geweigert hatten, mit den Rebellen zu kooperieren, angegriffen und die Bewohner grausamen niedergemetzelt. Etliche dieser Massaker fanden in der Nähe von Kasernen statt, ohne daß die Garnisonen einen Finger gerührt hätten.

Die Scheußlichkeit der von den Islamisten an der Zivilbevölkerung verübten Gewalttaten erreichte ein beispielloses Ausmaß. Die Opfer wurden nicht erschossen, sondern brutal erschlagen, oder es wurden ihnen die Kehlen durchgeschnitten, während junge Mädchen „verschwanden". Die Fernsehbilder der Opfer gingen um die Welt.

War es nur Feigheit wie bei den Söldnern südamerikanischer Diktatoren, oder wollte das Regime die Bauern bestrafen, weil sie sich nicht offen zur Regierungsseite bekannt hatten? Oder hoffte man in Algier, die Greueltaten würden die schweigende Mehrheit der Bevölkerung dazu bewegen, sich von den Islamisten zu distanzieren?

Die Schutzbehauptung der Regierung, „Kommunikationsmängel" hätten zum Ausbleiben der Hilfeleistung geführt, wurde von niemandem als bare Münze akzeptiert.

Etwa zu jener Zeit hatten auch die Fundamentalisten ihren eigenen Propagandaapparat aufgebaut. Über Sympathisanten unter Moslems in westeuropäischen Ländern streuten sie Gerüchte aus, nicht die Islamisten, sondern Todesschwadronen der Regierung seien für die Massaker verantwortlich.

Problematisch wurde die Schuldzuweisung, wenn es sich um Anschläge auf die ethnische Minderheit der Berber handelte, die in Opposition sowohl zu den Islamisten als auch den Arabisierungsbestrebungen der Regierung stehen, die ihrerseits der FIS den nationalistischen Wind aus den Segeln nehmen sollten.

Im Juli 1998 wurde der beliebte Popsänger Loumis Matoub, ein Berber, in der Stadt Tizi Ouzou ermordet. Die Regierung beschuldigte die Islamisten, deren Propagandaapparat das Regime der Tat. Es kam zu Berberdemonstrationen, bei denen zwei Protestierer von Polizisten erschossen wurden.

Inzwischen glauben auch demokratische Regimegegner, daß dieser Mord auf das Konto der Fundamentalisten geht. Doch das Verhältnis zwischen der Regierung und den Berbern ist zumindest mittelfristig vergiftet.

Die algerische Regierung hatte sich längere Zeit jeder ausländischen Untersuchung widersetzt, mit dem Argument es handle sich um eine interne Angelegenheit. Unter dem Druck von Beschuldigungen und verschärften Kämpfen mußte das Regime zuerst eine Mission der EU und später der Vereinten Nationen – zusammen mit ausländischen Journalisten – ins Land lassen. Nicht daß sich die Algerier kooperativ gezeigt hätten: erst unter Druck gewährten sie den Beobachtern ein gewisses Maß an Bewegungsfreiheit.

Die Beobachter kamen aber zu dem Schluß, daß die meisten Massaker definitiv von Islamisten ausgeführt worden waren.

An der Schwelle des 21. Jahrhunderts hat sich somit in Algerien eine „No win"-Situation entwickelt. Die Rebellen können die Regierung nicht stürzen, die Sicherheitskräfte sind ihrerseits nicht in der Lage, mit den Islamisten fertig zu werden.

Die Suche nach einer politischen Lösung blieb – bisher – ebenfalls ergebnislos. Die von der Regierung angesetzten Präsidentschaftswahlen gingen zwar relativ reibungslos über die Bühne, aber dem Sieger Liamine Zeroual fehlt noch immer die letzte Legitimation.

Doch auch im Lager der Fundamentalisten mehren sich die Spannungen. Als Reaktion auf die letzten besonders grausamen Bluttaten hat sich das fundamentalistische Lager in die nunmehr relativ gemäßigte FIS und die ultraradikale GIA („Bewaffnete islamische Gruppe") gespalten. Vermittlungsversuche schlugen fehl. Der inzwischen freigelassene Madani wollte nur mit einer neutralen Regierung verhandeln. Doch woher sollte diese kommen? Auch die Berber lassen sich nicht mehr einbinden, solange das umstrittene Arabisierungsgesetz gilt. Letztlich laufen sie Gefahr, zwischen den Kontrahenten zerrieben zu werden.

Die algerische Regierung beschuldigt indessen etliche europäische Länder – besonders Deutschland und Großbritannien – die Fundamentalisten indirekt zu unterstützen, indem sie deren emigrierten Führern ein sehr weitgefächertes Asyl – und damit eine Operationsbasis – gewähren. Die Beschuldigten hingegen berufen sich auf ihre Rechtsnormen.

Nur die Mittelmeerländer Spanien, Frankreich und Italien unterstützen widerwillig die algerische Regierung. Mit gutem Grund: Ein Sieg der Islamisten könnte eine gigantische Flüchtlingswelle aus Algerien auslösen, welche die betroffenen Länder vollkommen überfordern würde.

So oder so gibt es in diesem Konflikt nur Verlierer.

19. Kapitel

Jüdischer Fundamentalismus

Der jüdische Fundamentalismus ist ein modernes Phänomen, trotz seiner historischen Wurzeln. Jahrhundertelang wurde er von der Umwelt – und der Mehrheit der Juden selbst – nicht zur Kenntnis genommen. Zwei äußere Ereignisse haben den schlummernden Riesen geweckt: der Holocaust und die Gründung des Staates Israel. Letztlich müssen die Juden selbst mit dieser Entwicklung fertig werden.

Seitdem die Stimme der Weissagung im Judentum mit Malachi, dem letzten Propheten des Alten Testaments, erloschen ist und das Feld der Religion den Rabbinern (Lehrern, nicht Geistlichen, die es im Judentum nicht gibt) überlassen wurde, ragt eine einzige Persönlichkeit turmhoch aus der Legion der jüdischen Weisen hervor: Rabbi Mosche Ben Maimon, besser bekannt als Maimonides oder Rambam (nach den Initialen seines Namens), geboren 1135 im damals maurischen Cordoba, gestorben 1204 in Kairo als Leibarzt des Sultans Saladin. Seitdem heißt es in der jüdischen Tradition: „Seit (dem biblischen) Moses, gab es niemanden wie Moses (Maimonides)".

Er prägte einen Glaubenssatz, der für das Judentum fast ebenso wichtig ist, wie das „Schma Jisroel" („Höre Israel").

Maimonides schrieb: „Ich glaube mit voller Überzeugung an das Kommen des Messias. Obwohl er säumt, warte ich jeden Tag, daß er komme."

Jahrhundertelang bildeten diese Sätze, in guten aber zumeist schlechten Zeiten, einen Hoffnungsstrahl, an den sich gläubige Juden klammern konnten, wenn man diesen Ausdruck verwenden kann: „Der Messias wird kommen, eines Tages ..."

Zwei Dinge haben den Glauben vieler orthodoxer Juden an den Leitsatz des Maimonides erschüttert, wenngleich dies keiner offen aussprechen will: der Holocaust und die Gründung des Staates Israel durch Menschenhand. Wo blieb da der Messias?

Der Zionismus, Vorläufer des Staates Israel, war eine politisch-soziale Bewegung, in der Religion nur eine untergeordnete Rolle spielte und die von den Führern der Orthodoxie vorerst als Frevel und Vorwegnahme göttlicher Prophetie total abgelehnt wurde – ebenso wie von den assimilierten Juden. Keiner von ihnen konnte jedoch eine überzeugende Antwort auf den Holocaust finden.

Ein halbes Jahrhundert später steht das Judentum, besonders jenes im Land der Väter (und Mütter), vor einer neuen Herausforderung. Die Zionisten betrachten sich als Juden schlechthin, gleichgültig ob als Angehörige eines Volkes, einer Nation oder einfach einer gewollten oder ungewollten Schicksalsgemeinschaft: mit einem Ziel vor Augen, das Gründungsvater David Ben Gurion wohl als Wunder bezeichnete, das aber mit einer Intervention des Messias nichts zu tun hatte.

Und nun taucht eine neue Generation auf, die wohl als Juden geboren wurde, sich aber als „wiedergeborene Juden" betrachtet. Dieses Phänomen hat indessen sehr wohl mit der Idee des Messianismus zu tun. Denn wodurch kann ein Mensch nur wiedergeboren werden, wenn nicht durch höhere Gewalt – eine Logik, die in vielem auch jener der christlichen Fundamentalisten entspricht.

Die „Wiedergeburt" bleibt jedoch problematisch, solange sie sich unter den Juden auf eine Minderheit beschränkt, die sich mit dieser höheren Intervention identifizieren. Und darin liegt nicht nur eine Hoffnung, sondern auch eine Gefahr für die Juden im Gelobten Land. Mag sein, daß die Israelis einmal mit den Arabern handelseins werden. Wie aber sollen sich die „Wiedergeborenen" einigen mit ihren Glaubensgenossen in Israel – und auch der überwältigenden Mehrheit der Juden in der Diaspora –, die keinen Zusammenhang zwischen ihrem Land und dem Messianismus sehen?

Abgesehen von einigen orthodoxen Ultras, die den Staat Israel schlechthin ablehnen, weil dessen Gründung überhaupt nur durch den Messias hätte erfolgen dürfen, und den assimilierten Antizionisten ganz zu schweigen, die davon ausgehen: „Was geht uns Israel an? Wir sind Bürger der Länder, in denen wir leben."

Daß Adolf Hitler letztere Version in Europa widerlegt hat, ist eine andere Geschichte.

Jedenfalls wird die Minderheit der „Wiedergeborenen" nicht aufgeben – und sei es durch ihre extrem hohe Geburtenrate – die Mehrheit zu „integrieren", wenn nicht zu dominieren. Und das bringt eine größere Gefahr für die Zukunft Israels, wenn nicht der Juden überhaupt in sich, als alle arabischen Armeen und das Heer der Antisemiten.

20. Kapitel

„Messias Now!“

Eine eigenwillige Spielart des Fundamentalismus mit messianischem Anstrich tritt gegenwärtig in Israel, aber auch in anderen jüdischen Gemeinden in Erscheinung. Er versucht, die vorwiegend säkulare Botschaft der Gründerväter des Staates Israel umzudeuten, gleichgültig, ob dies der Mehrheit der Israelis, aber auch der Juden in der Diaspora gefällt oder nicht. Sein Ziel ist es, einerseits den Staat Israel in seinen „biblischen Grenzen“ zu erhalten und andererseits seine Bürger in ein orthodox-religiöses Korsett zu zwängen – ein Konzept, das die Gefahr einer Spaltung in Kauf nimmt.

Es ist ein ganz gewöhnliches Land, aber nur fast“, sangen die Wiener Kabarettisten Gerhard Bronner und der (schon verstorbene) Peter Wehle nach einer Welttournee in den siebziger Jahren über Israel. Kein Politiker hätte es besser ausdrücken können.

An diesem „Aber nur fast“ hat sich bis heute, im Jahr, in dem Israel seinen fünfzigsten Geburtstag feiern konnte, nichts geändert. Bis heute hat Israel keine geschriebene Verfassung, weil die Interessen von Staat und Religion in einem Land, das sich als Heimstätte aller Juden betrachtet, nicht auf einen Nenner gebracht werden konnten.

Dieser Widerspruch macht sich bereits in der Unabhängigkeitserklärung vom 14. Mai 1948 bemerkbar: Die Orthodoxen wollten die Renaissance Israels auf göttlichen Beistand und nicht auf den Mut seiner Soldaten zurückführen. Dagegen widersetzte sich der Staatsgründer und erste Ministerpräsident David Ben Gurion, ein Verfechter der These von der Trennung zwischen Staat und Religion. Er folge damit der Tradition des geistigen Vaters Israels, Theodor Herzl, der ebenfalls nie an einen theokratischen Staat gedacht hatte.

So einigte man sich schließlich auf eine Version, in der lediglich vom „Fels Israels" die Rede war.

In Israel gab es damals – Zyniker meinen „zu Ben Gurions Glück" – nur zwei religiöse Parteien: die zionistische Mizrahi-Gruppe und die nicht-zionistische (aber nicht prinzipiell antizionistische) Agudath Israel. Die extrem antizionistischen Anhänger der Neture Karta („Verteidiger der Mauern") des Satmarer Rebben, der in Amerika residiert, haben den Staat, wie erwähnt, bis heute nicht anerkannt, sprechen im täglichen Gebrauch kein Hebräisch und würden lieber unter Jassir Arafat leben: zumindest bis der Messias in Israel einzieht. Satmar ist jene Stadt – Satu Mare – im heutigen Rumänien, wo der erste „Rebbe" seine Gemeinde gründete.

Von den ursprünglichen orthodoxen Parteien hat die Mizrahi-Gruppe (heute „National Religiöse") fast jeder israelischen Regierung angehört, Agudath Israel den meisten. Die beiden religiösen Parteien waren ursprünglich angenehme Juniorpartner jeder Koalition, wobei ihr Wähleranteil konstant bei 15 Prozent blieb. Sobald sich in den fünfziger Jahren linke und rechte Blöcke etablierten, wurden die Orthodoxen zum Zünglein an der Waage.

Nicht daß sie schon damals überzogene Forderungen gestellt hätten. Sie kannten keine politische und schon gar nicht außenpolitische Postulate und es ging ihnen nur darum, daß ihre eigenen Forderungen im religiösen Bereich erfüllt wurden. Das betraf den Personalstatus – Ehen, Scheidungen und dergleichen wurden der zivilen Rechtsprechung entzogen –, die Orthodoxen erhielten ihr eigenes, vom Staat finanziertes Schulsystem und orthodoxe Mädchen wurden vom Militärdienst befreit – um nur einige Konditionen der religiösen Parteien zu nennen.

Die relativ passive Einstellung der Orthodoxen zum Staat änderte sich schlagartig mit dem Sechs-Tage-Krieg, der erstmals das gesamte Gebiet des ehemaligen Palästina unter israelische Herrschaft brachte. Die lauen Zionisten unter den National-Religiösen und die Nicht-Zionisten der Agudath wurden zu Super-Zionisten, die von einem Groß-Israel träumten und die Aufgabe jedes Quadratmeters Boden als Todsünde betrachteten. Gleichzeitig gewannen innerhalb des religiösen Spektrums die Radikal-Orthodoxen immer mehr Einfluß.

Inzwischen hat sich die Zahl der religiösen Parteien vervielfacht – sicher nicht zum Vorteil des Staates. Die einzelnen religiösen Gruppierungen sehen sich immer größeren innerem Konkurrenzdruck ausgesetzt. Sollte sich die eine oder andere Gruppe mäßigen, läuft sie Gefahr, daß ihre radikaleren Anhänger zu einer anderen Gruppe überlaufen.

Ein weiteres Gefahrenpotential liegt in der Spaltung der Orthodoxie zwischen Aschkenasim (generell europäischen Juden) und Sephardim (spaniolischen Juden und jenen aus orientalischen Ländern).

Ab dieser Zeit kann man zu Recht von „jüdischen Fundamentalisten“ in Israel sprechen.

Bei dieser Spielart des Fundamentalismus handelt es sich entweder um ein sehr altes oder ein sehr modernes Phänomen. Die römischen Kaiser Titus und Hadrian hatten die letzten antiken jüdischen Rebellen – und Zehntausende friedliche Bewohner von Galiläa und Judäa – gründlich ausgerottet. Unter fremder Herrschaft konnten sich Aufstände jüdischer Fundamentalisten nur auf sehr beschränkter lokaler Basis entwickeln. Konflikte innerhalb der jüdischen Gemeinschaft gab es trotzdem. Sie wurden aber intern ausgetragen.

Nur einmal gab es eine echte Spaltung: Die mittelalterlichen „Karaiten“ – eine Gemeinschaft, welche nur die Bibel und nicht den Talmud anerkannte – wurde von den geistigen Führern der Mehrheit ausgestoßen (und erst vor wenigen Jahrzehnten wieder als jüdische Gruppe anerkannt). Dann blieb es still bis in die Neuzeit, sieht man vom „falschen Messias“ Schabatai Zvi (1626–1676) ab. Als Reaktion auf Unterdrückung und Hoffnungslosigkeit bildeten sich in Osteuropa die „Chassidim“, die sich der Mystik zuwandten. Und im Gegenzug entstanden die „Mitnagdim“ (wörtlich: „Gegner“, eben der Chassidim), die sich für eine Rückkehr zur strengen Auslegung der Gesetze bekannten.

Die nächsten „Abweichler“, wenn man sie so nennen kann, waren die Kabbalisten, ein Zweig der Mystiker, deren Rolle innerhalb des Judentums bis heute umstritten ist. Gegen alle Strömungen entwickelte sich die „Haskala“, die Aufklärung, deren Anhänger sich gegen die selbstgewählte Isolation wandten.

Und im Hintergrund spukten bereits die Vorboten des politischen Zionismus, dessen vielfach konfuse Ideen der Wiener Journalist Theodor Herzl in konkrete Formen zusammenfaßte.

Die jüdische Orthodoxie, deren Protagonisten die Vorfahren der heutigen israelischen „Fundis" stellten, lehnten, wie erwähnt, die Thesen Herzls ebenso ab wie die assimilierten Juden, die nichts mit einer Rückkehr ins Land der Väter und der Bibel zu tun haben wollte. Schließlich entwickelten sich auch Gegensätze innerhalb der kaum noch geborenen zionistischen Bewegung, zwischen Maximalisten, welche die Kompromisse, die Herzl bereit war zu akzeptieren — etwa eine Zwischenlösung im afrikanischen Uganda – strikt ablehnten, und Pragmatikern.

Die aktuellen Zustände im Heiligen Land begünstigten die Aufteilung des orthodoxen Lagers. Dort gab es seit türkischer Zeit einen aschkenasischen und einen sephardischen Oberrabbiner, doch die Institution des Rabbinats stand total unter dem Einfluß der Mizrahi- beziehungsweise Nationalreligiösen Partei. Und diese wurde weiter fast ausschließlich von aschkenasischen Politikern geführt. Der Marsch der Orientalen und Sepharden durch die Institutionen dieser Partei nahm mitunter skurrile Züge an. So kleideten sie sich wie osteuropäische Rabbiner, mit breitrandigen schwarzen Hüten und knielangen Kaftans.

Dennoch war es nur eine Frage der Zeit, bis sich eine „autochthone" Partei der sephardisch-orientalischen Orthodoxie bilden würde – oder gar mehrere, die sich nach alter Tradition um die Angehörigen angesehener Rabbinerfamilien – zumeist aus Marokko – scharten.

Vorerst betätigten sich die Vertreter aller orthodoxen Parteien in erster Linie als Verhinderer sowie als Versorger ihres eigenen Klientels. Das heißt, sie verhinderten jede Aufweichung des Monopols der jüdischen Orthodoxie in Israel – eher zum Nachteil der zumeist aus Amerika stammenden Einwanderer, die sich zum Reformjudentum oder der gemäßigten konservativen Richtung bekannten.

Zivilehen oder Ehen zwischen Angehörigen verschiedener Konfessionen – während der britischen Mandatszeit durchaus möglich – blieben illegal wie zur Zeit des ottomanischen Reiches, wobei die von der jüdischen Orthodoxie erzwungene Regelung durchaus die volle Unterstützung der christlichen und moslemischen Hierarchie fand, die dadurch ihre eigene Monopolstellung erhalten konnten.

Seit 1948 mußten Partner prospektiver Mischehen ins Ausland fahren – vorwiegend ins naheliegende Zypern –, um ihre Beziehung zu legalisieren. Eine weitere Vorschrift, die besonders den Reformisten und Konservativen ein Dorn im Auge war, bestand in der Tendenz des Rabbinats (und damit des Innenministeriums), plötzlich die „Jüdischkeit" gewisser Gruppen von Neueinwanderern in Frage zu stellen. Wohl konnten die „Fundis" die amerikanischen Zuwanderer nicht daran hindern, in Israel eigene Gemeinden zu gründen, wodurch ihre Spenden aus dem Ausland gesichert wurden, doch deren Rabbiner blieben ohne juristischen Status.

Erfolgreich waren die Orthodoxen bis Ultrareligiösen auch bei ihrer eigenen Versorgungspolitik. Die Budgets für religiöse Institutionen passieren Jahr für Jahr ohne wesentliche Abstriche das Parlament, gleichgültig ob es einen rechten oder einen linken Regierungschef gibt: weil es eben ohne die Stimmen der religiösen Mandatare keine Mehrheiten gibt. Dazu kommen, wie gesagt, Spenden von Sympathisanten aus aller Welt, besonders aus den USA.

Viele der generösen Spender können im Ausland kein Leben führen, das den strengen Glaubensbedingungen entspricht. So versuchen sie anscheinend, sich den Weg in den Himmel quasi zu ebnen: indem sie fromme Männer in Israel für sich beten oder studieren lassen. Die Praxis – die irgendwie an Franz Werfels „Veruntreuten Himmel" erinnert, den sich die Heldin erkaufen will, indem sie ihren Neffen zum Priester ausbilden läßt – existierte schon zur Türken-Zeit. Damals wurden gläubige Männer dafür bezahlt, an der Klagemauer für ihre Gönner zu beten. Man nannte sie „Chalukka-Juden" – nach „Chalukka", Teilung –, weil die Spenden unter ihren aufgeteilt wurden, eine Bezeichnung die unter den frühen zionistischen Pionieren mit ihrer Ethik von körperlicher Arbeit nur Abscheu hervorrief.

Daran hat sich letztendlich nicht viel geändert.

Bei den orientalischen Parteien gehen die „guten Werke" meistens über Stiftungen, über die der Vorsitzende – zumeist auch der Parteichef – mehr oder weniger freie Verfügungsgewalt hat. Einige dieser „Stiftungsväter“ landeten wegen Manipulationen vor Gericht, trotz der Drohung ihrer Mandatare, der Regierung das Vertrauen in der Knesset zu entziehen. Was jedoch kaum geschah, denn dies hätte finanzielle und politische Nachteile – weg vom Futtertrog – für die jeweilige Partei nach sich gezogen. Seltsamerweise ernten die Beschuldigten von der Parteibasis kaum Kritik. Nach deren Ansicht hätte sich der Parteichef nur das geholt, was das verwestlichte Establishment den Unterprivilegierten entzogen hatte.

Nach der Machtübernahme – 1977 – durch die erste Rechtsregierung, der natürlich Nationalreligiöse und Agudath angehörten, gingen die Fundamentalisten von ihrer bisherigen Politik des Verhinderns und Vorsorgens zu einer aktivistischen Linie über.

Im Gefolge des siegreichen Sechs-Tage-Krieges hatte die Regierung beschlossen, in den eroberten Gebieten keine jüdischen Siedlungen zu etablierten – es sei denn auf den unterbevölkerten Golan-Höhen oder an Orten, wo es zur Zeit des britischen Mandats bereits jüdische Dörfer gegeben hatte, die wegen der Kampfhandlungen hatten aufgegeben werden müssen. Dies betraf vor allem den sogenannten Etzion Block zwischen Bethlehem und Hebron und das historische Judenviertel in der Jerusalemer Altstadt.

Keine Besiedlung war in dicht von Arabern bewohnten Gebieten vorgesehen. Und dieser Beschluß wurde nach dem hart erkämpften Sieg im Jom-Kippur-Krieg von 1973 gegen den Protest der religiösen Extremisten bekräftigt, die schon damals von Groß-Israel träumten. Die überwältigende Mehrheit der Israelis stimmte der politischen Linie zu.

Dabei war eine Lunte bereits 1974 – also noch unter einer linken Koalitionsregierung – im Rahmen einer von Fundamentalisten mutwillige provozierten Krise gelegt worden. Am 4. März jenes Jahres mietete sich ein wohlgekleideter Herr mittleren Alters zusammen mit seiner Familie im Park Hotel, dem einzigen Drei-Sterne-Etablissement von Hebron, ein. Die Gäste bezeichnete sich als Schweizer Touristen, die etliche Tage lang in der Stadt der Gräber der Patriarchen Abraham, Isaak und Jakob verbringen wollten. Der arabische Hotelier war begeistert, kamen doch wenige Touristen in jenen Tagen nach Hebron und er unterließ es, vorschriftsgemäß die Identität der Gäste näher zu überprüfen. Ein schwerwiegender Fehler, wie sich alsbald herausstellen sollte, für den die Bewohner nicht nur der Stadt sondern des ganzen Landes – Araber wie auch Juden – bis heute büßen müssen.

Bevor wir die Einzelheiten des Handstreichs vom Park Hotel beschreiben, ist hier wohl ein Wort über die Bedeutung von Hebron sowohl für die arabischen als auch jüdischen Extremisten am Platz. Schon in der Türkenzeit war Hebron – arabisch El Khalil – eine Hochburg islamischer Fanatiker, Juden durften die Patriarchen-Moschee nur bis zur siebenten Stufe der Treppe zum Eingangstor betreten, von wo aus sie durch ein Loch ins Innere des Untergeschosses mit den Grabmälern blicken konnten.

Seit den Kreuzzügen gab es in Hebron eine kleine Judengemeinde – zumeist alte Menschen, die sich ausschließlich dem Studium der heiligen Schriften hingaben. Deshalb zählte Hebron, zusammen mit Jerusalem, Tiberias und Safed zu vier heiligen Städten der Juden im Gelobten Land. 1929 kam es in Hebron – neben anderen Städten – zu einem besonders blutigen Pogrom, das ein religiöser Fanatiker, der Groß-Mufti von Jerusalem Hadsch Amin el Husseini, inszeniert hatte. Nicht weniger als 89 Juden wurden bei diesem Gemetzel getötet. Die übrige Gemeinde wurde vertrieben.

Seitdem gab es in Hebron keine Judengemeinde mehr und daran änderte sich auch nichts nach der praktisch kampflosen Eroberung der Stadt durch die Israelis im Jahr 1967. Die israelische Regierung begnügte sich damit, für jüdische Pilger und Moslems getrennte Gebetszeiten im gemeinsamen Heiligtum festzulegen.

Genau diesen, für sie unbefriedigenden Status quo wollten die geheimnisvollen Besucher im Park Hotel handstreichartig ändern. Schon am Tag nach ihrer Ankunft ließen sie ihre Tarnung fallen und erklärte die jüdische Neubesiedlung von Hebron für eröffnet. Die „Schweizer Touristen“ entpuppten sich als der aus München stammende Rabbiner Mosche Levinger, seine amerikanische Frau und diverser Anhang: Brüder, Vettern und dergleichen. Natürlich hätten die aufgebrachten Araber die ungebetenen Gäste gewaltsam hinauswerfen können, aber die sofort alarmierten israelischen Militärbehörden befürchteten zu Recht, daß dies nicht ohne Blutvergießen und politische Konsequenzen über die Bühne gehen würde – womit Levinger selbstverständlich von Anfang an gerechnet hatte.

Die maximale Konzession, zu welcher der streitbare Rabbi bereit war, sollte eine „zeitweilige Übersiedlung" in ein nahegelegenes Militärlager vor der Stadt sein. Wie nicht anders zu erwarten, gaben sich die „Siedler" damit nicht zufrieden. Schließlich gestattete ihnen die Regierung, eine „echte" Siedlung auf einem Hügel außerhalb der Stadtgrenzen zu gründen, welche sie „Kiriat Arba" nannten, der zweite in der Bibel erwähnte Name von Hebron.

Damit aber hatte das Kabinett seinen eigenen Plan bereits durchbrochen, keine Siedlungen in rein arabischen Gebieten zu gestatten. Und diesem Präzedenzfall sollten weitere folgen.

Überdies waren die „jüdischen Mujaheddin" – so ein bekannter israelischer Schriftsteller – nicht geneigt, auf Dauer vor den Toren von Hebron zu hocken. Immer wieder unternahmen sie Versuche, sich in der Stadt selbst festzusetzen. Dafür fanden sie sogar eine – wenn auch fragwürdige – Rechtsgrundlage. Sie drangen in jene desolaten Gebäude ein, die sich vor dem Pogrom von 1929 in jüdischem Besitz befunden hatten, darunter das alte Hadassah-Spital.

Wackelig war diese Rechtsgrundlage schon deshalb, weil keine entsprechenden Möglichkeiten den Arabern in Ostjerusalem geboten wurden, ihren früheren Besitz in Israel zurückzufordern. Was auch in der Praxis unmöglich wäre, wie zahlreiche Beispiele in der Geschichte zeigen.

1977 war in Jerusalem der ehemalige Untergrundkämpfer Menachem Begin an die Macht gekommen, der als Oppositionspolitiker ähnliche Ideen wie die illegalen – oder bestenfalls halblegalen – jüdischen Siedler propagiert hatte.

Zu jener Zeit hatten Levinger und Konsorten bereits Konkurrenz im eigenen Lager erhalten. Schon zuvor hatten Mitglieder der national-religiösen Jugendbewegung Bnei Akiva den

„Gusch Emunim", den Block der Getreuen, gegründet, der sich ebenfalls die Besiedlung der besetzten Gebiete zum Ziel gesetzt hatte. Anfänglich handelte es sich dabei um durchaus gemäßigte Elemente, die erst durch die Annäherung an Levinger und dessen unmittelbaren Anhang zu Extremisten wurden.

Unter den Siedlern befand sich ein hohe Prozentsatz von Einwanderern aus den Vereinigten Staaten, die zumeist aus unreligiösen Familie stammten. Nun aber wurden diese Leute, aus Gründen, die zumeist mit der Wurzellosigkeit des westlichen Milieus zusammenhingen, zu den radikalsten unter den Emunim-Leuten – „wiedergeborenen Juden", eine Entwicklung, die durchaus Parallelen zu den „wiedergeborenen Christen" im amerikanischen Fundamentalisten-Milieu aufweist.

Mit der Zeit identifizierte sich die Siedlerbewegung immer stärker mit der National-Religiösen Partei, was wiederum zu einem Kurswechsel innerhalb dieser Gruppe führte. Die alte Garde um den aus Dresden stammenden und durchaus gemäßigten Rabbiner Josef Burg, der Dutzenden von Koalitionsregierungen als Minister angehört hatte, wurde ziemlich brutal beiseite geschoben und durch „junge Wilde" ersetzt. Einem Teil der Gusch Emunim-Bewegung ging die Wandlung nicht weit genug und sie fanden ihr Sprachrohr in der „Tehya"-Partei, die bei den Wahlen von 1981, begünstigt durch das reine Verhältniswahlrecht, auf Anhieb drei Parlamentssitze erobern konnte.

Indessen hatte sich die gesamte politische Konstellation in Israel zugunsten der radikalen und religiösen Rechten verändert. Hatte sich die Siedlungstätigkeit in den besetzten Gebieten unter der letzten Linksregierung in relativ engen Grenzen gehalten (wiewohl das Kabinett – siehe Hebron – nichts Entscheidendes gegen die illegalen Siedler unternommen hatte), so kamen die Extremisten auf Touren, nachdem der rechtsstehende Likud-Block (eine Fusion der Herut-Partei Menachem Begins, hervorgegangen aus der Untergrundbewegung der Mandatszeit mit Rechtsliberalen) 1977 zur allgemeinen Überraschung eine relative Mehrheit errungen hatte.

Für diesen, zumindest in den Augen des Auslands wahrhaft historischen Erdrutschsieg waren in erster Linie sozialpolitische Faktoren verantwortlich. Die Arbeiterpartei galt traditionell als

Hort der europäischen, zumeist aus Rußland stammenden Juden. Die Einwanderer aus Nordafrika und den orientalischen Staaten hatten bisher, gleichsam automatisch, nach dem Vorbild ihrer alten Heimat, soferne es dort überhaupt Wahlen gegeben hatte, „für die Regierung" gestimmt. Mit der Zeit war es jedoch der Rechtsopposition gelungen, gewisse Minderwertigkeitskomplexe der niedrigen sozialen Schichten zu nutzen und diese gegen das „europäische Establishment" aufzuhetzen.

Dabei fiel nicht einmal die Tatsache ins Gewicht, daß auch die Führung des Likud-Blocks fast ausschließlich in den Händen osteuropäischer Einwanderer – siehe Menachem Begin – lag.

Die Anhänger des Likud-Block sind nur mäßig religiös. Am Sabbatmorgen gehen sie in die Synagoge, am Nachmittag, höchst unfromm, zum Fußballmatch. Böse Zungen behaupten, ihre eigentliche Religion sei der Fußballklub Betar. Wenn sie die „Jarmulka", das Käppchen der orthodoxen Juden aufsetzten so nur deswegen, um nicht mit Arabern verwechselt zu werden.

In den Reihen der Siedler sind die Orientalen indes nur selten zu finden.

So oder so: Nach dem Wahlsieg Begins wurden die Schleusen der Siedlungsbewegung geöffnet. Bei den meisten „Kolonien" handelt es sich allerdings in Wirklichkeit um „Schlafsiedlungen" im Umkreis der großen Städte, die wegen der niedrigen Mieten rasch Zuwanderer fanden, die aber fast ausschließlich in den israelischen Städten arbeiten. Ideologisch sind diese „Siedler" eher neutral. Da sie aber jenseits der „grünen Linie" leben, werden sie automatisch zu den Siedlern gezählt und von deren Rat verwaltet. So werden Statistiken getürkt.

Die religiös motivierten Siedler im arabischen Kernland bilden dagegen noch heute eine kleine Minderheit, was aber im Ausland weitgehend übersehen wird, nicht zuletzt wegen des Lärms, den die Fundamentalisten, frei nach der Devise „Jews is News", schlagen.

Ihr ideologisches Zentrum und geistige Kaderschmiede fanden Anhänger von Gusch Emunim in der Jeschiwa „Merkaz Haraw Kook", die Rabbi Zvi Jehuda Kook (1891–1982), der Sohn des ersten aschkenasischen Oberrabbiner im britischen

Palästina, Abraham Isaak Kook, gegründet hatte. Diese Talmud-Schule befindet sich in Jerusalem, von der alle Impulse an die Siedler ausgehen.

Bevor wir uns eingehender mit diesen Impulsen befassen, ist hier wohl ein Wort über das Wesen der Jeschiwot (Mehrzahl von Jeschiwa) am Platz. Jeschiwot sind theologische Seminare, deren Schüler nicht unbedingt den Rabbinerberuf ergreifen – genauso wie christliche Theologen nicht immer zu Geistlichen werden.

In Israel genießen die Jeschiwot-Schüler ein besonderes Privileg: sie sind vom Wehrdienst in der regulären Armee befreit. Als Staatsgründer Ben Gurion dieser Regelung unter dem Druck der religiösen Parteien zustimmte, gab es nur relativ wenige Seminaristen. Heute ist ihre Zahl durch magische Vermehrung auf rund 30.000 angestiegen.

Von den säkularen Juden werden diese pauschal als Drückeberger verteufelt. Bemühungen, die Gesetzeslage zu ändern, blieben indes erfolglos.

Die Befreiung von der Wehrpflicht hindert jedoch etliche aktive oder ehemalige Seminaristen nicht daran, sich in den jüdischen Siedlungen als bis zu den Zähnen bewaffnete Hilfssheriffs aufzuspielen. Sie sind während ihres Studiums dank ihrer Kleidung unschwer zu erkennen und daher oftmals ein Ziel für arabische Terroristen. Sie schrecken aber ihrerseits nicht davor zurück, Zwischenfälle zu provozieren oder an den Arabern Selbstjustiz zu üben.

Soviel über die „politischen Jeschiwot“. Natürlich gibt es viele – so fast alle in der Diaspora –, die sich wirklich und uneigennützig nur mit dem Studium der Religion befassen.

Nun aber zurück zur besonderen Rolle der Merkaz Haraw Jeschiwa. Ihr Namensgeber Abraham Isaak Kook war, wie erwähnt, aschkenasischer Oberrabbiner und eine allseits geschätzte Persönlichkeit. Er war auch einer der ersten Rabbiner, der die messianischen Aspekte der Heimkehr der Juden nach Israel erkannte. Sein Sohn, der Gründer der Jeschiwa, schlug einen wesentlich radikaleren Kurs ein, den er den Schülern seiner Institution gleichsam als Richtlinie auferlegte. Die Errichtung Israels, dozierte er, sei der Anfang der messianischen Ära. Die Wiederbesiedelung des (ganzen biblischen) Landes sei daher „ein

Zeugnis wahrer Erlösung und ein Schritt zur Rückkehr zur Heiligkeit."

Im religiösen Umfeld spielten jedoch auch andere orthodoxe Institutionen eine gewichtige Rolle. Die bedeutendste von diesen war zweifellos jene der „Habad-Chassidim", besser bekannt als „die Lubawitscher".

Habad ist übrigens ein Akronym der ersten Buchstaben von „Hochma" („Weisheit"), „Bina" („Einsicht") und „Dat" („Wissen") Das Hauptquartier diese Bewegung befindet sich im New Yorker Stadtteil Williamsburgh, wo sich der – vorläufig – letzte Rabbi von Lubawitsch (einem „Stettl" im weißrussischen Bezirk Smolensk), Menachem Mendel Schneerson, niedergelassen hatte, nachdem er auf dramatische Weise, sei es durch Intervention eines deutschen Wehrmachtsoffiziers oder göttlichen Beistand, wie seine Anhänger glauben, den Nazis entkommen war. Über die Jahre wuchs Schneersons Ansehen sprunghaft an, bis einige seiner fanatischesten Anhänger dazu übergingen, ihn „König Messias" zu nennen. Der Rabbi selbst bezeichnete sich nie als Messias, wies aber seine Super-Fans, die dies taten, nicht ausdrücklich zurecht. Schneerson starb vor einigen Jahren im patriarchalischen Alter, doch der extremste Teil seiner Gläubigen hielt weiter an der Messias-Version fest. Der Rabbi, argumentierten sie, sei nicht wirklich tot, sondern hätte sich nur verborgen, eine Version, die an den Glauben der islamischen Schiiten vom verborgenen Imam erinnert.

Wie dem auch sei: Rabbi Schneerson hat Israel nie besucht und galt als Antizionist. Dennoch trat er entschlossen gegen die Aufgabe auch nur eines Teiles der besetzten Gebiete an die Palästinenser auf.

Diese Auffassung wird von den Lubawitscher Chassidim nicht nur in Israel – wo sie, nicht zuletzt dank ihrer Finanzkraft, über bedeutenden Einfluß verfügen –, sondern weltweit propagiert, wobei allerdings fairerweise erwähnt werden muß, daß sich die Arbeit der Habad-Bewegung keineswegs auf Israel beschränkt. Besonders in Osteuropa setzt sie sich für die Wiederbelebung des von Hitler und Stalin fast vernichteten jüdischen Erziehungswesens ein und hat auf diesem Gebiet bedeutende Arbeit geleistet.

In einem Bereich versagten jedoch die traditionellen religiösen Fundamentalisten und die etablierte Orthodoxie im allgemeinen: bei der Integration der wirklich religiösen orientalischen Juden – nicht zu verwechseln mit der Masse der sephardischen Likud-Anhänger. Diese bemerkten bald, daß sie die Hürde der Diskriminierung noch immer nicht schadlos übersprungen hatten, selbst wenn sich ihre Rabbiner wie Ostjuden kleideten.

Das direkte Ergebnis war die Gründung sephardisch-orthodoxer Parteien. Die erste stand unter der Führung des aus Marokko stammenden Aharon Abu Hatzeira, dessen Name bereits seine Herkunft aus einem arabischen Land signalisierte. Überdies war er der Sohn eines als Quasi-Heiligen verehrten marokkanischen Rabbiners.

Der jüngere Abu Hatzeira konnte indes seine Chance nicht nützen. Er verlor unter Korruptionsverdacht seine Ämter.

Daraufhin löste sich seine Partei auf. Ihr Anhang ging geradezu nahtlos an eine neue Partei über, die sich unter dem Akronym „Schas" (Sephardische Thora-Wächter) formierte. Ihr eigentlicher Führer war der ehemalige radikale sephardische Oberrabbiner Ovadiah Jossef, der durch seine religiös motivierte Polemik das säkulare Israel, aber auch viele religiöse Juden vor den Kopf gestoßen hatte.

Bei den folgenden Wahlen errang Schas 10 Sitze und wurde damit die stärkste orthodoxe Partei – und für die nächste Koalition unersetzbar.

Pech hatte Rabbi Jossef jedoch mit der politischen Führung der Schas. Der „zivile" Parteichef Arieh Deri geriet alsbald wie Abu Hatzeira unter Korruptionsverdacht. Ein Prozeß wurde indes unter massivem politischen Druck seiner Partei immer wieder herausgeschoben. Im höheren Interesse der Koalition, der Deri, ebenso wie dem vorhergegangen Kabinett unter Itzhak Rabin, angehört hatte.

Als die Linkskoalition 1992 nach einer längeren Durststrecke – in deren Verlauf es sogar eine Rotation im Amt des Regierungschef zwischen Rechts und Links gegeben hatte – wieder an die Macht gekommen war, hofften die liberalen Kreise im Lande auf eine Wende. Dafür war jedoch die parlamentarische Basis der Wahlsieger zu eng. Zum ersten Mal blieben die National-Religiösen und Agudath dem Kabinett fern, in der Hoffnung, daß man ohne sie das Land nicht regieren würde können. Nur die Orientalen der Schas ließen sich für das Team von Itzhak Rabin gewinnen – allerdings für einen hohen, nicht zuletzt finanziellen Preis. Einwände des geistigen Mentors Rabbi Jossef blieben ungehört: Das Fußvolk war gemäßigter als die Führung.

Die Hoffnung auf einen Wandel zum Frieden schien vorerst durchaus gerechtfertigt. Das 1992 in Oslo abgeschlossene „Vorfriedensabkommen" zwischen Israel und der PLO traf demnach die Fundamentalisten ins Mark. Angesichts der Begeisterung, mit der die Hoffnung auf einen Frieden von der überwältigenden Mehrheit der Bevölkerung aufgenommen wurde, verlegten sich die Ultras – wie übrigens auch die Hamas auf arabischer Seite – auf eine Verzögerungstaktik, gekoppelt mit Einzelaktion – wie zuvor jene von Rabbi Levinger. Illegale Siedlungen sprossen über Nacht aus dem Boden und Stellten die Behörden vor schwere Probleme.

Als noch gefährlicher für den Friedensprozeß erwiesen sich die Terroranschläge des „Hebron Gang". Am 25. Feber 1994 lief der aus Amerika stammende Arzt Baruch Goldstein, ein „Wiedergeborener", schwer bewaffnet und als israelischer Wachsoldat verkleidet, während der Gebetszeit der Moslems in der Patriarchenmoschee Amok. Er tötete mehr als 30 Betende, bevor er beim Nachladen gelyncht wurde.

Fast die gesamte israelische Öffentlichkeit reagierte entsetzt, die Siedler in Hebron hingegen stilisierten Goldstein zum Helden und Märtyrer hoch.

Goldstein hatte den Zeitpunkt seines Anschlags mit Vorbedacht gewählt. Nur Wochen zuvor hatten die Israelis den Rückzug aus dem Gaza-Streifen beschlossen. Danach wurden alle größeren Städte des Westjordanlandes evakuiert. Der fortschreitende Friedensprozeß versetzte die Ultras in eine Art Weltuntergangsstimmung, in der sie vor nichts mehr zurückschreckten. Die Ermordung Itzhak Rabins im Mai 1996 bei einer großen Friedenskundgebung in Tel Aviv bildete den tragischen Höhepunkt dieser Aktionen.

Der Mörder war ein fanatischer Student der orthodoxen Bar Ilan-Universität, und auch die Hetzreden des damaligen Oppositionsführers Benjamin Netanyahu wurden für die Eskalation der Gewalt mitverantwortlich gemacht. Noch ahnte indes niemand, wie schwer der Friedensprozeß durch den Mord getroffen worden war.

Von der alten – im wahrsten Sinn des Wortes – Führung der Arbeiterpartei war nur der oftmalige Verlierer Schimon Peres übriggeblieben. Die junge Garde wiederum schien für die bevorstehenden Aufgaben nicht reif genug. Und Peres beging einen schweren Fehler: anstatt angesichts des Abscheus rund um den Rabin-Mord sofort Neuwahlen anzusetzen – bei denen nach einem neuen System der Premierminister direkt gewählt werden sollte – hielt er am ursprünglichen Wahltermin fest.

Inzwischen hatten allerdings neue Terroranschläge der Hamas das Gedenken an Itzhak Rabin verblassen lassen.

Aber auch Jassir Arafat beging einen schweren Fehler: Hätte er die in Israel wahlberechtigten Araber aufgefordert, für Peres zu stimmen, wären die Wahlen bereits vorzeitig entschieden worden. Er tat jedoch nichts dergleichen. Die arabischen Israelis stimmten zwar generell für den Arbeiterblock, ihre Wahlbeteiligung war indes so gering, daß ihre Stimmen nicht entscheidend ins Gewicht fielen.

Demgegenüber wurden die Orthodoxen von ihren Rabbinern – bei Androhung himmlischer Strafen – aufgefordert, vollzählig zu den Urnen zu gehen. So zogen erstmals in der Geschichte Israel 25 (von 120) Mandatare in die Knesset ein, die den fundamentalistischen Parteien verpflichtet waren. Die Direktwahl zum Ministerpräsidenten gewann Netanyahu mit einer hauchdünnen Mehrheit.

So sehr sich der Regierungschef über seinen Wahlsieg freuen mochte, hatte er sich doch ein Himmelfahrtskommando eingehandelt. Seine neue Regierung war restlos den orthodoxen Koalitionspartnern ausgeliefert, denen sich nun auch Schas angeschlossen hatte. Ihre Forderungen ließen das säkulare und friedensbereite Israel erschauern: kein „Land für Frieden“, keine Konzessionen an die Reform- oder konservative Juden (was natürlich die amerikanischen Juden besonders erboste, die zu 80 den beiden gemäßigten Strömungen angehören und deren Spendenbereitschaft absacken ließ). Doch die Fundamentalisten hatten ihre eigenen Gönner, deren Gelder sie gezielt einsetzten um den Friedensprozeß zu torpedieren.

Als Knackpunkt erwies sich wieder einmal – wie konnte es anders sein – die Patriarchenstadt Hebron. Unter Einsatz aller seiner Kräfte gelang es Netanyahu, der nach internationalem Usus verpflichtet war, die Verträge zu erfüllen, die sein Vorgänger unterzeichnet hatte, einen Abzug der Militärs aus dem Großteil von Hebron durchzusetzen. Aber nur nachdem er den Grundsatz der Fundamentalisten akzeptiert hatte: bis hierher und nicht weiter.

Angesichts der Intransigenz der orthodoxen Parteien fällt es schwer zu glauben, daß es noch extremere Gruppen in Israel gibt. Dennoch existieren sie: etwa die rechtsextreme Gruppierung um den pensionierten General Rehaveam Zeevi, der von einer „freiwilligen" ethnischen Säuberung Groß-Israels träumt. Anders gestrickt ist das politische Muster des ehemaligen Generalstabschefs Rafael Eytan gestrickt, der sich sowohl als Ultra als auch als Laizist bezeichnet und daher nicht zu den religiösen „Fundis" gezählt werden kann – im Gegensatz zu einer vollkommen irrationalen Gruppe die sich „Wächter des Tempelberges" und sich auf die letzten Anhänger des vor einigen Jahren in New York ermordeten Rabbiner Meir Kahane stützt, von dem noch die Rede sein wird.

Welche Gefahr von diesen Gruppen ausgehen kann, zeigt die Aufdeckung eines Komplotts radikalster Terroristen, mit dem Ziel, die moslemischen Heiligtümer auf dem Tempelberg (den Felsendom, der fälschlich Omar Moschee genannt wird, und die Aksa Moschee), deren Heiligkeit nur von der Kaaba in Mekka und der Moschee in Medina übertroffen wird, in die Luft zu sprengen oder zumindest zu beschädigen. Dadurch sollte Raum für die Wiedererrichtung eines dritten jüdischen Tempels (nach jenen von Salomon und Herodes) geschaffen werden. Glücklicherweise wurde die Verschwörung rechtzeitig aufgedeckt und dadurch eine Entwicklung verhindert, die alle bisherigen Nahostkriege in den Schatten gestellt hätte.

Soweit wollen die selbsternannten Tempel-Wächter natürlich nicht gehen. Ihr deklariertes Nahziel ist die Bewilligung regelmäßiger jüdischer Gebetsveranstaltungen auf dem Tempelberg, wobei sie ihrem Fernziel eines dritten Tempels nicht direkt abgeschworen haben.

Was ihnen vorschwebt ist das Hebroner Modell, wo sich Juden und Moslems die Gebetszeiten an den Patriarchengräbern teilen – im Falle der Moslems unter Zwang. Aber auch das ist illusorisch und die Tempel-Wächter wissen das genau. Deshalb versuchen sie, Präzedenzfälle zu schaffen, indem sie als Touristen verkleidete Spähtrupps in das Areal vorschicken. Glücklicherweise konnten sie noch jedesmal enttarnt werden, bevor sie weiteren Schaden anrichten hätten können.

Sogar orthodoxe Fundamentalisten lehnen die eigenwilligen Thesen der Tempel-Wächter ab. Für sie ist der Wiederaufbau des Obersten Heiligtums dem Messias vorbehalten und sie würden nicht einmal das Areal betreten, da sie dort möglicherweise die (nicht bekannte) Stelle des antiken Allerheiligsten überschreiten könnten, was nur dem ehemaligen Hohepriester am Versöhnungstag (Jom Kippur) gestattet war.

Die letzte hier zu erwähnende Gruppe ist die sogenannte „Kahane lebt"-Partei. Sie ist im Gegensatz zu den Tempel-Wächtern durchaus berechenbar und ihr Vorläufer wurde als bisher einzige Gruppe wegen offen rassistischer Trends von der Regierung verboten.

Der aus Amerika stammende Rabbi Meir Kahane hatte bereits in den fünfziger Jahren in den USA die „Jewish Defence League" gegründet, mit dem Ziel, schutzlose Juden vor den Angriffen weißer Rassisten und schwarzer Gangs zu schützen – ein an sich berechtigtes Anliegen, das durchaus Wirkung zeigte. Worauf Kahane zu einer Art Schutzengel gefährdeter Juden avancierte.

Dann aber entschloß sich der Rabbi, seine Aktivitäten auf Israel auszudehnen, wo die jüdische Bevölkerung seine Art von Schutzengeln sicher nicht benötigt. Kahane meinte jedoch, Angriff sei die beste Verteidigung und die Israelis seien nicht angriffslustig genug. So etablierte er eine neue Partei, die aber, wie erwähnt, nach einigem Hickhack aufgelöst wurde.

Daraufhin flog der Boß persönlich in die USA, um Gelder für eine Gegenoffensive zu sammeln. Bei einer diesbezüglichen Kundgebung wurde er von einem Araber erschossen.

Seine Anhänger hatten nun einen Märtyrer, und auf der Sympathiewelle schwimmend gründete der Sohn des Opfers die „Kahane lebt“-Partei. Ohne den charismatischen Führer gelang es den Epigonen jedoch nicht, einen Stammplatz in der israelischen Politik zu gewinnen. In Israel weiß kaum noch jemand, ob die Partei noch existiert oder ob das Verbot der Mutterpartei auch für sie gilt. Eine Sorge weniger für die geplagten Politiker.

Doch es gab viel schwererwiegende Konflikte. Mit dem Beschluß, die Siedlung Har Homa am Südrand von Jerusalem zu bauen (den allerdings bereits die Regierung Rabin gefaßt, aber mit Rücksicht auf den Friedensprozeß nicht durchgeführt hatte), brachten Netanyahu und seiner Parteifreund, der Jerusalemer Bürgermeister Ehud Olmert (der den friedfertigen Teddy Kollek von der Spitze der Stadtverwaltung verdrängt hatte) den ganzen Oslo-Prozeß ins Wanken und ernteten überdies den Unmut von US-Präsident Bill Clinton.

Netanyahu meinte, bisher zu Recht, daß der Druck des Weißen Hauses nicht allzu heftig ausfallen würde, da die republikanische Mehrheit im US-Kongreß plötzlich ihre Liebe für Israel erkannt hatte – wohl nicht nur als politischer Sympathie sondern aus dem Bestreben, dem Präsidenten Schwierigkeiten zu bereiten. So unterzeichneten nicht weniger als 100 Senatoren eine (für das Weiße Haus nicht bindende) Erklärung, in der Clinton aufgefordert wurde, keinen Druck auf Israel auszuüben.

Noch weiter als es Netanyahu lieb war gingen die bereits erwähnten Gönner gewisser orthodoxer Fundamentalisten. Der bekannteste dieser „Mäzene“ ist der streng orthodoxe Millionär Irving Moskovitz. Unmittelbare Nutznießer seiner „Benefizien“ sind die Studenten der „Ateret Hakohanim“ (etwa „Krönung der Priesterschaft“)-Jeschiwa, die vor einigen Jahren in einer Nacht-und-Nebel-Aktion als erste Institution dieser Art im Herzen des moslemischen Viertel der Jerusalemer Altstadt errichtet worden war.

Das hatte natürlich zu Protesten der arabischen Bewohner des Viertels geführt, doch die Aktion war juristisch gedeckt, da das Gebäude des Seminars legal, wenn auch über ausländische Strohmänner erworben worden war.

Tatsächlich bieten die Gönner der Jeschiwa den Arabern horrende Summen für jedes Grundstück, die es den ursprünglichen Besitzern erlauben, im Ausland, fern von Arafats Bannfluch, ein Leben zu führen, das sie sich in Jerusalem nie hätten erträumen können.

Inzwischen hat die Jeschiwa auf ähnliche Art und Weise bereits etliche Immobilien in moslemischen Gegenden erworben und sofort mit Seminaristen (samt deren kinderreichen Familien) besiedelt, die natürlich sogleich zivilen Polizeischutz fordern.

Die Leitung der Jeschiwa versichert immer wieder, daß sie ein gedeihliches Zusammenleben mit den arabischen Nachbarn anstrebt. Diese vermuten allerdings, daß das Ziel der Besiedlung die „Judaisierung" des ganzen Viertels sei.

Wie nicht anders zu erwarten, ist es im Umfeld der Jeschiwa bereits zu schweren Zwischenfällen gekommen, wobei auf jeden arabischen Anschlag ein Gegenschlag jüdischer „Vigilantes" folgt.

In Extremfällen sieht sich sogar Netanyahu gezwungen, gegen die eigenmächtige „Siedlungspolitik" von Moskovitz und Konsorten vorzugehen. Als etwa der „Onkel aus Amerika" eigenmächtig einige Häuser im dicht von Arabern bewohnten Viertel Ras el Amud erworben hatte – das die Regierung unbedingt von Siedlern freihalten wollte – mußten die Behörden einschreiten.

Nach langen Verhandlungen gelang es Netanyahu ein begrenztes Moratorium für Ras el Amud auszuhandeln, wobei Moskovitz ausdrücklich betonte, daß es sich um keinen Präzedenzfall handle – eine Drohung, die er bereits durch Ankauf weiterer Immobilien wahrgemacht hat.

Seither hängt ein weiteres Damoklesschwert über Jerusalem, das jederzeit auf die unschuldigen Bürger – Juden wie Araber – hinabfallen kann.

Ganz abgesehen von aktuellen Anlässen stellt der Vormarsch der jüdischen Fundamentalisten eine ernste Gefahr nicht nur für den Frieden, sondern auch die Zukunft Israels dar. Gesetzt den Fall, es gibt in absehbarer Zukunft eine einvernehmliche Lösung zwischen Juden und Arabern, sei es unter der gegenwärtigen Regierung oder der nächsten, zeichnet sich bereits der nächste staatsbedrohende Konflikt ab, nämlich zwischen weltlichen und orthodoxen Juden, ein Konflikt, der bisher durch die allgegenwärtige arabische Bedrohung in Grenzen gehalten wurde.

Vor den Abgeordneten der Knesset liegen ganze Bündel demokratiegefährdender Resolutionen, die von orthodoxen Abgeordneten eingebracht wurden und zum Teil bereits in zwei Lesungen von der Regierungsmehrheit verabschiedet wurden. Etwa jener Gesetzesantrag, der Konversionen durch Reform- oder konservative Rabbiner in Israel verbieten – beziehungsweise nicht anerkennen – würde. Oder ein anderer, der die Missionierung von Juden – ähnlich wie jener von Moslems in islamischen Staaten – verbieten würde.

Die Regierung Netanyahu hat bereits erklärt, daß sie diese Anträge nicht unterstützt. Die Likud-Abgeordneten könnten sie leicht von der Tagesordnung absetzen, wagen es aber nicht aus Angst, in der Knesset die Stimmen der Orthodoxen zu verlieren.

Was die Konvertierungen betrifft, wurde sogar ein Ausschuß von orthodoxen, reformistischen und konservativen Rabbinern eingesetzt, um einen Kompromiß auszuarbeiten. Dieser schlug vor, nicht-orthodoxen Rabbinern Konvertierungen zu erlauben, solange orthodoxe Kriterien dabei beachtet würden. Reform und Konservative stimmten – wenn auch widerwillig – zu, nicht aber die Fundamentalisten. Nicht-orthodoxe Rabbiner gäbe es einfach nicht. Und damit Punktum.

Gegen christliche Missionare wagt die Regierung nicht vorzugehen, nicht zuletzt weil christliche Fundamentalisten in den USA, wie bereits erwähnt, zu den begeisterten Anhängern Israels zählen.

Was also tut Netanyahu? Er läßt die umstrittenen Anträge zwar nicht ablehnen, sondern in den Ausschüssen liegen. Dort sollen sie tunlichst bleiben, zumindest bis zu den nächsten Wahlen.

Die Expansionslust der Orthodoxen beschränkt sich keineswegs auf die besetzten Gebiete, sondern ist auch in alten jüdischen Gegenden Jerusalems evident. Sowie orthodoxe Familien in ein neues Wohngebiet einziehen, fordern sie, den Umkreis zu einem „religiösen Bezirk“ zu erklären und die Straßen am Sabbath und an Feiertagen für den Verkehr zu sperren. Das führt natürlich zu Reibereien mit den weltlichen Mitbewohnern, da die Fundamentalisten ebenso rasch zu Steinen greifen, wie die Palästinenser in Hebron.

Dazu meint der angesehene Kommentator Eric Silver in der Londoner „Jewish Chronicle", der weltweit einflußreichsten jüdischen Zeitung: „Es geht nicht mehr um eine Zweiteilung zwischen Juden und Araber, sondern um eine Dreiteilung: Palästina, das weltliche Israel und den von orthodoxen Rabbinern regierten jüdischen Gottesstaat."

21. Kapitel

Hinduistischer Fundamentalismus

Der klassische Hinduismus – jenseits von Wandersektierern und selbsternannten Gurus – ist eine „komplizierte" Religion, über die im Westen ein eklatanter Informationsmangel herrscht. Einerseits bekennt er sich zu höchsten moralischen Ansprüchen, andererseits entwickelt ein militanter Flügel Intoleranz gegenüber Andersgläubigen und einen gesteigerten Nationalismus, der einen ganzen Subkontinent mit weit mehr als einer Milliarde Einwohnern in Atem hält.

Noch fällt kein schwarzer Schatten auf das Regierungssystem der „bevölkerungsreichsten Demokratie der Welt" mit rund einer Milliarde Einwohner. Am Horizont zeichnen sich indes einige dunkle Wölkchen ab.

Zu Recht ist Indien stolz auf seine Demokratie. Kein anderer Staat der Dritten Welt hat seine demokratischen Institutionen seit dem Gründungstag an kontinuierlich erhalten, sieht man von einem kurzen Zwischenspiel ab, als Premierministerin Indira Gandhi per Notstandsdekret regierte.

Weitgehend vergessen ist hingegen die Tatsache, daß die Teilung des indischen Subkontinents von einem gewaltigen – meist religiös bedingten – Bürgerkrieg begleitet war.

Zwei Millionen Tote erregten die Weltöffentlichkeit weit weniger, als die Opfer des unmittelbar darauffolgenden Nahostkrieges, der seinerseits noch weitgehend im Schatten des Holocausts während des Zweiten Weltkriegs stand. Aber es gab doch „so viele Inder", und kaum Reporter der internationalen Nachrichtenmedien vor Ort. Und kein Fernsehen. Die Biedermänner der industrialisierten Welt, mit dem eigenen Wiederaufbau voll beschäftigt, beschwichtigten ihr Gewissen mit dem Hinweis, religiöse Fanatiker hätte es im großen Indien schon immer gegeben. Zumindest bis die Engländer kamen. Und hatten nicht auch die Briten mit den „Thugs", den religiösen Mördern, zu kämpfen, die sich der Todesgöttin Kali verschrieben hatten?

Und noch etwas: War nicht Mahatma Gandhi, der geistige Vater des unabhängigen Indien und Prophet des gewaltlosen Widerstands, von einem Fanatiker aus den Reihen seiner eigenen hinduistischen Glaubensgemeinschaft ermordet worden?

Die Tatsache, daß „Restindien" aus dem Blutbad von 1947 als demokratischer Staat hervorgehen konnte, verdankte es in erster Linie der Existenz einer großen Partei, dem „All India National Congress", wobei unter „All India" ein Zusammenschluß aller religiösen Gruppen gemeint war. Ein Ziel, das indessen nicht erreicht wurde.

Gandhi hatte sich nach der Unabhängigkeitserklärung energischer als irgendein anderer Hindupolitiker für die Aussöhnung mit den Moslems eingesetzt. Durch seine Drohung, bis zum Tod zu fasten, hatte er ein Ende des Schlachtens in Kalkutta während der ersten Monate der Unabhängigkeit erwirkt.

Anfang 1948 drohte er neuerlich mit der einzigen Waffe, die ihm zur Verfügung stand, um dem Blutvergießen, diesmal im Punjab, Einhalt zu gebieten. Als ärztliche Bulletins bestätigten, daß es sich keineswegs um einen Bluff handelte, unterschrieben alle Parteiführer – auch jene der extrem hinduistischen Parteien JP und RSSS – nach zweitägigem Zögern ein Sieben-Punkte-Programm, in welchem die moslemischen Flüchtlinge aufgefordert wurden, nach Indien zurückzukehren.

Der Frieden schien gerettet – wiewohl in der Praxis nur wenige Flüchtlinge zurückkehrten –, aber die extremistischen Hindu-Fundamentalisten weigerten sich, den Friedensvertrag zu akzeptieren. Am 30. Jänner 1948 wurde die „Große Seele" von zwei Fanatikern, Narajan Apte und Nathurum Godse (mit engen Beziehungen zu Veer Savarkar, dem Führer der „Hindu Raschtra Dal", einer Extremistengruppe innerhalb der RSSS), erschossen. Die unmittelbaren Täter Apte und Godse wurden im Mai 1948 in einem Schnellverfahren zum Tode verurteilt und hingerichtet. Einige kleine Fische kamen mit Gefängnisstrafen davon und wurden in den sechziger Jahren begnadigt. Veer

Savarkar wurde Mangels an Beweisen, aber anscheinend aus Rücksicht auf seine politische Hausmacht freigesprochen.

Jahrzehntelang wurden die Geschicke der Kongreß-Partei – und damit Indiens – von der Dynastie Nehru-Gandhi dominiert, wobei „diese" Gandhis nichts mit dem Mahatma zu tun hatten.

Jawaharlal Nehru, der erste Regierungschef, war wohl ein hochgeborenen Brahmane, aber betont antireligiös – sah er doch im übertriebenen Hinduismus nicht nur ein rückschrittliches Element, sondern auch eine Gefahr für seinen Staat mit einer moslemischen Minderheit von 100 Millionen. Überdies träumte Nehru von einem Indien als Führer einer dritten Kraft in der Weltpolitik, unabhängig von Ost und West. Dafür rief er eine eigene Organisation der Blockfreien (mit Tito und Indonesiens Sukarno) ins Leben, die jedoch nach spektakulären Anfangserfolgen an inneren Widersprüchen und kritikloser Parteinahme für die Sowjetunion letztlich zum Scheitern verurteilt war.

Gegen die geballte Kraft der Kongreß-Partei und ihrer charismatischen Führung – nach dem Tod Nehrus und einem kurzen Interregnum trat Indira Gandhi in die Fußstapfen ihres Vaters – konnte sich die hinduistische Opposition nur langsam durchsetzen. Sie warf der Regierung vor, bei ihrem Weltmachtsstreben die Interessen der einfachen Hindus zu vernachlässigen.

Religiös motivierter Widerstand gegen die Regierungspolitik kam denn auch nicht von den Hindus, sondern – nach einigen Jahren – von einer fanatischen Fraktion der Gemeinde der Sikhs, die sich im 18. Jahrhundert von den Hindus abgespalten hatten. Beim Abzug der Briten war die Provinz Punjab zwischen Pakistan und Indien aufgeteilt worden. Der Westen mit der historischen Hauptstadt Lahore ging an Pakistan, der mehrheitlich von Sikhs bewohnte Osten blieb bei Indien.

Regierungschef Nehru legte den Ostpunjab mit der angrenzenden hinduistischen Provinz Haryana zusammen. Als Anreiz ließ er vom berühmten französischen Architekten Le Corbusier für das neue Territorium eine eigene künstliche Hauptstadt, Chandigarrh, errichten.

Das Zusammenleben zwischen Hindus und Sikhs erwies sich jedoch als äußerst problematisch, sodaß sich die Zentralregierung entschloß, das Gebiet wieder in zwei Provinzen zu teilen. Darauf entstand prompt zwischen den beiden ein Streit um die schöne Hauptstadt, bei dem sich letztlich die Sikhs durchsetzten.

Den extremen Sikhs war dies zuwenig, und sie forderten einen eigenen, unabhängigen Staat „Khalistan", das „Land der Reinen". Indira Gandhi, inzwischen an der Macht, reagierte auf separatistische Tendenzen äußerst gereizt, nicht zuletzt im Hinblick auf das vorwiegend moslemische Kaschmir, um das es bereits drei Kriege mit Pakistan gegeben hatte. Sie wies also die Sikhs zurecht, die daraufhin zu den Waffen griffen – gegen die Zentralregierung im Punjab, aber auch gegen die gemäßigten Sikhs. Von Regierungstruppen bedrängt, zogen sie sich zusammen mit ihrem Führer Jarnail Singh ins Hauptheiligtum der Sikhs, den Goldenen Tempel von Amritsar, zurück. Als Verhandlungen zu nichts führten, ließ Indira den Tempel stürmen – eine Todsünde, nicht nur in den Augen der Fanatiker, sondern auch der Gemäßigten.

Die Konsequenz ließ nicht lange auf sich warten. Indira wurde von einen Sikh-Unteroffizier ihrer eigenen Leibgarde erschossen.

Da ihr Lieblingssohn Sanjai kurz zuvor bei einem Flugzeugunfall ums Leben gekommen war, griff die Kongreß-Partei in extremis auf den letzten Überlebenden des Clans, Indiras älteren Sohn Rajiv, zurück, obwohl dieser niemals in die Politik hatte einsteigen wollen.

Rajiv Gandhi, der vorläufig letzte charismatische Ministerpräsident aus dem Hause Nehru, versuchte noch einmal, die imperiale Tradition seiner Familie wiederzubeleben. Er sandte die indische Armee nach Ceylon (Sri Lanka), um der lokalen buddhistischen Regierung im Kampf gegen die tamilischen Rebellen zu helfen. Doch diese Intervention endete in einem Desaster. Die noch nach britischen Lehrbüchern ausgebildeten indischen Streitkräfte konnten sich gegen die Guerillas ebensowenig durchsetzen, wie die einheimische Armee. Schließlich war Rajiv gezwungen, seine demoralisierten Truppen zurückzuziehen. Und kurz danach wurde er selbst ermordet: von einer tamilischen Rebellin.

Nach Rajivs Ermordung sah die hinduistische Janata-Partei – die einzige größere politische Gruppierung neben der Kongreß-Partei – ihre Zeit gekommen. Dabei schreckten ihre Führer nicht davor zurück, mit religiöser Agitation Hunderttausende zumindest auf die Straße, wenn schon nicht zu den Urnen zu bringen.

Die Grundlage für den Griff der Fundamentalisten nach der Macht war bereits Jahrzehnte zuvor von jenen Gruppen gelegt worden, welche die Mörder Mahatma Gandhis inspiriert hatten, ohne dafür zur Rechenschaft gezogen worden zu sein. Als nächsten Schritt legte sich die Janata-(Volks-)Partei, die sich heute nach dem Zusammenschluß mit einer anderen radikalen Gruppe BJP (Bhararatiya Janata) nennt, eine militante Jugendtruppe, genannt Shiv Senna, zu, welche Moslems auf der Straße und in deren Institutionen zu terrorisieren begann – sozusagen unter der Devise „Buben fürs Grobe".

Und was tat die Polizei? Sie griff, wenn überhaupt, nur zögernd ein.

Gleichzeit häuften sich die blutigen Zusammenstöße zwischen Hindus und Moslems, sowohl in den Städten als auch auf dem Land, die zumeist von Hindu-Fundamentalisten provoziert wurden, die aus dem Umkreis der BJP stammten. International erregten diese Unruhen kaum Aufsehen, denn, so urteilten ausländische Medien, „so etwas hat es in Indien schon immer gegeben".

Dabei richteten sich die Angriffe der radikalen Hindus nicht nur gegen Andersgläubige. Brutale Verbrechen wurden vor allem am eigenen Volk verübt – etwa an den Frauen. So berichten indische Zeitungen immer wieder von „freiwilligen" Witwenverbrennungen, die offensichtlich gar nicht so freiwillig waren. So werden Witwen vielfach von den Verwandten unter so starken Druck gesetzt, daß ihnen der „Freitod" als der einzige Ausweg aus der gesellschaftlichen Isolation erscheint.

Das Abtreiben weiblicher Föten hat indessen nichts mit Religion zu tun. Arme Familien können sich einfach keine Mädchen leisten, für die sie einmal eine Mitgift aufbringen müssen.

Dagegen hängen sich die „Dakoits", die Banditen, gerne ein religiöses Mäntelchen um, um ihre Taten, im Stil indischer Robin Hoods, zu verniedlichen.

Von derartigen Auswüchsen distanziert sich naturgemäß die offizielle BJP – nicht zuletzt, um als seriöse Gruppe in der Öffentlichkeit auftreten zu können.

Dabei ist die BJP keineswegs eine einheitliche Partei, sondern ein Zusammenschluß eher heterogener Gruppen, welche nur der hinduistische Nationalismus in verschiedenen Spielarten und die Gegnerschaft zum Nehru-Clan und der Kongreß-Partei zusammenhält. Der englische Soziologe Matthew Cook bezeichnet die BJP unverblümt als „schizoide Organisation".

Dabei war der Aufstieg der Fundamentalisten erst nach dem Tod Rajivs kometenhaft. Bei ihrem ersten Antritt bei nationalen Wahlen – 1984 – hatte die Partei nur zwei von mehr als 500 Sitzen erobern können. Dank der intensiven Arbeit des ersten Präsidenten Lal Krischna Advani, der die Gruppe von der alten Janata-Partei übernommen hatte, verzeichnete sie innerhalb von acht Jahren einen Aufstieg auf 119 Sitze und wurde zur zweitstärksten Fraktion im Lok Sabha, dem Unterhaus.

Schon zwei Jahre zuvor hatte sie die Regierungsgewalt in Uttar Pradesch, der bevölkerungsreichsten Provinz Indiens, übernommen.

Mit dem Aufstieg kamen Probleme. Die BJP nahm zwei weitere, wesentlich extrem-religiöse Parteien in ihre Reihen auf, die sofort für eine härtere Gangart gegenüber den Moslems eintraten. Vergeblich warnte Advani: „Unsere Mitglieder vergessen, daß wir eine politische Partei und keine religiöse Organisation sind."

Doch er stand bereits auf verlorenem Posten. Beim nächsten Parteitag wurde er durch einen Extremisten, Murli Manohar Joshi, ersetzt, der erst kurz zuvor zur BJP gestoßen war.

Der Streit zwischen den beiden Flügeln – und mit der indischen Zentralregierung – konzentrierte sich auf eine besondere Forderung der Fundamentalisten, die alsbald weltweit für negative Schlagzeilen sorgen sollte: In der Stadt Ayodhia stand seit einem halben Jahrtausend die berühmte Babri Masjid Moschee. Die Extremisten behaupteten nun, daß sich diese Moschee just über der Geburtsstätte des Hindu-Gottkönigs Rama befinde. Sie sollte daher abgerissen und durch ein zentrales Rama-Heiligtum ersetzt werden.

Jahre zuvor hatte die BJP diese drastische Forderung auf ihre Fahnen geschrieben, in der Hoffnung, sie nie erfüllen zu müssen. Nun aber regierte die Partei 1992 bereits zwei Jahre lang in Uttar Pradesch, doch in Ayodhia war noch nichts geschehen. Bis im Juli Extremisten das Gesetz des Handelns in ihre Hände nahmen und die Moschee stürmten. Polizei und Armee unternahmen praktisch nichts, um den Mob zu stoppen. An der Stelle der Moschee steht jetzt das Ram Jamnabhoomi Mandiur.

Und die BJP hatte einen Teil ihrer Legitimation als demokratische Partei verloren.

Auf nationaler Ebene wurstelte indessen eine Koalition kleinerer Parteien mit Billigung der Reste der Kongreß-Partei weiter. Diese „Vereinigte Front" stand von Anfang an auf schwachen Beinen. 1997 gelang es der BJP mit Hilfe einiger abtrünniger Abgeordneter in Neu Delhi ans Ruder zu kommen, doch schon nach 14 Tagen wurde diese Regierung wieder abgewählt.

Die alte Regierungskoalition, wieder an der Macht, versuchte umgehend, ihre parlamentarische Basis zu erweitern. Im konkreten Fall bot sie einer Tamilenpartei die Beteiligung an der Regierung an, welche seinerzeit die Ermordung Rajiv Gandhis begrüßt hatte. Worauf die empörte Kongreß-Partei der Regierung die parlamentarische Unterstützung entzog. Der Sturz der Vereinigten Front war danach unvermeidlich, da sich keine neue Koalition mehr bilden ließ.

Daraufhin löste Staatspräsident Narayan, übrigens der erste Kastenlose im höchsten – wenn auch rein zeremoniellen – Staatsamt, das Parlament auf und setzte Neuwahlen für April 1998 an.

Für die BJP lautete die Devise im Wahlkampf „jetzt oder nie". Noch nie standen die Sterne so günstig. Um seiner Partei breitere Akzeptanz zu sichern, streckte Parteichef Atal Bihari Vajpayee Fühler zu ehrgeizigen Dissidenten, sowohl bei den Moslems als auch den Sikhs aus. Einige Nicht-Hindus wurde sogar als Kandidaten aufgestellt – allerdings nur als Alibi in Wahlkreisen, in denen orthodoxe BJP-Leute keine Siegeschancen hatten.

Bei der Kongreß-Partei breitete sich unterdessen Weltuntergangsstimmung aus. Die Fraktion war nicht nur demoralisiert, sondern auch führerlos. Die Partei, die Indien zur Unabhängigkeit geleitet hatte, mußte das ärgste Debakel seit ihrer Gründung befürchten.

In der Klemme griff die Partei auf das letzte Aufgebot des Nehru-Clans zurück: auf Sonya Gandhi, die Witwe des ermordeten Rajiv. (Ihre Schwägerin Maneka, Witwe des jüngeren Indira-Sohnes Sanjai, hatte sich schon Jahre zuvor mit ihrer Schwiegermutter zerstritten und kandidierte nun für die BJP.)

Sonya, eine gebürtige Italienerin, hatte sich dem Ruf der Politik, der in ihrer Familie so viele Opfer gefordert hatte, lange Zeit widersetzt. Nun aber nahm sie das politische Himmelfahrtskommando an.

Das Wahlergebnis brachte keine Überraschung: Die BJP errang die relative, nicht aber die absolute Mehrheit. Vajpayee konnte diese Manko jedoch mit Hilfe von Überläufern aus regionalen Parteien wettmachen und den Stuhl des Regierungschefs in dem noch von den Briten errichteten Secretariat Building in Neu Delhi erklimmen.

Sonyas Einsatz war es aber zu verdanken, daß sich die Niederlage der Kongreß-Partei in erträglichen Grenzen hielt. In Anerkennung ihrer Anstrengungen wurde sie zur Präsidentin der Partei gewählt – wohl als Platzhalterin für einen ihrer jungen Söhne.

Als Premierminister agierte Vajpayee zumindest in der Innenpolitik gemäßigt, in einer außenpolitischen Prestigefrage gab er sich indessen beinhart: Er verkündete die Wiederaufnahme der indischen Atomtests. Trotz weltweiter Proteste (und Schweigen des Kreml) gingen in kurzer Folge nicht weniger als fünf Tests – gleichsam als Herausforderung an jene mehr als 100 Nationen, welche das Atomteststop-Abkommen unterzeichnet hatten – über die Bühne. Zuletzt war sogar China diesem Vertrag beigetreten, worauf die Weltöffentlichkeit annehmen mochte, dieses Kapitel abhaken zu können.

Weit gefehlt: Die Regierung Vajpayee versuchte erst gar nicht, den Endruck zu erwecken, es handle sich um irgendwelche – womöglich einmalige – wissenschaftliche Experimente. Ganz im Gegenteil, der Regierungschef verkündete stolz, Indien sei nun die „fünfte Atommacht“ (nach den USA, Rußland, Großbritannien und Frankreich).

Kritik und sehr bescheidene Sanktionen konnten die Inder nicht beeindrucken. Umso heftiger reagierte das benachbarte Pakistan. Kaum zwei Wochen nach den indischen Tests konterte Islamabad mit gleich sechs Nuklearexplosionen und reihte sich seinerseits unter die Atommächte ein.

Besonders schwer wog die Tatsache, daß beide Länder ihre Politik in ein religiös-fundamentalistisches Mäntelchen hüllten: die einen sprachen von einer hinduistische, die anderen von einer islamischen Bombe.

Die Bevölkerung in beiden Teilen des Subkontinents nahm die Maßnahmen ihrer jeweiligen Regierung mit Begeisterung auf. Vielleicht wurden sie durch die kurzfristigen Weltuntergangsvisionen von ihrer eigenen Not abgelenkt.

Dabei ist, objektiv betrachtet, die Atombombe für einen potentiellen Krieg zwischen zwei Dritte-Welt-Ländern eine denkbar ungeeignete Waffe. Bei einem Konflikt, etwa um die umstrittene Provinz Kaschmir, würde niemand Atomwaffen einsetzen.

Optimisten hoffen indes, daß sich die Lage im Laufe der Zeit wieder beruhigen werde und daß die Fundamentalisten auf beiden Seiten müde werden, religiösen Haß zu predigen und die Demokratie in ihren Grundzügen erhalten bleibt.

22. Kapitel

Buddhas Bomber

Das Land der aufgehenden Sonne gibt dem Westen Rätsel auf, seitdem es im 19. Jahrhundert seine Tore öffnen mußte. Wie ein Phönix tauchte Japan nach dem Zweiten Weltkrieg aus der Asche auf und wurde zu einer Weltmacht. Dennoch leben Modernismus und religiöser Fundamentalismus weiter nebeneinander. Obskure religiöse Kräfte stellen den weiteren Aufstieg des Landes in Frage und werden durch wirtschaftliche Sorgen in ihren Bestrebungen zusätzlich begünstigt.

Für seine Gegner ist er der „einäugige Teufel", für seine fanatischen Anhänger, besonders in Japan und Südkorea, ist er eine Reinkarnation Buddhas. Oder, für den „russischen Markt", wo seine Bewegung noch zu Sowjetzeiten Fuß fassen konnte und erst 1995 aufgelöst wurde, der „wahre Christus".

Die Bewegung „Aum Shinri Kyo" („Oberste Wahrheit") hat wahrlich ein weitgefächertes Angebot zur Hand.

In Japan betrachten ihn viele als Betrüger und Verbrecher, weil er das Land in Verdacht gebracht hatte, Zufluchtsstätte mordender religiöser Fanatiker zu sein, während man geglaubt hatte, sich von der Last der aggressiven Vergangenheit distanziert zu haben.

Was nicht ganz stimmt. Schon Jahre bevor Shoko Asahara von dem hier die Rede ist, das Augenmerk der Welt auf das Land der aufgehenden Sonne gerichtet hatte, konnte eine fundamentalistisch orientierte Partei in der japanischen Politik für beträchtliche Unruhe sorgen und sogar eine Regierung zu Fall bringen. Allerdings mit legalen Mitteln.

Bei dieser Gruppe handelte es sich um die Wiederbelebung einer mittelalterlichen Sekte, die sich Nichiren Shushu nannte, aber erst unter dem Namen ihrer säkularen Organisation Soka

Gakkai (wörtlich „Werte schaffende Gesellschaft“) über die Grenzen Japans hinaus bekannt wurde.

Während des Zweiten Weltkriegs forderte die Regierung absolute religiöse Einheit und Verehrung des Tenno. Als sich Nichiren Shoshu weigerte, diesem Edikt nachzukommen, wurde die Sekte aufgelöst und ihr Führer in den Kerker geworfen.

Erst die liberale, von den amerikanischen Besatzern inspirierte Verfassung ermöglichte die Neugründung der Sekte, wie auch ihres weltlichen Soka Gakkai-Flügels.

1951 verkündete Soka Gakkai-Führer Josei Toda das Nahziel der Bewegung: die Mobilisierung von 750.000 Mitgliedern innerhalb der folgenden sieben Jahre. Als er 1958 starb war dieses Ziel so gut wie erreicht, wobei sich die Anhänger hauptsächlich aus der wohlhabenden Mittelklasse rekrutierten, welche der materialistischen Wirtschaftswunder-Mentalität der Nachkriegs-Japaner nichts abgewinnen konnten.

Bei ihrer Werbung um neue Mitglieder waren die Missionare von Nichiren Shoshu und Soka Gakkai nicht zimperlich. Gläubige wurden aufgefordert, alle Druckmittel anzuwenden, die ihnen notwendig erschienen, um Familienmitglieder und Freunde zu „konvertieren“. Wenn nötig sogar mit physischer Gewalt.

Dies wurde – wie bei christlichen und moslemischen Fundamentalisten – als durchaus legitim empfunden, wie auch der Zwang, hohe Geldsummen in den Kassen der Bewegung zu deponieren, wobei die einflußreiche Mitsubishi Bank für viele als finanzieller Arm der Bewegung gilt.

So wurde Soka Gakkai zu einer der reichsten religiös-politischen Organisationen im heutigen Japan. Ihr Tempel am Fuß des Fujijama – wo sich später auch Shoko Asahara ansiedeln wollte – ist der größte im Land, wenn nicht auf der ganzen Welt.

Als Ergänzung des religiösen Bereichs gilt die 1971 gegründete Soka-Universität. Akademisch ist der Wert dieser Institution mehr als umstritten. Sie stellt jedoch den Public-Relations-Arm von Soka Gakkai dar und sorgt für Publicity, indem sie Ehrendoktorate an politisch so unterschiedliche Persönlichkeiten verleiht wie Nelson Mandela und Mikhail Gorbatschow – womit ein Intimverhältnis zu den Großen der Welt dokumentiert werden soll.

Politisch ist Soka Gakkai im ultrakonservativen Lager angesiedelt, wobei die Komeito-(„Saubere"-)Partei als ihr politischer Arm gilt. 1994 verband diese sich mit gleichgesinnten politischen Gruppen und errang im folgenden Jahr 40 Sitze im japanischen Oberhaus.

Soka Gakkai – nominell noch immer unabhängig – behauptete jüngst, daß sich rund sechs Millionen Wähler – also etwa zehn Prozent des Wahlvolkes – bei ihrem Stimmverhalten an den Anweisungen der Gruppe orientierten.

Die fundamentalistischen Gruppen hatten indes ihren politischen Höhepunkt bereits überschritten und sich in die Parteienlandschaft integriert, als Shoko Asahara das Land in Aufruhr versetzte." Shoko Asahara" ist übrigens ein Pseudonym. Er wurde 1955 als einfacher Chiuso Matsumoto auf der südjapanischen Insel Kyuschu geboren, als sechstes von sieben Kindern eines Tatami-(Fußmatten-)Fabrikanten. Seine formelle Erziehung schloß der extrem Sehschwache an einer Blindenschule ab, wo ihn seine Mitschüler als „dominierende und herrschsüchtige Persönlichkeit" beschrieben. Die Aufnahmsprüfung an eine Universität schaffte er allerdings nicht und sah sich daher gezwungen, vorerst als Akkupunkteur seinen Lebensunterhalt zu finanzieren.

Mit 23 heiratete er die Studentin Tomoko Ishii, mit der er im Laufe der Jahre sechs Kinder hatte. Er selbst gab seinen Beruf auf und eröffnete eine anfangs recht populäre Boutique für traditionelle chinesische Arzneien.

Sehr erfolgreich war er nicht, denn er wurde bald wegen des Verkaufs illegaler Medikamente verhaftet und laut japanischen Presseberichten zu einer Geldstrafe von 200.000 Yen verurteilt.

Durch derartige Kleinigkeiten ließ sich Matsumoto nicht beirren. Zwei Jahre nach seiner Verurteilung gründete er eine Yoga-Schule, nahm den Namen Asahara an und ließ sich, wie ein Guru, langes Haar wachsen. Um sein religiöses Rüstzeug zu verbessern hatte er schon zuvor einige Zeit in einem Aschram in den Himalajas verbracht und dort – nach eigenen Angaben – die „oberste Erleuchtung" erhalten. Er illustrierte seine Photos mit Bildern von tibetischen Schriftstellern und stellte diesen Bildern Portraits des Dalai Lama (der davon nichts wußte) zur Seite. Der

Text lautete: „Asahara im Geist des Buddha und dessen Mission der Wahrheit."

1987 gründete er schließlich die Sekte „Omo Shinri Kuro" und erklärte diese offiziell zu einer Konfession.

Beobachter des japanischen Sektenwesens sind sich einig, daß die Gruppe damals pauschal als buddhistisch angesehen wurde. Dieser Anspruch wurde auch von Asahara (unter Verzicht auf die Bezeichnung „Sekte") erhoben. Zu jenem Zeitpunkt wurde er erstmals wirklich vom Dalai Lama während dessen Besuch in Japan empfangen.

Jahre später, nachdem die Sekte in Verruf geraten war, sah es die japanische Öffentlichkeit natürlich anders. Die „Aum"-Gruppe wurde nicht mehr als buddhistisch anerkannt, sondern den sogenannten „Shinkuo Shukyo", den neuen Religionen zugeordnet. Auch der Dalai Lama distanzierte sich von Shoko Asahara. Er hätte diesen, wie Hunderte andere, empfangen und ihm seinen Segen erteilt. Mit dessen Kult hätte er sich aber niemals identifiziert.

Fachleute für fernöstliche Kulte bezeichnen die „Religion" Asaharas als eine Mischung des zerstörerischen hinduistischen Shiva-Kultes mit anderen orientalischen Glaubensrichtungen.

Einer der positiven Figuren des Aum-Kultes ist übrigens Adolf Hitler, „der Meister des Okkulten". Zu den Feindbildern zählen dagegen die USA und ihre religiösen Verbündeten, die französischen Freimaurer und die Juden. Amerikanisches „Fast food", in Japan äußerst populär, wurde mit nuklearer Verseuchung praktisch gleichgesetzt.

Einige Praktiken des Aum-Kultes muten einigermaßen skurril an. Bei ihrer Andacht mußten die Anhänger mit Elektroden versehene Kappen anziehen, über welche Elektroschocks übertragen wurden. Diese sollten es ihnen ermöglichen, ihre Gedanken mit jenen des Gurus zu „synchronisieren". Die Kinder der Gläubigen wurden in Sektenhäusern kaserniert und – wie das japanische Gesundheitsministerium später feststellte – äußerst schlecht ernährt.

Trotz seiner Ablehnung amerikanischer Ideen übernahm Asahara die Weltuntergangspsychosen amerikanischer Sektierer. Der Weltuntergang wurde für das Jahr 1997 angesetzt und – als nichts geschah und der Guru bereits hinter Gittern saß – auf das Milleniumsjahr 2000 verschoben.

Schon vor der offiziellen „Verkündung" seiner Religion hatte Asahara beschlossen, seine Bewegung – sie hatte zu jenem Zeitpunkt in Japan etwa 10.000 Anhänger – zu „globalisieren". Erstes Ziel war Südkorea, ein buddhistisches Land mit einer starken Neigung für mystische Kulte – buddhistische, wie auch protestantische – aller Art.

Die Etablierung einer Filiale im Land der ungestörten Morgenruhe war dem Sektengründer indes nicht Herausforderung genug. Das nächste Ziel war schon ambitionierter. 1986 hatte Asahara erstmals die Sowjetunion besucht, aber die Kommunisten gestatteten vorerst keine Sektenbildung. Erst nach der Wende war es so weit. Mit großem Propagandaaufwand wurde die Sekte 1992 der Moskauer Öffentlichkeit präsentiert. In den folgenden Monaten pumpte Asahara etliche Millionen Dollar in seinen russischen Propagandaapparat. Private Radiostationen strahlten täglich Werbesendungen des neuen Kults aus. Eine ebenfalls private Fernsehstation verkaufte Asahara alle 14 Tage eine halbe Stunde unzensurierter Sendezeit.

Verschiedene russische Zeitungen veröffentlichten – nicht ohne finanzielle Zuwendungen – seitenlange Artikel über den Guru, und selbst die Leitung der Moskauer Metro genierte sich nicht, Plakate der Sekte in den Waggons zu affichieren.

Die Aktivitäten des reichen Onkels aus dem Reich der aufgehenden Sonne konnten natürlich den russischen Spitzenpolitiker nicht entgehen. Oleg Lobow, Sekretär des Rates der russischen Föderation, erwies sich als hilfreich und übernahm den Chefposten in einer, im Zentrum von Moskau gegründeten „Russisch-japanischen Universität".

Zu weiteren Protektoren Asaharas zählten möglicherweise Alexander Ruskoj, Boris Jelzins damaliger Vizepräsident, und Ruslan Khasbulatow, der frühere Präsident des Obersten Sowjets. Dank dieser hochgradigen Protektion genossen Aums Emissäre in vielen Bereichen Rußlands einen bevorzugten Status. Sie hatten niemals Visaschwierigkeiten und konnten sich in der ganzen Föderation frei bewegen – zu einer Zeit, da ein Defacto-Einreiseverbot für ausländische Missionare in Kraft war.

Nicht zuletzt unter dem Eindruck der Wende in Osteuropa und dem Aufkommen neuer Parteien beschloß Asahara, aktiv in die japanische Politik einzusteigen. Er präsentierte Kandidatenlisten für die Wahlen von 1990, konnte jedoch keinen einzigen Mandatar durchbringen. Unbeeindruckt arbeitete er an seinem eigenen Image weiter. Er nannte sich nun öffentlich „Christus der Gegenwart“ und „Retter der Welt“.

Nach seinen Erfolgen in der ehemaligen Sowjetunion errichtete Asahara seine ersten Stützpunkte in den USA und Deutschland, ohne allerdings in diesen Ländern – angesichts der Konkurrenz durch andere Sekten – Erfolge zu erzielen.

So widmet der amerikanische Sektenforscher David Barrett in seiner Studie von Sekten und Kulten der Aum-Gruppe nur einen einzige Absatz unter „ferner liefen“.

Umso erfolgreicher war die Gruppe nunmehr in ihrem japanischen Mutterland. Ein internationales Zentrum der „Obersten Wahrheit“ wurde am Fuß des Fujijama, etwa 100 Kilometer von Tokyo entfernt, errichtet.

Und die Mitgliederliste der Sekte konnte sich sehen lassen: Die meisten Gläubigen gehörten der obersten sozialen Schicht an, darunter reiche ältere Menschen, aber auch ambitionierte junge Wissenschaftler und Advokaten. Schließlich stießen auch zahlreiche Polizei- und Armeeoffiziere zu den Sektierern, was in Regierungskreisen ernsthafte Besorgnis hervorrief.

Und dann ereignete sich Seltsames in den Reihen der Gruppe. Vermögende Senioren wurden nicht mehr gesehen, nachdem sie angeblich ihren Besitz der Sekte überschrieben hatten. Besonderes Aufsehen erregte das plötzliche Verschwinden des Advokaten Tsutsumi zusammen mit seiner Frau und ihrem 14 Monate alten Kind. Nun begann sich die Polizei für die Aum-Gruppe zu interessieren. Eine erste Untersuchung brachte jedoch nichts Verdächtiges zutage und wurde alsbald eingestellt – sehr zur Zufriedenheit der Sekte, die an derartiger Publicity natürlich nicht interessiert war.

Ergebnislos verlief auch die Suche nach der Familie Sakamuto, die bis heute nicht wieder aufgetaucht ist.

Unter diesen Umständen konnte sich Asahara so sicher fühlen, daß er die Führung der japanischen Organisation in die

Hände treuer Assistenten übergab, um selbst nach Frankreich zu fahren. Dort wollte er die Prophezeiungen des Nostradamus studieren, die er später effektvoll in seine eigenen Weltuntergangstheorien einbaute.

Der Thron des Gurus begann erst zu wackeln, als einige geheime Operationen der Sekte neuerlich behördliche Untersuchungen auslösten. In Matsumoto, wo die Sekte über umfangreiche Grundstücke verfügte, ereignete sich ein mysteriöser Gasunfall, dem sieben Personen zum Opfer fielen. Darüberhinaus gab es an die 200 Verletzte und die bisher so positiven Beziehungen zwischen der Gruppe und der einheimischen Bevölkerung wurden nachhaltig gestört.

Aufsehen erregte überdies 1994 der Tod des Apothekers Kotaro Ochida, der in einem Spital der Sekte unter ungeklärten Umständen verstarb.

Etwa zur gleichen Zeit verursachte der Fall des Notars Kioshi Kariya – der Bruder eines Sektenangehörigen – Schlagzeilen, der sich geweigert hatte, einen Teil des Familienvermögens den Anhängern Asaharas zu vermachen. Er wurde von Unbekannten entführt und ermordet. Seine Leiche wurde aus einem Kleinlaster in einen Fluß geworfen.

1995 sollte indessen zum Schicksalsjahr der Bewegung werden. Erstmals griff die Polizei wirksam ein, durchsuchte ein Büro der Sekte und befreite einen jungen Mann, der dort angeblich gegen seinen Willen gefangen gehalten war.

Einen Tag danach kam es zum bisher ernstesten – und bis heute nicht völlig aufgeklärten – Zwischenfall. Am 20. März strömte plötzlich das Nervengas Sarin in die Tunnels der Tokyoter Untergrundbahn. Zwölf Personen kamen dabei ums Leben und nicht weniger als 5500 erlitten erhebliche gesundheitliche Schäden. Wie im Fall Matsumoto richtete sich der Verdacht sofort gegen die Aum-Sekte, doch Asahara und seine Mitarbeiter bestritten jede Schuld.

Für die Behörden gab es nun aber kein Zurück mehr, sollte nicht wieder in den Medien der Vorwurf der Vertuschung gegen die Exekutive erhoben werden. Nach dem Anschlag wurden Büros der Sekte in verschiedenen Teilen des Landes durchsucht, wobei die Ermittler in Jamanashi auf ein Lager stießen, in dem

Chemikalien deponiert waren aus denen – wie Wissenschaftler bestätigten – das Nervengas hätte hergestellt werden können.

Der „Justizminister“ der Sekte, Joshinobu Aoyama, behauptete blauäugig, die Chemikalien hätten lediglich zur Produktion von Kunstdünger verwendet werden sollen. Demgegenüber wies die Polizei darauf hin, daß die Aum-Sekte wohl über Grundstükke verfüge, nicht aber über Ländereien, auf denen man Unmengen von Kunstdünger hätte einsetzen können.

Allerdings konnten die Ermittler keine weiteren Indizien freigeben, sodaß die „Story“ in erster Linie in Aum-freundlichen oder -feindlichen Medien breitgetreten wurde.

Eine sektennahe Zeitschrift triumphierte: „Die Unschuld der Aum ist bewiesen.“

Und sogar Hajime Takano, Chefredakteur der Zeitung „Insider“ meinte, das Material in den Händen der Behörden genüge nicht für eine Anklageerhebung.

Worauf die Verteidigung mit noch schwererem Geschütz auffuhr. Asahara behauptete in einer TV-Belangsendung seiner Sekte, die Amerikaner hätten am 24. März 1995, also nur vier Tage nach dem Anschlag in der Tokyoter U-Bahn, Giftgas über seinen Sektenzentrum am Fujijama versprüht. Viele Sektenmitglieder hätten daraufhin in Spitäler eingeliefert werden müssen.

Asaharas Argumente standen auf wackligen Beinen. Im Falle eines Luftangriffes mit Giftgas hätten auch die Bewohner eines naheliegenden Dorfes etwas von der Wirkung des Gases verspüren müssen, was aber nicht der Fall war.

Die Argumente und Gegenargumente zwangen schließlich die Behörden aus der Reserve. Ein Justizsprecher meinte, der Staat hätte „genug in der Hand“, um gegen die Sekte vorzugehen. Als mutmaßlichen Täter nannte er einen Sektierer namens Satoru Hirate als potentiellen Hersteller des beim U-Bahn-Anschlag verwendeten Giftgases.

Daraufhin wurde die Sekte Ende Oktober 1995 offiziell aufgelöst, wogegen Asahara sofort Einspruch erheben ließ. Er selbst befand sich zu jenem Zeitpunkt bereits in Haft, doch wollte vorerst kein Anwalt freiwillig den Fall übernehmen. Schließlich ernannte das Gericht drei Pflichtverteidiger, mit denen sich der

Guru einverstanden erklärte. Allerdings ist noch nicht klar, wer die Leitung der Verteidigung übernehmen wird.

Und die Justiz läßt sich mit dem Asahara-Prozeß vorerst Zeit. Dagegen wurde gegen seine angeblichen Helfer zügig vorgegangen. Im Oktober 1997 wurde der Prozeß gegen die Nummer Zwei der Sekte, Kyohide Hayakawa in Tokyo eröffnet, dem die Anklage vorwarf, 1991 einen Anwalt ermordet zu haben, der sich bemüht hatte, etliche junge Aum-Sektierer im Auftrag ihrer Familien freizubekommen. Ebenfalls vorgeworfen wurde ihm der Anschlag auf einen ehemaligen Ministerpräsidenten und das Parlamentsgebäude.

Ein weiterer Spitzensektierer weigerte sich vor Gericht, auch nur ein Wort zur Anklage oder seiner Verteidigung zu sagen.

Gleichzeitig hatte die staatliche Fürsorge die „Kindergefängnisse" – offiziell von der Bewegung als Jugendherbergen deklariert – durchsucht und die Kinder in öffentlichen Heimen untergebracht, was Sympathisanten der Sekte in Zeitungen und im Internet als „als beispiellose Verletzung der Menschenrechte und Entführung" bezeichneten.

Das letzte Kapitel der Asahara-Story wurde noch nicht geschrieben. Als internationale Organisation hat sie jedoch praktisch zu existieren aufgehört.

Literaturverzeichnis

Aviad, Janet: Return to Judaism, Chicago, 1983

Ayubi, Nazih: Political Islam, London 1991

Barrett, David: Sects, Cults and Alternative Religions, London, 1996

Beilin, Yossi: Israel, A Concise Political History, New York, 1992

Beinert, Wolfgang (Hrsg.): Katholischer Fundamentalismus, Regensburg, 1991

Berglar, Peter: Opus Dei, Köln, 1992

Birnstein, Uwe (Hrsg.): Gottes einzige Antwort, Düsseldorf, 1990

Choueiri, Youssef: Islamic Fundamentalism, London, 1997

Esposito, John: The Islamic Threat, Oxford, 1992

Falwell, Jerry: Awaken America!, New York, 1980

Goldberg, Giora: Political Parties in Israel, Ramot, 1994

Halliday, Fred: Islam & the Myth of Confrontation, New York, 1996

Holtinger, Arnold: Islamischer Fundamentalismus, Paderborn, 1995

Kepel, Gilles: Die Rache Gottes, München, 1994

Konzelmann, Gerhard: Allahs Schwert, München, 1991

Laqueur, Walter: Der Schoß ist fruchtbar noch, München, 1993

Lewis, Bernard: The Middle East and the West, New York, 1968

Libman, Charles: Civil Religion in Israel, Berkeley, 1983

Marty, Martin & Appleby, Scott: Herausforderung Fundamentalismus, Frankfurt, 1996

Messori, Vittorio: Der „Fall" Opus Dei, Aachen, 1995

Meyer, Thomas (Hrsg.): Fundamentalismus in der Modernen Welt, Frankfurt, 1989

Meysels, Lucian: Israel, Wien, 1990

–: Revolutionen verändern die Welt,Wien, 1989

Osborn, Lawrence & Walker, Andrew: Harmful Religion, London, 1997

Pahlevi, Schah Mohammed Reza: How the Americans overthrew me, aus „Now“, New York, Dezember, 1997
Peretz, Don & Doron, Gideon: The Government and Politics of Israel, Boulder, Colorado, 1997
Said, Edward: Der lange Arm der Mullahs, Stuttgart, 1995
Shaw, William: Spying in Guru Land, London, 1994
Sivan, Emanuel: Radical Islam, New Haven, 1985
Urquart, Gordon: Im Namen der Päpste, München, 1995
Walsh, Michael: The Secret World of Opus Dei, Grafton, 1989
Wright, Robin: Sacred Rage: The Wrath of Militant Islam, New York, 1985
–: In the Name of God, The Khomeiny Decade, New York, 1989
Yishai, Yael: Interest Groups in Israel, Tel Aviv, 1986

Personenregister